2014年全国环境影响评价工程师职业资格考试过关宝典

环境影响评价相关法律法规

主　编　潘天泉

副主编　张丽华　崔　蕾　吴金顺　刘宏伟

天津大学出版社
TIANJIN UNIVERSITY PRESS

图书在版编目（CIP）数据

环境影响评价相关法律法规/潘天泉主编．—天津：天津大学出版社，2013.12
（2014年全国环境影响评价工程师职业资格考试过关宝典）
ISBN 978-7-5618-4908-8

Ⅰ．①环… Ⅱ．①潘… Ⅲ．①环境影响评价法—中国—工程师—资格考试—自学参考资料 Ⅳ．①D922.68

中国版本图书馆CIP数据核字（2013）第305643号

出版发行 天津大学出版社
出 版 人 杨欢
地　　址 天津市卫津路92号天津大学内（邮编：300072）
电　　话 发行部：022-27403647
网　　址 publish.tju.edu.cn
印　　刷 天津泰宇印务有限公司
经　　销 全国各地新华书店
开　　本 185mm×260mm
印　　张 16.5
字　　数 412千
版　　次 2014年1月第1版
印　　次 2014年1月第1次
定　　价 35.00元

前 言

环境影响评价制度从1979年颁布《中华人民共和国环境保护法（试行）》开始至今已有30余年的历史了，期间经过几次重大变革。2002年，我国颁布了第一部针对单项环境管理制度的国家法律——《中华人民共和国环境影响评价法》，确立了环境影响评价制度在我国环境管理制度中的重要地位，这是从源头上预防环境污染的主要手段。环境影响评价工程师职业资格认证考试是国家人事部、国家环境保护部共同组织的，以认证从事环境影响评价工作人员准入资格为目的的重要考试，也是从事相关行业的人员的重要评测标准，在环境影响评价制度中起着重要的人才选任的作用，是环境影响评价制度顺利实施的重要人才保障制度。环境影响评价工程师职业资格考试从2005年开始实施，考试科目包括“环境影响评价相关法律法规”、“环境影响评价技术方法”、“环境影响评价技术导则与标准”和“环境影响评价案例分析”。

为了帮助参加2014年全国环境影响评价工程师考试的广大考生能够系统地进行复习，我们按照新考试大纲的要求，精心组织编写了“2014年全国环境影响评价工程师职业资格考试过关宝典”系列丛书。本套丛书紧扣考试大纲对相关的重要考点进行了叙述，对于综合性较强的例题解析，编者对相关题型的解题思路及解题技巧进行了深入分析，并通过大量的课后练习对复习内容进行巩固，最后通过模拟题让广大考生进行自测，既能掌握所复习的知识点，又能掌握解题方法及解题思路。

编者在本套丛书的编写过程中主要参考了我国现行的高等院校推荐教材和国家环境评价标准及相关参考资料等，同时还参考了大量有关书籍和文献，在此对以上资料的作者表示衷心的感谢。参加本套丛书编写的专家以其强烈的责任感、深厚的理论造诣、丰富的工程实践经验以及对考试大纲的准确理解，对复习教材字斟句酌、精心编撰，付出了辛勤劳动，在此对他们一并表示感谢。

尽管我们进行了精心的编写，但由于水平有限，书中难免存在不当之处，敬请广大读者批评指正。

编 者

2013年11月

前 言

环境影响评价制度从1979年颁布《中华人民共和国环境保护法（试行）》开始至今已有30余年的历史了，期间经过几次重大变革。2002年，我国颁布了第一部针对单项环境管理制度的国家法律——《中华人民共和国环境影响评价法》，确立了环境影响评价制度在我国环境管理制度中的重要地位，这是从源头上预防环境污染的主要手段。环境影响评价工程师职业资格认证考试是国家人事部、国家环境保护总局共同组织的，以认证从事环境影响评价工作人员准入资格为目的的重要考试，也是从事相关行业的人员的重要评判标准，在环境影响评价制度中起着重要的人才选任的作用，是环境影响评价制度顺利实施的重要人才保障制度。环境影响评价工程师职业资格考试从2005年开始实施，考试科目包括"环境影响评价相关法律法规"、"环境影响评价技术方法"、"环境影响评价技术导则与标准"和"环境影响评价案例分析"。

为了帮助参加2014年全国环境影响评价工程师考试的广大考生能够系统地进行复习，我们按照新考试大纲的要求，精心组织编写了"2014年全国环境影响评价工程师职业资格考试过关宝典"系列丛书。本套丛书按照考试大纲对相关的重要考点进行了叙述，对于综合性较强的例题解析，编者对相关题型的解题思路及解题技巧进行了深入分析，并通过大量的课后练习对复习内容进行巩固，最后通过模拟题让广大考生进行自测，既能掌握所复习的知识点，又能熟悉解题方法及解题思路。

编者在本套丛书的编写过程中主要参考了我国现行的高等院校推荐教材和国家环境评价标准及相关参考资料等，同时还参考了大量有关书籍和文献，在此对以上资料的作者表示衷心的感谢。参加本套丛书编写的专家以其强烈的责任感、深厚的理论造诣、丰富的工程实践经验以及对考试大纲的准确理解，对复习教材字斟句酌，精心编撰，付出了辛勤劳动，在此对他们一并表示感谢。

尽管我们进行了精心的编写，但由于水平有限，书中难免存在不当之处，敬请广大读者批评指正。

编 者

2013年11月

目　录

第一章　环境保护法律法规体系

一、考试大纲

（1）熟悉我国环境保护法律法规体系的构成。

（2）了解我国环境保护法律法规体系中各层次之间的相互关系。

二、重要考点

（一）环境保护法律法规体系的构成（熟悉）

1. 法律

（1）宪法。

《中华人民共和国宪法》2004 年修正案第九条第二款规定：

“国家保障资源的合理利用，保护珍贵的动物和植物。禁止任何组织或个人用任何手段侵占或者破坏自然资源。”

第二十六条第一款规定：“国家保护和改善生活环境和生态环境，防治污染和其他公害。”

（2）环境保护法律。

环境保护法律包括环境保护综合法、环境保护单行法和环境保护相关法。

1）环境保护综合法。

环境保护综合法指 1989 年颁布的《中华人民共和国环境保护法》，共有六章四十七条。

2）环境保护单行法。

环境保护单行法包括：污染防治法（《中华人民共和国水污染防治法》、《中华人民共和国大气污染防治法》、《中华人民共和国固体废物污染环境防治法》、《中华人民共和国环境噪声污染防治法》、《中华人民共和国放射性污染防治法》等）、生态保护法（《中华人民共和国水土保持法》、《中华人民共和国野生动物保护法》等）、《中华人民共和国海洋环境保护法》、《中华人民共和国环境影响评价法》。

3）环境保护相关法。

环境保护相关法指一些自然资源保护和其他有关部门法律，如《中华人民共和国森林法》、《中华人民共和国草原法》、《中华人民共和国渔业法》、《中华人民共和国矿产资源法》、《中华人民共和国水法》、《中华人民共和国清洁生产促进法》等。

2. 环境保护行政法规

环境保护行政法规是由国务院制定并公布或经国务院批准有关主管部门公布的环境保护规范性文件。包括：一是根据法律授权制定的环境保护法的实施细则或条例，如《中华人民共和国水污染防治法实施细则》；二是针对环境保护的某个领域而制定的条例、规定和办法，如《建设项目环境保护管理条例》。

3．政府部门规章

政府部门规章是指国务院环境保护行政主管部门单独发布或与国务院有关部门联合发布的环境保护规范性文件以及政府其他有关行政主管部门依法制定的环境保护规范性文件，如《环境保护行政处罚办法》、《排放污染物申报登记办法》、《环境标准管理办法》等。

4．环境保护地方性法规和地方性规章

环境保护地方性法规和地方性规章是享有立法权的地方权力机关和地方政府机关依据《中华人民共和国宪法》和相关法律制定的环境保护规范性文件，它是根据本地实际情况制定的，在本地区实施，有较强的操作性。地方性法规和规章不能和法律、国务院行政规章相抵触。

5．环境标准

环境标准是环境保护法律法规体系的一个组成部分，是环境执法和环境管理改造的技术依据。分为国家环境标准和地方环境标准。

6．环境保护国际公约

环境保护国际公约是指我国缔结和参加的环境保护国际公约、条约和议定书。国际公约和我国环境法有不同规定时，优先适用国际公约的规定，但我国声明保留的条款除外。

（二）环境保护法律法规体系中各层次间的关系（了解）

（1）环境保护法律法规体系建立的依据和基础是《中华人民共和国宪法》，法律层次不管是环境保护综合法、单行法还是相关法，其中对环境保护的要求，法律效力是一样的。

（2）如果法律规定中有不一致的地方，应遵循后法大于先法。

（3）国务院环境保护行政法规的法律地位仅次于法律。

（4）部门行政规章、地方环境法规和地方政府规章均不得违背法律和行政法规的规定。

（5）地方法规和地方政府规章只在制定法规、规章的辖区内有效。

（6）我国的环境保护法律法规如与参加和签署的国际公约有不同规定时，应优先适用国际公约的规定，但我国声明保留的条款除外。

三、例题分析

（一）单项选择题

1．在我国环境保护法律法规体系中（　　）处于最高的地位。

A．环境保护基本法　　B．环境保护单行法律规范

C．国家污染物排放标准　　D．宪法关于环境保护的规定

【答案】D

【解析】要了解环境保护法律法规体系中各层次间的关系。在我国环境保护法律法规体系中，宪法关于环境保护的规定处于最高的地位。

2．（　　）中关于环境保护的规定是制定环境保护法律法规的依据。

A.《中华人民共和国水土保持法》　　B.《中华人民共和国宪法》
C.《中华人民共和国民法通则》　　D.《中华人民共和国环境影响评价法》

【答案】B

3.（　　）是针对特定的环境保护对象、领域或特定的环境管理制度而进行专门调整的立法，其地位和效力仅次于环境保护基本法。

A．环境保护单行法　　B．环境保护地方性法规
C．环境保护行政法规　　D．环境保护国际公约

【答案】A

【解析】掌握我国环境保护法律法规体系中各层次之间的相互关系。

（二）多项选择题

1．下列选项中（　　）是环境保护单行法。

A.《中华人民共和国草原法》　　B.《中华人民共和国水污染防治法》
C.《中华人民共和国水法》　　D.《中华人民共和国水土保持法》
E.《中华人民共和国固体废物污染环境防治法》

【答案】BDE

【解析】熟悉环境保护法律法规体系的构成。

2．下列说法中正确的是（　　）。

A．我国的环境保护法律法规如与参加和签署的国际公约有不同规定时，优先适用我国环境法
B．环境保护地方性法规和地方性规章不能和法律、国务院行政规章相抵触
C．政府部门规章是以环境保护法律和行政法规为依据而制定的
D．环境保护相关法包括《中华人民共和国水土保持法》、《中华人民共和国大气污染防治法》、《中华人民共和国水法》等
E．环境保护地方性法规和地方性规章是镇级及以上的地方权力机关依据《中华人民共和国宪法》和相关法律制定的环境保护规范性文件

【答案】BC

【解析】选项A的正确说法是：国际公约和我国环境法有不同规定时，优先适用国际公约的规定，但我国声明保留的条款除外。选项D中《中华人民共和国水土保持法》、《中华人民共和国大气污染防治法》是环境保护单行法。选项E的正确说法是：环境保护地方性法规和地方性规章是享有立法权的地方权力机关和地方政府机关依据《中华人民共和国宪法》和相关法律制定的环境保护规范性文件。

四、练习题

（一）单项选择题

1．下列选项中（　　）是具有法律性质的技术标准。

A．环境保护单行法　　B．环境标准
C．环境保护基本法　　D．地方污染物排放标准

2．下列选项中（　　）是环境执法和环境管理工作的技术依据。

A．环境标准　　B．环境保护行政法规

C．环境保护基本法　　D．环境保护地方性法规

（二）多项选择题

1．环境保护法律包括（　　）。

A．环境保护综合法　　B．宪法

C．环境保护单行法　　D．环境保护相关法

E．环境保护基本法

2．下列关于环境保护法律法规体系中各层次间的关系的说法中正确的是（　　）。

A．《中华人民共和国宪法》是环境保护法律法规体系建立的依据和基础

B．环境保护综合法的法律效力要高于环境保护相关法和单行法

C．国务院环境保护行政法规的法律地位仅次于法律

D．地方法规和地方政府规章只在制定法规、规章的辖区内有效

E．部门行政规章不得违背法律和行政法规的规定

参考答案

（一）单项选择题

1．B　　2．A

（二）多项选择题

1．ACD　　2．ACDE

第二章 《中华人民共和国环境保护法》

一、考试大纲

（1）掌握环境的定义。

（2）掌握建设项目环境影响报告书的有关规定。

（3）熟悉保护自然生态系统区域、野生动植物自然分布区域、水源涵养区域、自然遗迹、人文遗迹、古树名木的有关规定。

（4）掌握加强对农业环境保护的有关规定。

（5）掌握产生环境污染和公害的单位必须采取有效措施防治污染和公害的有关规定。

（6）掌握新建和技术改造的企业防治污染和公害的有关规定。

（7）掌握建设项目防治污染设施“三同时”的有关规定。

（8）熟悉因发生事故或者其他突发性事件，造成或者可能造成污染事故的单位应当加强防范的有关规定。

（9）熟悉违反建设和使用污染防治设施的有关规定应承担的法律责任。

二、重要考点

（一）环境的定义（掌握）

《中华人民共和国环境保护法》第二条规定的环境定义是：

“本法所称环境，是指影响人类生存和发展的各种天然的和经过人工改造的自然因素的总体，包括大气、水、海洋、土地、矿藏、森林、草原、野生生物、自然遗迹、人文遗迹、自然保护区、风景名胜区、城市和乡村等。”

定义中的环境保护对象有三个特点：一是其主体是人类；二是包括天然的自然环境以及人工改造后的自然环境；三是不含社会因素。

（二）建设项目环境影响报告书的有关规定（掌握）

《中华人民共和国环境保护法》第十三条规定：

“建设污染环境的项目，必须遵守国家有关建设项目环境保护管理的规定。建设项目的环境影响报告书，必须对建设项目产生的污染和对环境的影响作出评价，规定防治措施，经项目主管部门预审并依照规定的程序报环境保护行政主管部门批准。环境影响报告书经批准后，计划部门方可批准建设项目设计任务书。”

对建设项目环境管理的原则要求包含的主要内容如下。

（1）建设项目在可行性研究阶段进行环境影响评价。

（2）环境影响报告书必须对建设项目的污染和生态影响作出评价，并规定防治措施。

（3）环境影响报告书必须按规定程序审批，即通过建设项目行政主管部门预审和环境保护行政主管部门批准两个环节。

（4）评价单位必须要有评价资质。

（三）保护自然生态系统区域、野生动植物自然分布区域、水源涵养区域、自然遗迹、人文遗迹、古树名木的有关规定（熟悉）

《中华人民共和国环境保护法》第十七条规定："各级人民政府对具有代表性的各种类型的自然生态系统区域，珍稀、濒危的野生动植物自然分布区域，重要的水源涵养区域，具有重大科学文化价值的地质构造、著名溶洞和化石分布区、冰川、火山、温泉等自然遗迹以及人文遗迹、古树名木，应当采取措施加以保护，严禁破坏。"

（四）加强对农业环境保护的有关规定（掌握）

《中华人民共和国环境保护法》第二十条规定："各级人民政府应当加强对农业环境的保护，防治土壤污染、土地沙化、盐渍化、贫瘠化、沼泽化、地面沉降和防治植被破坏、水土流失、水源枯竭、种源灭绝以及其他生态失调现象的发生和发展，推广植物病虫害的综合防治，合理使用化肥、农药及植物生长激素。"

这里所称的农业环境是指影响农业生物生存和发展的各种天然的和经过人工改造的自然因素的总体，包括农业用地、农业用水、大气和生物等。

（五）产生环境污染和公害的单位必须采取有效措施防治污染和公害的有关规定（掌握）

《中华人民共和国环境保护法》第二十四条规定："产生环境污染和其他公害的单位，必须把环境保护工作纳入计划，建立环境保护责任制度；采取有效措施，防治在生产建设或者其他活动中产生的废气、废水、废渣、粉尘、恶臭气体、放射性物质以及噪声、振动、电磁波辐射等对环境的污染和危害。"

（六）新建和技术改造的企业防治污染和公害的有关规定（掌握）

《中华人民共和国环境保护法》第二十五条规定："新建工业企业和现有工业企业的技术改造，应当采用资源利用率高、污染物排放量少的设备和工艺，采用经济合理的废弃物综合利用技术和污染物处理技术。"

（七）建设项目防治污染设施"三同时"的有关规定（掌握）

《中华人民共和国环境保护法》第二十六条规定："建设项目中防治污染的设施，必须与主体工程同时设计、同时施工、同时投产使用。防治污染的设施必须经原审批环境影响报告书的环境保护行政主管部门验收合格后，该建设项目方可投入生产或者使用。防治污染的设施不得擅自拆除或者闲置，确有必要拆除或者闲置的，必须征得所在地的环境保护行政主管部门同意。"

"三同时"制度是我国环境保护工作的一项创举，它与建设项目的环境影响评价制度相辅相成，都是针对新污染源所采取的防患于未然的法律措施，二者对建设项目发生作用的阶段不同，建设项目的环境影响评价制度作用于建设项目的可行性研究阶段，"三同时"作用于建设项目立项后的实质性建设阶段。

（八）因发生事故或者其他突发性事件，造成或者可能造成污染事故的单位应当加强防范的有关规定（熟悉）

《中华人民共和国环境保护法》第三十一条规定："因发生事故或者其他突然性事件，造成或者可能造成污染事故的单位，必须立即采取措施处理，及时通报可能受到污染危害的单位和居民，并向当地环境保护行政主管部门和有关部门报告，接受调查处理。可能发生重大污染事故的企业事业单位，应当采取措施，加强防范。"

（九）违反建设和使用污染防治设施的有关规定应承担的法律责任（熟悉）

1. 建设单位和排污单位

《中华人民共和国环境保护法》有如下规定。

第三十五条："违反本法规定，有下列行为之一的，环境保护行政主管部门或者其他依照法律规定行使环境监督管理权的部门可以根据不同情节，给予警告或者处以罚款：

(1)拒绝环境保护行政主管部门或者其他依照法律规定行使环境监督管理权的部门现场检查或者在被检查时弄虚作假的；

(2）拒报或者谎报国务院环境保护行政主管部门规定的有关污染物排放申报事项的；

(3）不按国家规定缴纳超标准排污费的；

(4）引进不符合我国环境保护规定要求的技术和设备的；

(5）将产生严重污染的生产设备转移给没有污染防治能力的单位使用的。"

第三十六条："建设项目的防治污染设施没有建成或者没有达到国家规定的要求，投入生产或者使用的，由批准该建设项目的环境影响报告书的环境保护行政主管部门责令停止生产或者使用，可以并处罚款。"

第三十七条："未经环境保护行政主管部门同意，擅自拆除或者闲置防治污染的设施，污染物排放超过规定的排放标准的，由环境保护行政主管部门责令重新安装使用，并处罚款。"

第三十八条："对违反本法规定，造成环境污染事故的企业事业单位，由环境保护行政主管部门或者其他依照法律规定行使环境监督管理权的部门根据所造成的危害后果处以罚款；情节较重的，对有关责任人员由其所在单位或者政府主管机关给予行政处分。"

第三十九条："对经限期治理逾期未完成治理任务的企业事业单位，除依照国家规定加收超标准排污费外，可以根据所造成的危害后果处以罚款，或者责令停业、关闭。

前款规定的罚款由环境保护行政主管部门决定。责令停业、关闭，由作出限期治理决定的人民政府决定；责令中央直接管辖的企业事业单位停业、关闭，须报国务院批准。"

2. 环境保护监督管理人员和其他相关责任

《中华人民共和国环境保护法》有如下规定。

第四十条："当事人对行政处罚决定不服的，可以在接到处罚通知之日起十五日内，向作出处罚决定的机关的上一级机关申请复议；对复议决定不服的，可以在接到复议决定之日起十五日内，向人民法院起诉。当事人也可以在接到处罚通知之日起十五日内，直接向人民法院起诉。当事人逾期不申请复议、也不向人民法院起诉、又不履行处罚决定的，由作出处罚决定的机关申请人民法院强制执行。"

第四十一条："造成环境污染危害的，有责任排除危害，并对直接受到损害的单位或者个人赔偿损失。

赔偿责任和赔偿金额的纠纷，可以根据当事人的请求，由环境保护行政主管部门或者其他依照本法律规定行使环境监督管理权的部门处理；当事人对处理决定不服的，可以向人民法院起诉。当事人也可以直接向人民法院起诉。

完全由于不可抗拒的自然灾害，并经及时采取合理措施，仍然不能避免造成环境污染损害的，免予承担责任。”

第四十二条：“因环境污染损害赔偿提起诉讼的时效期间为三年，从当事人知道或者应当知道受到污染损害时起计算。”

第四十三条：“违反本法规定，造成重大环境污染事故，导致公私财产重大损失或者人身伤亡的严重后果的，对直接责任人员依法追究刑事责任。”

第四十四条：“违反本法规定，造成土地、森林、草原、水、矿产、渔业、野生动植物等资源的破坏的，依照有关法律的规定承担法律责任。”

第四十五条：“环境保护监督管理人员滥用职权、玩忽职守、徇私舞弊的，由其所在单位或者上级主管机关给予行政处分；构成犯罪的，依法追究刑事责任。”

（十）其他相关内容（一般了解）

1．环境保护的监督管理

（1）《中华人民共和国环境保护法》第七条的规定。

“国务院环境保护行政主管部门，对全国环境保护工作实施统一监督管理。县级以上地方人民政府环境保护行政主管部门，对本辖区的环境保护工作实施统一监督管理。国家海洋行政主管部门、港务监督、渔政渔港监督、军队环境保护部门和各级公安、交通、铁道、民航管理部门，依照有关法律的规定对环境污染防治实施监督管理。县级以上人民政府的土地、矿产、林业、农业、水利行政主管部门，依照有关法律的规定对资源的保护实施监督管理。”

（2）我国环境保护的监督管理具有两大特点。

1）环境保护行政主管部门对环境保护工作的统一监督管理和各相关部门依照法律规定对环境污染防治和资源保护实施监督管理相结合。

2）中央的监督管理和地方分级监督管理相结合。

（3）我国环境保护的监督管理手段。

有法律手段、行政手段、经济手段、教育手段和技术手段。

2．环境质量标准和污染物排放标准

（1）环境标准是有关国家机关对环境保护工作中需要统一的各项技术规范和技术要求，依照法定程序所制定的各种标准的总称。

（2）我国的环境体系分为国家环境标准、地方环境标准和环境保护部标准。

《中华人民共和国环境保护法》第九条规定：“国务院环境保护行政主管部门制定国家环境质量标准。省、自治区、直辖市人民政府对国家环境质量标准中未作规定的项目，可以制定地方环境质量标准，并报国务院环境保护行政主管部门备案。”

《中华人民共和国环境保护法》第十条规定：“国务院环境保护行政主管部门根据国家环境质量标准和国家经济、技术条件，制定国家污染物排放标准。省、自治区、直辖市人民政府对国家污染物排放标准中未作规定的项目，可以制定地方污染物排放标准；对国家污染物

排放标准中已作规定的项目，可以制定严于国家污染物排放标准的地方污染物排放标准。地方污染物排放标准须报国务院环境保护行政主管部门备案。凡是向已有地方污染物排放标准的区域排放污染物的，应当执行地方污染物排放标准。”

3．环境监测和状况公报制度

（1）环境监测是指环境监测机构依法定权限和程序，对影响人类和其他生物生存和发展的环境质量状况进行监视性测定的活动。第十一条对环境监测制度和发布环境状况公报要求作了规定。

（2）环境监测报告按内容和周期分为环境监测快报、简报、月报、季报、年报、环境质量报告书及污染源监测报告。环境监测站的各类监测报告、数据、资料、成果均为国家所有，任何个人不得占有；属于保密范围内的监测数据、资料必须严格按照国家保密制度进行管理；未经市级以上环境保护行政主管部门许可，任何单位和个人不得向外单位提供、引用和发表尚未正式公布的监测报告、监测数据等相关资料。

（3）国务院和省、自治区、直辖市人民政府的环境保护行政主管部门，应当定期发布环境状况公报。

4．开发利用自然资源和海洋的环境保护

《中华人民共和国环境保护法》第十九条规定：

“开发利用自然资源，必须采取措施保护生态环境。”

《中华人民共和国环境保护法》第二十一条规定：

“国务院和沿海地方各级人民政府应当加强对海洋环境的保护，向海洋排放污染物，倾倒废弃物，进行海岸工程建设和海洋石油勘探开发，必须依照法律的规定，防止对海洋环境的污染损害。”

5．城市的环境保护

《中华人民共和国环境保护法》第二十二条规定：

“制定城市规划，应当确定保护和改善环境的目标和任务。”

《中华人民共和国环境保护法》第二十三条规定：

“城乡建设应当结合当地自然环境的特点，保护植被、水域和自然景观，加强城市园林、绿地和风景名胜区的建设。”

6．特殊区域的环境保护

《中华人民共和国环境保护法》第十八条规定：

“在国务院、国务院有关主管部门和省、自治区、直辖市人民政府划定的风景名胜区、自然保护区和其他需要特别保护的区域内，不得建设污染环境的工业生产设施；建设其他设施，其污染物排放不得超过规定的排放标准。已经建成的设施，其污染物排放超过规定的排放标准的，限期治理。”

三、例题分析

（一）单项选择题

1.《中华人民共和国环境保护法》规定：在国务院、国务院有关部门和省、自治区、直辖市人民政府划定的风景名胜区、自然保护区和其他需要特别保护的区域内，不得建设污染环境的（　）。

A．农业生产设施　　B．工业生产设施

C．第三产业生产设施　　D．建筑生产设施

【答案】：B

【解析】：掌握《中华人民共和国环境保护法》第十八条中关于在风景名胜区、自然保护区和其他需要特别保护的区域内不得建设污染环境的工业生产设施及其他设施的有关规定。

2.《中华人民共和国环境保护法》规定：开发利用自然资源，必须采取措施保护（　　）。

A．生活环境　　B．资源环境

C．生境环境　　D．生态环境

【答案】：D

【解析】：掌握开发利用自然资源必须采取措施保护生态环境的有关规定（《中华人民共和国环境保护法》第十九条）。

3.《中华人民共和国环境保护法》中规定：产生环境污染和其他公害的单位，必须把环境保护工作纳入计划，建立（　　）。

A．环境保护责任制度　　B．环境污染治理制度

C．环境污染防治制度　　D．绿色管理责任制度

【答案】：A

【解析】：掌握产生环境污染和公害的单位必须采取有效措施防治污染和公害的有关规定（《中华人民共和国环境保护法》第二十四条）。

4．违反《中华人民共和国环境保护法》规定的，责令停业、关闭，由作出限期治理决定的（　　）决定。

A．人民政府或环境保护行政主管部门　　B．人民政府

C．当地人民法院　　D．环境保护行政主管部门

【答案】：B

【解析】：熟悉违反有关法律规定应承担的法律责任（《中华人民共和国环境保护法》第三十九条）。

（二）多项选择题

1．违反《中华人民共和国环境保护法》规定，有（　　）行为，环境保护行政主管部门或者其他依照法律规定行使环境监督管理权的部门可以根据不同情节，给予警告或者处以罚款。

A．拒绝环境保护行政主管部门或者其他依照法律规定行使环境监督管理权的部门现场检查或者在被检查时弄虚作假的

B．将产生严重污染的生产设备转移给没有污染防治能力的单位使用的

C．引进不符合我国环境保护规定要求的技术和设备的

D．不按国家规定缴纳超标准排污费的

E．拒报或者谎报国务院环境保护行政主管部门规定的有关污染物排放申报事项的

【答案】：ABCDE

【解析】：熟悉违反有关法律规定应承担的法律责任（《中华人民共和国环境保护法》第三十五条）。

2．下列选项中（　　）是我国环境保护的监督管理的主要手段。

A．行政手段　B．法律手段　C．强制手段　D．教育手段

E．经济手段

【答案】：ABDE

【解析】：我国环境保护的监督管理主要通过以下五种手段来实现：法律手段、行政手段、经济手段、教育手段、技术手段。

四、练习题

（一）单项选择题

1．各级人民政府对具有代表性的各种类型的自然生态系统区域，珍稀、濒危的野生动植物自然分布区域，重要的水源涵养区域，具有重大科学文化价值的地质构造、著名溶洞和化石分布区、冰川、火山、温泉等自然遗迹，以及人文遗迹、古树名木，应当采取措施（　　），严禁破坏。

A．合理分配　B．加以保护

C．合理开发　D．妥善管理

2．未经环境保护行政主管部门同意，擅自拆除或者闲置防治污染的设施，污染物排放超过规定的排放标准的，由环境保护行政主管部门（　　）。

A．责令限期治理，并处罚款　B．责令重新安装使用或处罚款

C．责令重新安装使用，并处罚款　D．责令重新安装使用，并处行政处分

3．《中华人民共和国环境保护法》中规定："新建工业企业和现有工业企业的技术改造，应当采用资源利用率高、污染物排放量少的设备和工艺，采用经济合理的（　　）综合利用技术和污染物处理技术。"

A．废弃物　B．噪声　C．大气　D．水资源

4．《中华人民共和国环境保护法》规定："造成环境污染事故的企业事业单位，由环境保护行政主管部门或者其他依照法律规定行使环境监督管理权的部门根据所造成的危害后果（　　）。"

A．处以罚款，并给予行政处分　B．处以罚款

C．责令停业、关闭，并处罚款　D．责令停业、关闭，并处行政处分

5．建设项目的防治污染设施没有建成或者没有达到国家规定的要求，投入生产或者使用的，由批准该建设项目的环境影响报告书的环境保护行政主管部门（　　）。

A．责令停止生产或者使用，可以并处罚款

B．责令停止生产或者使用或罚款

C．责令停止生产或者使用

D．罚款

6.《中华人民共和国环境保护法》规定："各级人民政府应当加强对农业环境的保护，防治土壤污染、土地沙化、盐渍化、贫瘠化、沼泽化、地面沉降化和防治植被破坏、水土流失、水源枯竭、种源灭绝以及其他生态失调现象的发生和发展，推广植物病虫害的综合防治，合理使用化肥、农药及（　　）。"

A. 转基因药物　　B. 转基因生物　　C. 动物生长激素　　D. 植物生长激素

7.《中华人民共和国环境保护法》中规定："可能发生重大污染事故的企业事业单位，应当采取措施，加强（　　）。"

A. 管理　　B. 监理　　C. 监督　　D. 防范

8. 因发生事故或者其他突然性事件，造成或者可能造成污染事故的单位，必须（　　）采取措施处理，及时通报可能受到污染危害的单位和居民，并向当地环境保护行政主管部门和有关部门报告，接受调查处理。

A. 立即　　B. 在两天之内　　C. 及时　　D. 在三天之内

9.《中华人民共和国环境保护法》中规定："禁止引进不符合我国环境保护规定要求的（　　）。"

A. 硬件和软件　　B. 技术　　C. 生产方法　　D. 技术和设备

10. 因发生事故或者其他突然性事件，（　　）污染事故的单位，必须立即采取措施处理，及时通报可能受到污染危害的单位和居民，并向当地环境保护行政主管部门和有关部门报告，接受调查处理。

A. 造成　　B. 可能造成
C. 造成或者可能造成　　D. 有

11. 因发生事故或者其他突然性事件，造成或者可能造成污染事故的单位，必须立即采取措施处理，及时通报可能受到污染危害的单位和居民，并向（　　）和有关部门报告，接受调查处理。

A. 上级环境保护行政主管部门　　B. 当地安全保护行政主管部门
C. 县级以上环境保护行政主管部门　　D. 当地环境保护行政主管部门

12. 违反《中华人民共和国环境保护法》规定的，造成重大环境污染事故，导致公私财产重大损失或者人身伤亡的严重后果的，对直接责任人员（　　）。

A. 依法追究刑事责任　　B. 给予行政处分
C. 处予巨大罚款　　D. 给予降级处分

13. 对经限期治理逾期未完成治理任务的企业事业单位，除依照国家规定加收超标准排污费外，可以根据所造成的危害后果（　　）。

A. 处以罚款，并给予行政处分　　B. 处以罚款，或者责令停业、关闭
C. 责令停业、关闭，并处罚款　　D. 责令停业、关闭，并处行政处分

14. 违反《中华人民共和国环境保护法》规定的，罚款由（　　）决定。

A. 人民政府或环境保护行政主管部门
B. 人民政府
C. 当地人民法院
D. 环境保护行政主管部门

15.《中华人民共和国环境保护法》规定："在国务院、国务院有关部门和省、自治区、

直辖市人民政府划定的风景名胜区、自然保护区和其他需要特别保护的区域内，不得建设污染环境的工业生产设施。建设其他设施，其污染物排放（　　）。已建成的设施，其污染物排放超过规定排放标准的，（　　）。”

A．不得超过规定的排放标准，限期治理

B．不得超过规定的排放标准，关闭或迁移

C．应严于规定的排放标准，限期治理

D．应严于规定的排放标准，关闭或迁移

（二）多项选择题

1．《中华人民共和国环境保护法》规定：“各级人民政府应当加强对农业环境的保护，防治（　　）、沼泽化、地面沉降和防治植被破坏、水土流失、水源枯竭、种源灭绝以及其他生态失调现象的发生和发展，推广植物病虫害的综合防治，合理利用化肥、农药及植物生长激素。”

A．土壤污染　　B．土地沙化　　C．贫瘠化　　D．盐渍化

E．城市化

2．《中华人民共和国环境保护法》规定：“禁止引进不符合我国环境保护规定要求的（　　）。”

A．硬件　　B．技术　　C．设备　　D．文化

E．软件

3．《中华人民共和国环境保护法》中规定：“产生环境污染和其他公害的单位，必须把环境保护工作纳入计划，建立环境保护责任制度；采取有效措施，防治在生产建设或者其他活动中产生的废气、废水、废渣、粉尘、（　　）等对环境的污染和危害。”

A．放射性物质　　B．噪声

C．振动　　D．电磁波辐射

E．恶臭气体

4．违反《中华人民共和国环境保护法》规定，有（　　）行为，环境保护行政主管部门或者其他依照法律规定行使环境监督管理权的部门可以根据不同情节，给予警告或者处以罚款。

A．建设项目的防治污染设施没有建成或者没有达到国家规定的要求，投入生产或者使用的

B．将产生严重污染的生产设备转移给没有污染防治能力的单位使用的

C．造成重大环境污染事故，导致公私财产重大损失或者人身伤亡的严重后果的

D．不按国家规定缴纳超标准排污费的

E．未经环境保护行政主管部门同意，擅自拆除或者闲置防治污染的设施，污染物排放超过规定的排放标准的

5．《中华人民共和国环境保护法》中规定：“新建设企业和现有工业企业的技术改造，应当采用（　　）的设备和工艺，采用经济合理的废弃物综合利用技术和污染物处理技术。”

A．资源利用率高　　B．能源消耗中等

C．污染物排放量少　　D．能源利用率低

E．技术含量高

6. 下列选项中（　　）属于《中华人民共和国环境保护法》中所称的“环境”范畴。

A. 地质公园　　B. 铁矿藏　　C. 森林公园　　D. 湖泊

E. 恒星

7. 下列选项中属于《中华人民共和国环境保护法》中所称的“环境”范畴的有（　　）。

A. 东海　　B. 野生狮子

C. 草原　　D. 人工饲养的狗

E. 旅游风景区

8. 我国环境保护法律体系所涵盖的环境要素包括（　　）。

A. 大气　　B. 土壤　　C. 乡村　　D. 城市

E. 动物园中的动物

9. 在国务院、国务院有关主管部门和省、自治区、直辖市人民政府划定的（　　）和其他需要特别保护的区域内，不得建设污染环境的工业生产设施。

A. 生态脆弱区　　B. 风景名胜区

C. 自然保护区　　D. 海洋景观区

E. 文化遗产保护区

10. 新建工业企业和现有工业企业的技术改造，应当采用（　　）的设备和工艺，采用经济合理的废弃物综合利用技术和污染物处理技术。

A. 节约能源　　B. 资源利用率高

C. 污染物排放量少　　D. 原材料耗用量少

E. 资源回收再利用技术

参考答案

（一）单项选择题

1. B　2. C　3. A　4. B　5. A　6. D　7. D　8. A　9. D

10. C　11. D　12. A　13. B　14. D　15. A

（二）多项选择题

1. ABCD　2. BC　3. BCDE　4. BD　5. AC　6. ABCD

7. ABCE　8. ABCD　9. BC　10. BC

第三章《中华人民共和国环境影响评价法》、《建设项目环境保护管理条例》及配套的部门规章、规范性文件

一、考试大纲

（一）环境影响评价的定义及原则

（1）掌握环境影响评价的法律定义。

（2）掌握环境影响评价的原则。

（二）规划的环境影响评价

（1）熟悉需进行环境影响评价的规划的类别、范围及评价要求。

（2）掌握对规划进行环境影响评价应当分析、预测和评估的内容。

（3）掌握规划有关环境影响篇章或者说明以及专项规划环境影响报告书的主要内容。

（4）了解规划环境影响评价文件质量责任主体的有关规定。

（5）熟悉专项规划环境影响评价公众参与的有关规定。

（6）熟悉专项规划环境影响报告书的审查程序和审查时限。

（7）熟悉专项规划环境影响报告书审查意见应当包括的内容。

（8）熟悉审查小组应当提出对专项规划环境影响报告书进行修改并重新审查或者不予通过环境影响报告书意见的情形。

（9）熟悉专项规划环境影响报告书结论及审查意见采纳的有关规定。

（10）掌握规划环境影响跟踪评价的相关规定。

（11）了解规划环境影响文件审查小组以及规划环境影响评价技术机构在规划环境影响评价中应承担的法律责任。

（12）了解规划环境影响评价与建设项目环境影响评价的联动机制。

（13）了解推进重点领域规划环境影响评价的要求。

（三）建设项目的环境影响评价

1．建设项目环境影响评价分类管理

（1）掌握建设项目环境影响评价分类管理的有关法律规定。

（2）掌握环境影响评价分类管理中类别确定的原则规定。

（3）掌握建设项目环境影响评价分类管理中环境敏感区的含义。

2．建设项目环境影响评价文件的编制与报批

（1）掌握建设项目环境影响报告书内容的有关法律规定。

（2）掌握环境影响报告表和环境影响登记表的内容和填报要求。

（3）掌握建设项目环境影响评价公众参与的有关规定。

（4）熟悉建设项目环境影响评价文件报批的有关规定及审批时限。

（5）掌握建设项目环境影响评价文件重新报批和重新审核的有关规定。

3．建设项目环境影响评价分级审批

（1）熟悉国务院环境保护行政主管部门负责审批的环境影响评价文件的范围。

（2）熟悉省级环境保护行政主管部门提出建设项目环境影响评价分级审批建议的原则。

4．建设项目环境影响评价的实施

（1）掌握建设项目实施环境保护对策措施的有关规定。

（2）熟悉建设项目环境影响后评价的有关规定。

（3）掌握建设单位未依法执行环境影响评价制度擅自开工建设应承担的法律责任。

5．建设项目环境影响评价机构资质管理

（1）掌握建设项目环境影响评价机构资质管理的有关法律规定。

（2）掌握建设项目环境影响评价机构资质等级和评价范围划分的有关规定。

（3）了解建设项目环境影响评价机构资质条件的有关规定。

（4）熟悉建设项目环境影响评价机构的管理、考核与监督的有关规定。

（5）熟悉建设项目环境影响评价机构应承担的法律责任。

（6）熟悉建设项目环境影响评价机构违反资质管理有关规定应受的处罚。

6．建设项目环境影响评价行为准则

熟悉承担建设项目环境影响评价工作的机构及其环境影响评价技术人员的行为准则。

（四）建设项目竣工环境保护验收

（1）掌握建设项目竣工环境保护验收的范围。

（2）熟悉建设单位申请竣工环境保护验收的时限及延期验收的有关规定。

（3）掌握对建设项目竣工环境保护验收实施分类管理的规定。

（4）了解申请建设项目竣工环境保护验收应提交的材料。

（5）掌握建设项目竣工环境保护验收的条件。

（6）熟悉建设项目试生产环境保护的有关规定。

（7）熟悉建设单位未按有关规定申请环境保护设施竣工验收应受的处罚。

（8）熟悉建设项目需配套建设的环境保护设施未建成、未经验收或验收不合格，主体工程正式投入生产或者使用的，建设单位应受的处罚。

（9）熟悉承担建设项目竣工环境保护验收监测或调查工作的单位及其人员的行为准则。

（五）环境影响评价工程师职业资格制度

（1）熟悉环境影响评价工程师登记的有关规定。

（2）掌握环境影响评价工程师的职责。

（3）掌握环境影响评价工程师违反有关规定应受的处罚。

（4）了解环境影响评价工程师继续教育的有关规定。

（六）环境影响评价从业人员职业道德规范

了解环境影响评价从业人员职业道德规范的主要内容。

二、重要考点

（一）环境影响评价的定义及原则

1. 环境影响评价的法律定义（掌握）

《中华人民共和国环境影响评价法》第二条规定的环境影响评价的定义是："本法所称环境影响评价，是指对规划和建设项目实施后可能造成的环境影响进行分析、预测和评估，提出预防或者减轻不良环境影响的对策和措施，进行跟踪监测的方法与制度。"

2. 环境影响评价的原则（掌握）

《中华人民共和国环境影响评价法》第四条规定：

"环境影响评价必须客观、公开、公正，综合考虑规划或者建设项目实施后对各种环境因素及其所构成的生态系统可能造成的影响，为决策提供科学依据。"

环境影响评价的原则包括四个方面。

（1）要客观、公开、公正。

（2）要综合考虑实施后可能造成的影响。

（3）在考虑环境影响时要兼顾各种环境因素和其所构成的生态系统。

（4）要为决策提供科学依据。

（二）规划的环境影响评价

1. 需进行环境影响评价的规划的类别、范围及评价要求（熟悉）

（1）需进行环境影响评价的规划的类别。

1）《中华人民共和国环境影响评价法》第七条第一款规定：

"国务院有关部门、设区的市级以上地方人民政府及其有关部门，对其组织编制的土地利用的有关规划，区域、流域、海域的建设、开发利用规划，应当在规划编制过程中组织进行环境影响评价，编写该规划有关环境影响的篇章或者说明。"

2）《中华人民共和国环境影响评价法》第八条规定：

"国务院有关部门、设区的市级以上地方人民政府及其有关部门，对其组织编制的工业、农业、畜牧业、林业、能源、水利、交通、城市建设、旅游、自然资源开发的有关专项规划（以下简称专项规划），应当在该专项规划草案上报审批前，组织进行环境影响评价，并向审批该专项规划的机关提出环境影响报告书。

前款所列专项规划中的指导性规划，按照本法第七条的规定进行环境影响评价。"

"国务院有关部门"是指：国务院组成部门、直属机构、办事机构、直属事业单位和部委管理的国家局。

“设区的市级以上地方人民政府及其有关部门”是指：各省、自治区、直辖市人民政府和设区的市（通常为省辖市、州、盟）人民政府及其组成部门、直属机构和特设机构及政府议事协调机构的常设办事机构。

3）《中华人民共和国环境影响评价法》第三十六条规定：

“自治区、直辖市人民政府可以根据本地的实际情况，要求对本辖区的县级人民政府编制的规划进行环境影响评价。具体办法由省、自治区、直辖市参照本法第二章的规定制定。”

对县级（含县级市）人民政府组织编制的规划是否应进行环境影响评价，法律没有强求一律，对县级人民政府所属部门及乡、镇级人民政府组织编制的规划，法律没有规定进行环境影响评价。

（2）需进行环境影响评价的规划的范围。

1）编制环境影响报告书的规划的具体范围。

包括工业、农业、畜牧业、林业、能源、水利、交通、城市建设、旅游、自然资源开发的有关专项规划。

2）编制环境影响篇章或说明的规划的具体范围。

包括土地利用的有关规划，区域的建设、开发利用规划，流域和海域的建设、开发利用规划以及工业、农业、畜牧业、林业、能源、水利、交通、城市建设、旅游、自然资源开发指导性专项规划。

（3）需进行环境影响评价的规划的评价要求。

组织者：组织编制规划的国务院有关部门、设区的市以上的地方人民政府及其有关部门。

评价时机：综合规划应当在规划编制过程中组织进行环境影响评价；专项规划应当在该规划草案上报审批之前，组织进行环境影响评价。

评价成果：综合规划及专项规划中的指导性规划，需编写该规划有关环境影响的篇章或者说明，而专项规划中的非指导性规划则需编写环境影响报告书。

2．掌握对规划进行环境影响评价应当分析、预测和评估的内容（掌握）

《规划环境影响评价条例》第八条的规定如下。

对规划进行环境影响评价，应当分析、预测和评估以下内容。

（1）规划实施可能对相关区域、流域、海域生态系统产生的整体影响。

（2）规划实施可能对环境和人群健康产生的长远影响。

（3）规划实施的经济效益、社会效益与环境效益之间以及当前利益与长远利益之间的关系。

3．规划有关环境影响篇章或者说明以及专项规划环境影响报告书的主要内容（掌握）

《中华人民共和国环境影响评价法》第七条第二款规定：

“规划有关环境影响的篇章或者说明，应当对规划实施后可能造成的环境影响作出分析、预测和评估，提出预防或者减轻不良环境影响的对策和措施，作为规划草案的组成部分一并报送规划审批机关。”

《中华人民共和国环境影响评价法》第十条规定：

“专项规划的环境影响报告书应当包括下列内容：①实施该规划对环境可能造成影响的

分析、预测和评估；②预防或者减轻不良环境影响的对策和措施；③环境影响评价的结论。”

这两个条款分别规定了规划有关环境影响的篇章或说明以及专项规划环境影响报告书内容。

《规划环境影响评价条例》第十一条的规定如下。

环境影响篇章或者说明应当包括下列内容。

（1）规划实施对环境可能造成影响的分析、预测和评估，主要包括资源环境承载能力分析、不良环境影响的分析和预测以及与相关规划的环境协调性分析。

（2）预防或者减轻不良环境影响的对策和措施，主要包括预防或者减轻不良环境影响的政策、管理或者技术等措施。

环境影响报告书除包括上述内容外，还应当包括环境影响评价结论。环境影响评价结论主要包括规划草案的环境合理性和可行性，预防或者减轻不良环境影响的对策和措施的合理性和有效性，以及规划草案的调整建议。

4．规划环境影响评价文件质量责任主体的有关规定（了解）

《规划环境影响评价条例》第十二条规定：

“环境影响篇章或者说明、环境影响报告书（以下简称环境影响评价文件），由规划编制机关编制或者组织规划环境影响评价技术机构编制。规划编制机关应当对环境影响评价文件的质量负责。”

5．专项规划环境影响评价公众参与的有关规定（熟悉）

（1）《中华人民共和国环境影响评价法》第五条规定：

“国家鼓励有关单位、专家和公众以适当方式参与环境影响评价。”

（2）《中华人民共和国环境影响评价法》第十一条规定：

“专项规划的编制机关对可能造成不良环境影响并直接涉及公众环境权益的规划，应当在该规划草案报送审批前，举行论证会、听证会，或者采取其他形式，征求有关单位、专家和公众对环境影响报告书草案的意见。但是，国家规定需要保密的情况除外。”

该条规定确定了公众参与的形式：举行论证会、听证会，或者采取其他形式。对可能造成不良环境影响并直接涉及公众环境权益的规划，要求编制环境影响报告书的规划。指导性的专项规划不需要征求公众的意见，根据国家规定需要保密不宜公开的专项规划也不需要征求公众的意见。

（3）公众意见的征求人即专项规划的编制机关应当考虑有关单位、专家和公众对环境影响评价报告书草案的意见，并应当在报送审查的环境影响报告书中附具对意见采纳或者不采纳的说明。采纳的要说明，不采纳的也要说明，供审批机关充分考虑各方面的意见，在民主科学的基础上作出正确决策。

（4）公众参与的时机是在对规划草案的环境影响评价报告书草案形成之后，规划草案报送审批机关审批之前。

6．专项规划环境影响报告书的审查程序和审查时限（熟悉）

（1）审查程序。

《中华人民共和国环境影响评价法》第十三条规定：

“设区的市级以上人民政府在审批专项规划草案，作出决策前，应当先由人民政府指定的环境保护行政主管部门或者其他部门召集有关部门代表和专家组成审查小组，对环境影响报告书进行审查。审查小组应当提出书面审查意见。

参加前款规定的审查小组的专家，应当从按照国务院环境保护行政主管部门的规定设立的专家库内的相关专业的专家名单中，以随机抽取的方式确定。

由省级以上人民政府有关部门负责审批的专项规划，其环境影响报告书的审查办法，由国务院环境保护行政主管部门会同国务院有关部门制定。”

（2）审查时限。

根据原国家环境保护总局㊀2003年制定发布的《专项规划环境影响报告书审查办法》中的有关规定，专项规划的审批机关在作出审批专项规划草案的决定前，应当将专项规划环境影响报告书送同级环境保护行政主管部门，由同级环境保护行政主管部门会同专项规划的审批机关对环境影响报告书进行审查。

环境保护行政主管部门应当自收到专项规划环境影响报告书之日起30日内，会同专项规划审批机关召集有关部门代表和专家组成审查小组，对专项规划环境影响报告书进行审查，并在审查小组提出书面审查意见之日起10日内将审查意见提交专项规划审批机关。

7. 专项规划环境影响报告书审查意见应当包括的内容（熟悉）

审查小组的成员应当客观、公正、独立地对环境影响报告书提出书面审查意见，规划审批机关、规划编制机关、审查小组的召集部门不得干预。

审查意见应当包括下列内容。

（1）基础资料、数据的真实性。

（2）评价方法的适当性。

（3）环境影响分析、预测和评估的可靠性。

（4）预防或者减轻不良环境影响的对策和措施的合理性和有效性。

（5）公众意见采纳与不采纳情况及其理由的说明的合理性。

（6）环境影响评价结论的科学性。

审查意见应当经审查小组四分之三以上成员签字同意。审查小组成员有不同意见的，应当如实记录和反映。

8. 审查小组应当提出对专项规划环境影响报告书进行修改并重新审查或者不予通过环境影响报告书意见的情形（熟悉）

《规划环境影响评价条例》第二十条的规定如下。

有下列情形之一的，审查小组应当提出对环境影响报告书进行修改并重新审查的意见。

（1）基础资料、数据失实的。

（2）评价方法选择不当的。

（3）对不良环境影响的分析、预测和评估不准确、不深入，需要进一步论证的。

（4）预防或者减轻不良环境影响的对策和措施存在严重缺陷的。

（5）环境影响评价结论不明确、不合理或者错误的。

（6）未附具对公众意见采纳与不采纳情况及其理由的说明，或者不采纳公众意见的理由

㊀ 已于2008年更名为中华人民共和国环境保护部，但由于法条未修改，后文法条中仍沿用国家环境保护总局这一旧称，在此作一说明。

明显不合理的。

（7）内容存在其他重大缺陷或者遗漏的。

《规划环境影响评价条例》第二十一条的规定如下。

有下列情形之一的，审查小组应当提出不予通过环境影响报告书的意见。

（1）依据现有知识水平和技术条件，对规划实施可能产生的不良环境影响的程度或者范围不能作出科学判断的。

（2）规划实施可能造成重大不良环境影响，并且无法提出切实可行的预防或者减轻对策和措施的。

9．专项规划环境影响报告书结论及审查意见采纳的有关规定（熟悉）

《中华人民共和国环境影响评价法》第十三条规定：

“设区的市级以上人民政府或者省级以上人民政府有关部门在审批专项规划草案时，应当将环境影响报告结论以及审查意见作为决策的重要依据。

在审批中未采纳环境影响报告书结论以及审查意见的，应当作出说明，并存档备查。”

专项规划的环境影响报告书结论和审查小组审查意见具有重要作用，专项规划的审批机关在审批规划草案时应将环境影响报告书结论以及审查意见作为决策的重要依据。

10．掌握规划环境影响跟踪评价的相关规定

《中华人民共和国环境影响评价法》第十五条规定：

“对环境有重大影响的规划实施后，编制机关应当及时组织环境影响的跟踪评价，并将评价结果报告审批机关；发现有明显不良环境影响的，应当及时提出改进措施。”

《规划环境影响评价条例》第二十五条对跟踪评价的内容进行了如下规定。

规划环境影响的跟踪评价应当包括下列内容。

（1）规划实施后实际产生的环境影响与环境影响评价文件预测可能产生的环境影响之间的比较分析和评估。

（2）规划实施中所采取的预防或者减轻不良环境影响的对策和措施有效性的分析和评估。

（3）公众对规划实施所产生的环境影响的意见。

（4）跟踪评价的结论。

《规划环境影响评价条例》第二十六条规定：

“规划编制机关对规划环境影响进行跟踪评价，应当采取调查问卷、现场走访、座谈会等形式征求有关单位、专家和公众的意见。”

11．规划编制机关和审查机关在规划环境影响评价中违反有关规定应承担的法律责任（了解）

（1）规划编制机关有关人员的法律责任。

1）规划编制机关的违法行为。

①《中华人民共和国环境影响评价法》第二十九条规定：

“规划编制机关违反本法规定，组织环境影响评价时弄虚作假或者有失职行为，造成环境影响评价严重失实的，对直接负责的主管人员和其他直接责任人员，由上级机关或者监察机关依法给予行政处分。”

② 规划编制单位组织环境影响评价时弄虚作假或有失职行为，一般有以下五种情况。

a．应当规划编制过程中组织进行环境影响评价而未做环境影响评价的。

b．按规定应提交环境影响报告书而未编制环境影响报告书，只在规划中编写该规划有关环境影响的篇章或说明的。

c．应征求有关单位、专家和公众对环境影响报告书草案的意见而未征求的。

d．报送审查的环境影响报告书中不附公众意见是否采纳说明的。

e．规划编制机关组织进行环境影响评价时，提供虚假情况或资料，或者工作不负责任，致使评价结论失实的。

③ 环境影响评价是否严重失实可从下面三方面判定。

a．以有关部门代表和专家组成的审查小组对环境影响报告书进行审查时，认为规划编制机关组织的环境影响评价有作假或者有失职行为，环境影响评价结果有误，严重失实，审查小组有上述明确的书面审查意见的。

b．规划实施后，编制机关组织环境影响跟踪评价时，发现规划实施后产生的社会效益或环境效益与环境影响评价结果有明显差异，严重失实，带来不良的社会影响或环境影响的。

c．规划实施后，产生的社会效益或环境效益与环境影响评价结果明显不同，造成不良的社会影响或环境影响，被公众举报的。

2）规划编制机关责任人员的处罚。

规划编制机关具有上述违法事实和违法后果，直接负责的主管人员和其他责任人员，要承担法律责任，由上级机关或监察机关依法给予行政处分。

根据《中华人民共和国公务员法》，规划编制机关违反《中华人民共和国环境影响评价法》规定，上级机关根据违法人员违法行为的情节轻重，对直接负责的主管人员和其他直接责任人员，按照干部管理权限，作出具体处罚决定。

根据《中华人民共和国行政监察法》，对规划编制机关违反《中华人民共和国环境影响评价法》规定，在组织环境影响评价时作假或者有失职行为，造成环境影响评价严重失实的，对直接负责的主管人员和其他直接责任人员，监察机关根据违法人员违法行为的情节轻重，依法作出处罚的监察决定或监察建议，按国家人事管理权限和处理程序的规定办事。

（2）规划审批机关有关人员的法律责任。

《中华人民共和国环境影响评价法》第三十条规定：

“规划审批机关对依法应当编写有关环境影响的篇章或者说明而未编写的规划草案，依法应当附送环境影响报告书而未附送的专项规划草案，违法予以批准的，对直接负责的主管人员和其他责任人员，由上级机关或者检察机关依法给予行政处分。”

《中华人民共和国环境影响评价法》规定了规划编制部门、审批部门未履行其应承担的法律义务需其直接负责的主管人员和其他责任人员应承担的法律责任，但对规划环境影响评价编制单位的法律义务未作具体规定，也没有具体规定规划环境影响评价编制单位的法律责任。

《规划环境影响评价条例》第三十二条进一步细化了规划审批机关的违规行为。

规划审批机关有下列行为之一的，对直接负责的主管人员和其他直接责任人员，依法给予处分。

1）对依法应当编写而未编写环境影响篇章或者说明的综合性规划草案和专项规划中的指导性规划草案，予以批准的。

2）对依法应当附送而未附送环境影响报告书的专项规划草案，或者对环境影响报告书未经审查小组审查的专项规划草案，予以批准的。

（3）审查小组和规划环境影响评价技术机构的法律责任。

《规划环境影响评价条例》在《中华人民共和国环境影响评价法》的基础上，补充规定了审查小组和规划环境影响评价技术机构的法律责任。

《规划环境影响评价条例》第三十三条规定：

“审查小组的召集部门在组织环境影响报告书审查时弄虚作假或者滥用职权，造成环境影响评价严重失实的，对直接负责的主管人员和其他直接责任人员，依法给予处分。

审查小组的专家在环境影响报告书审查中弄虚作假或者有失职行为，造成环境影响评价严重失实的，由设立专家库的环境保护主管部门取消其入选专家库的资格并予以公告；审查小组的部门代表有上述行为的，依法给予处分。”

《规划环境影响评价条例》第三十四条规定：

“规划环境影响评价技术机构弄虚作假或者有失职行为，造成环境影响评价文件严重失实的，由国务院环境保护主管部门予以通报，处所收费用1倍以上3倍以下的罚款；构成犯罪的，依法追究刑事责任。”

12．规划环境影响评价与建设项目环境影响评价的联动机制（了解）

环境保护部（环发〔2009〕96号）“关于学习贯彻《规划环境影响评价条例》（以下简称《条例》）加强规划环境影响评价工作的通知”中规定要完善规划环境影响评价与项目环境影响评价联动机制。

按照《条例》规定，将规划环境影响评价结论作为规划所包含建设项目环境影响评价的重要依据，建立规划环境影响评价与项目环境影响评价的联动机制。未进行环境影响评价的规划所包含的建设项目，不予受理其环境影响评价文件。已经批准的规划在实施范围、适用期限、规模、结构和布局等方面进行重大调整或者修订的，应当重新或者补充进行环境影响评价，未开展环境影响评价的，不予受理其规划中建设项目的环境影响评价文件。已经开展了环境影响评价的规划，其包含的建设项目环境影响评价的内容可以根据规划环境影响评价的分析论证情况予以适当简化，简化的具体内容以及需要进一步深入评价的内容都应在审查意见中明确。

13．推进重点领域规划环境影响评价的要求（了解）

环境保护部（环发〔2009〕96号）“关于学习贯彻《规划环境影响评价条例》加强规划环境影响评价工作的通知”中规定大力推进重点领域规划环境影响评价。

切实加强区域、流域、海域规划环境影响评价，把区域、流域、海域生态系统的整体性、长期性环境影响作为评价的关键点。努力提高城市规划环境影响评价质量，把规划环境影响评价早期介入城市总体规划及有关建设规划编制，实现与规划的全过程互动作为切入点。不断强化矿产资源开发规划环境影响评价的实效性，把保障资源开发区域的生态服务功能作为落脚点。认真做好交通及重要基础设施规划环境影响评价工作，把协调好规划布局与重要生态环境敏感区的关系作为着力点。严格规范各类开发区及工业园区规划环境影响评价，把园区布局、产业结构和重要环保基础设施建设方案的环境合理性作为评价工作的重中之重。当前，要进一步加强对钢铁、水泥等产能过剩行业规划的环境影响评价。将区域产业规划环境

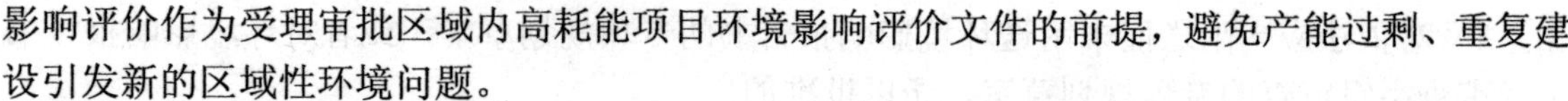

影响评价作为受理审批区域内高耗能项目环境影响评价文件的前提，避免产能过剩、重复建设引发新的区域性环境问题。

（三）建设项目的环境影响评价

1．建设项目环境影响评价分类管理

（1）掌握建设项目环境影响评价分类管理的有关法律规定（掌握）。

1）《中华人民共和国环境影响评价法》第十六条规定：

“国家根据建设项目对环境的影响程度，对建设项目的环境影响评价实行分类管理。

建设单位应当按照下列规定组织编制环境影响报告书、环境影响报告表或者填报环境影响登记表（以下统称环境影响评价文件）。

① 可能造成重大环境影响的，应当编制环境影响报告书，对产生的环境影响进行全面评价。

② 可能造成轻度环境影响的，应当编制环境影响报告表，对产生的环境影响进行分析或者专项评价。

③ 对环境影响很小，不需要进行环境影响评价的，应当填报环境影响登记表。

建设项目的环境影响评价分类管理名录，由国务院环境保护行政主管部门制定并公布。”

2）《建设项目环境保护管理条例》第七条规定：

“国家根据建设项目对环境的影响程度，按照下列规定对建设项目的环境保护实行分类管理。

① 建设项目对环境可能造成重大影响的，应当编制环境影响报告书，对建设项目产生的污染和对环境的影响进行全面、详细的评价。

② 建设项目对环境可能造成轻度影响的，应当编制环境影响报告表，对建设项目产生的污染和对环境的影响进行分析或者专项评价。

③ 建设项目对环境影响很小，不需要进行环境影响评价的，应当填报环境影响登记表。

建设项目环境保护分类管理名录，由国务院环境保护行政主管部门制定并公布。”

（2）环境影响评价分类管理中类别确定的原则规定（掌握）。

1）《建设项目环境保护分类管理名录》第四条规定：

“建设项目所处环境的敏感性质和敏感程度，是确定建设项目环境影响评价类别的重要依据。

建设涉及环境敏感区的项目，应当严格按照本名录确定其环境影响评价类别，不得擅自提高或者降低环境影响评价类别。环境影响评价文件应当就该项目对环境敏感区的影响作重点分析。”

2）《建设项目环境保护分类管理名录》第五条规定：

“跨行业、复合型建设项目，其环境影响评价类别按其中单项等级最高的确定。”

3）《建设项目环境保护分类管理名录》第六条规定：

“本名录未作规定的建设项目，其环境影响评价类别由省级环境保护行政主管部门根据建设项目的污染因子、生态影响因子特征及其所处环境的敏感性质和敏感程度提出建议，报国务院环境保护行政主管部门认定。”

（3）建设项目环境影响评价分类管理中环境敏感区的含义（掌握）。

《建设项目环境保护分类管理名录》第三条规定：

“本名录所称环境敏感区，是指依法设立的各级各类自然、文化保护地，以及对建设项目的某类污染因子或者生态影响因子特别敏感的区域，主要包括以下内容。

1）自然保护区、风景名胜区、世界文化和自然遗产地、饮用水水源保护区。

2）基本农田保护区、基本草原、森林公园、地质公园、重要湿地、天然林、珍稀濒危野生动植物天然集中分布区、重要水生生物的自然产卵场及索饵场、越冬场和洄游通道、天然渔场、资源性缺水地区、水土流失重点防治区、沙化土地封禁保护区、封闭及半封闭海域、富营养化水域。

3）以居住、医疗卫生、文化教育、科研、行政办公等为主要功能的区域，文物保护单位，具有特殊历史、文化、科学、民族意义的保护地。”

2．建设项目环境影响评价文件的编制与报批

（1）建设项目环境影响报告书内容的有关法律规定（掌握）。

《中华人民共和国环境影响评价法》第十七条规定：

“建设项目的环境影响报告书应当包括下列内容。

1）建设项目概况。

2）建设项目周围环境现状。

3）建设项目对环境可能造成影响的分析、预测和评估。

4）建设项目环境保护措施及其技术、经济论证。

5）建设项目对环境影响的经济损益分析。

6）对建设项目实施环境监测的建议。

7）环境影响评价的结论。

涉及水土保持的建设项目，还必须有经水行政主管部门审查同意的水土保持方案。”

（2）环境影响报告表和环境影响登记表的内容和填报要求（掌握）。

环境影响报告表和环境影响登记表的内容和格式，由国务院环境保护行政主管部门制定。

《建设项目环境影响报告表（试行）》包括：①建设项目基本情况；②建设项目所在地自然环境社会环境简况；③环境质量状况；④评价适用标准；⑤建设项目工程分析；⑥项目主要污染物产生及预计排放情况；⑦环境影响分析；⑧建设项目拟采取的防治措施及预期治理效果；⑨结论与建议。特别要注意报告表如不能说明项目产生的污染及对环境造成的影响，应进行专项评价。根据建设项目的特点和当地环境特征，可进行1～2项专项评价。专项评价按《环境影响评价技术导则》中的要求进行。报告表应有必要的附件和附图。

《建设项目环境影响登记表（试行）》包括：项目内容及规模、原辅材料（包括名称、用量）及主要设施规格、数量、水及能源消耗量、废水排水量及排放方向、周围环境简况、生产工艺流程简述、拟采取的防治污染措施。

（3）建设项目环境影响评价公众参与的有关规定（掌握）。

1）《中华人民共和国环境影响评价法》第二十一条规定：

“除国家规定需要保密的情形外，对环境可能造成重大影响、应当编制环境影响报告书的建设项目，建设单位应当在报批建设项目环境影响报告书前，举行论证会、听证会，或者采取其他形式，征求有关单位、专家和公众的意见。

建设单位报批的环境影响报告书应当附具对有关单位、专家和公众的意见采纳或者不采纳的说明。”

2）《建设项目环境保护管理条例》第十五条规定：

“建设单位统编制环境影响报告书，应当依照有关法律规定，征求建设项目所在地有关单位和居民的意见。”

3）《环境影响评价公众参与暂行办法》（环发〔2006〕28号）的有关规定。

第七条：建设单位或者其委托的环境影响评价机构、环境保护行政主管部门应当按照本办法的规定，采用便于公众知悉的方式，向公众公开有关环境影响评价的信息。

第八条：在《建设项目环境分类管理名录》规定的环境敏感区建设的需要编制环境影响报告书的项目，建设单位应当在确定了承担环境影响评价工作的环境影响评价机构后 7 日内，向公众公告下列信息。

① 建设项目的名称及概要。

② 建设项目的建设单位的名称和联系方式。

③ 承担评价工作的环境影响评价机构的名称和联系方式。

④ 环境影响评价的工作程序和主要工作内容。

⑤ 征求公众意见的主要事项。

⑥ 公众提出意见的主要方式。

第九条：建设单位或者其委托的环境影响评价机构在编制环境影响报告书的过程中，应当在报送环境保护行政主管部门审批或者重新审核前，向公众公告如下内容。

① 建设项目情况简述。

② 建设项目对环境可能造成影响的概述。

③ 预防或者减轻不良环境影响的对策和措施的要点。

④ 环境影响报告书提出的环境影响评价结论的要点。

⑤ 公众查阅环境影响报告书简本的方式和期限，以及公众认为必要时向建设单位或者其委托的环境影响评价机构索取补充信息的方式和期限。

⑥ 征求公众意见的范围和主要事项。

⑦ 征求公众意见的具体形式。

⑧ 公众提出意见的起止时间。

第十条：建设单位或者其委托的环境影响评价机构，可以采取以下一种或者多种方式发布信息公告。

① 在建设项目所在地的公共媒体上发布公告。

② 公开免费发放包含有关公告信息的印刷品。

③ 其他便于公众知情的信息公告方式。

第十一条：建设单位或其委托的环境影响评价机构，可以采取以下一种或者多种方式，公开便于公众理解的环境影响评价报告书的简本。

① 在特定场所提供环境影响报告书的简本。

② 制作包含环境影响报告书的简本的专题网页。

③ 在公共网站或者专题网站上设置环境影响报告书的简本的链接。

④ 其他便于公众获取环境影响报告书的简本的方式。

（4）建设项目环境影响评价文件报批的有关规定及审批时限（熟悉）。

1）环境影响评价文件的报批时限。

《建设项目环境保护管理条例》第九条规定：

“建设单位应当在建设项目可行性研究阶段报批建设项目环境影响报告书、环境影响报告表或者环境影响登记表；但是，铁路、交通等建设项目，经有审批权的环境保护行政主管部门同意，可以在初步设计完成前报批环境影响报告书或者环境影响报告表。

按照国家有关规定，不需要进行可行性研究的建设项目，建设单位应当在建设项目开工前报批建设项目环境影响报告书、环境影响报告表或者环境影响登记表；其中，需要办理营业执照的，建设单位应当在办理营业执照前报批建设项目环境影响报告书、环境影响报告表或者环境影响登记表。”

当前，在投资体制改革新形势下，建设项目分为审批、核准和备案三类。对于企业不使用政府投资建设的项目，一律不再实行审批制，区别不同情况实行核准制和备案制。

2004 年 12 月，原国家环境保护总局、国家发展和改革委员会联合发布的《关于加强建设项目环境影响评价分组审批的通知》规定：实行审批制的建设项目应当在报送可行性研究报告前完成环境影响评价文件报批手续；实行核准制的建设项目，建设单位应当在提交项目申请报告前完成环境影响评价文件报批手续；实行备案制的建设项目，建设单位应当在办理备案手续后和项目开工前完成环境影响评价文件报批手续。

2）环境影响评价文件的审批程序和时限。

① 审批过程。

《中华人民共和国环境影响评价法》第二十二条第一款和第二款规定：

“建设项目的环境影响评价文件，由建设单位按照国务院的规定报有审批权的环境保护行政主管部门审批；建设项目有行业主管部门的，其环境影响报告书或者环境影响报告表应当经行业主管部门预审后，报有审批权的环境保护行政主管部门审批。

海洋工程建设项目环境影响报告书或者环境影响报告表，经海洋行政主管部门审核并签署意见后，报环境保护行政主管部门审批。”

② 审批时限。

《中华人民共和国环境影响评价法》第二十二条第三款规定：

“审批部门应当自收到环境影响报告书之日起 60 日内，收到环境影响报告表之日起 30 日内，收到环境影响登记表之日起 15 日内，分别作出审批决定并书面通知建设单位。”

《建设项目环境保护管理条例》第十条规定：

“建设项目环境影响报告书、环境影响报告表或者环境影响登记表，由建设单位报有审批权的环境保护行政主管部门审批；建设项目有行业主管部门的，其环境影响报告书或者环境影响报告表应当经行业主管部门预审后，报有审批权的环境保护行政主管部门审批。

海岸工程建设项目环境影响报告书或者环境影响报告表，经海洋行政主管部门审核并签署意见后，报环境保护行政主管部门审批。

环境保护行政主管部门应当自收到建设项目环境影响报告书之日起 60 日内、收到环境影响报告表之日起30日内、收到环境影响登记表之日起15日内，分别作出审批决定并书面通知建设单位。

预审、审核、审批建设项目环境影响报告书、环境影响报告表或者环境影响登记表，不得收取任何费用。”

（5）建设项目环境影响评价文件重新报批和重新审核的有关规定（掌握）。

1）重新报批。

“建设项目的环境影响评价文件经批准后，建设项目的性质、规模、地点、采用的生产工艺或者防治污染、防止生态破坏的措施发生重大变动的，建设单位应当重新报批建设项目的环境影响评价文件。”

《建设项目环境保护管理条例》第十二条规定：

“建设项目环境影响报告书、环境影响报告表或者环境影响登记表经批准后，建设项目的性质、规模、地点或者采用的生产工艺发生重大变化的，建设单位应当重新报批建设项目环境影响报告书、环境影响报告表或者环境影响登记表。”

2）重新审核。

《中华人民共和国环境影响评价法》第二十四条规定：

“建设项目的环境影响评价文件自批准之日起超过5年，方决定该项目开工建设的，其环境影响评价文件应当报原审批部门重新审核；原审批部门应当自收到建设项目环境影响评价文件之日起10日内，将审核意见书面通知建设单位。”

《建设项目环境保护管理条例》第十二条也有相同的规定，并对重新审核环境影响评价文件的，明确“逾期未通知的，视为审核同意”。

3．建设项目环境影响评价分级审批

（1）国务院环境保护行政主管部门负责审批的环境影响评价文件的范围（熟悉）。

1）《建设项目环境影响评价文件分级审批规定》中的相关规定。

第二条：建设对环境有影响的项目，不论投资主体、资金来源、项目性质和投资规模，其环境影响评价文件均应按照本规定确定分级审批权限。

有关海洋工程和军事设施建设项目的环境影响评价文件的分级审批，依据有关法律和行政法规执行。

第三条：各级环境保护部门负责建设项目环境影响评价文件的审批工作。

第五条：环境保护部负责审批下列类型的建设项目环境影响评价文件。

① 核设施、绝密工程等特殊性质的建设项目。

② 跨省、自治区、直辖市行政区域的建设项目。

③ 由国务院审批或核准的建设项目，由国务院授权有关部门审批或核准的建设项目，由国务院有关部门备案的对环境可能造成重大影响的特殊性质的建设项目。

第六条：环境保护部可以将法定由其负责审批的部分建设项目环境影响评价文件的审批权限，委托给该项目所在地的省级环境保护部门，并应当向社会公告。

受委托的省级环境保护部门，应当在委托范围内，以环境保护部的名义审批环境影响评价文件。

受委托的省级环境保护部门不得再委托其他组织或者个人。

环境保护部应当对省级环境保护部门根据委托审批环境影响评价文件的行为负责监督，并对该审批行为的后果承担法律责任。

第七条：环境保护部直接审批环境影响评价文件的建设项目的目录、环境保护部委托省级环境保护部门审批环境影响评价文件的建设项目的目录，由环境保护部制定、调整并发布。

2）《中华人民共和国环境影响评价法》第二十二条第二款规定：

“海洋工程建设项目的海洋环境影响报告书的审批，依照《中华人民共和国海洋环境保护法》的规定办理。”

3）《中华人民共和国环境影响评价法》第二十三条规定：

“国务院环境保护行政主管部门负责审批的环境影响评价文件的范围包括：①核设施、绝密工程等特殊性质的建设项目；②跨省、自治区、直辖市行政区域的建设项目；③由国务院审批的或者由国务院授权有关部门审批的建设项目。”

除此以外的建设项目的环境影响评价文件的审批由省、自治区、直辖市人民政府规定。

（2）省级环境保护行政主管部门提出建设项目环境影响评价分级审批建议的原则（熟悉）。

《建设项目环境影响评价文件分级审批规定》中的相关规定。

第四条：建设项目环境影响评价文件的分级审批权限，原则上按照建设项目的审批、核准和备案权限及建设项目对环境的影响性质和程度确定。

第八条：第五条规定以外的建设项目环境影响评价文件的审批权限，由省级环境保护部门参照第四条及下述原则提出分级审批建议，报省级人民政府批准后实施，并抄报环境保护部。

1）有色金属冶炼及矿山开发、钢铁加工、电石、铁合金、焦炭、垃圾焚烧及发电、制浆等对环境可能造成重大影响的建设项目环境影响评价文件由省级环境保护部门负责审批。

2）化工、造纸、电镀、印染、酿造、味精、柠檬酸、酶制剂、酵母等污染较重的建设项目环境影响评价文件由省级或地级市环境保护部门负责审批。

3）法律和法规关于建设项目环境影响评价文件分级审批管理另有规定的，按照有关规定执行。

第九条：建设项目可能造成跨行政区域的不良环境影响，有关环境保护部门对该项目的环境影响评价结论有争议的，其环境影响评价文件由共同的上一级环境保护部门审批。

4. 建设项目环境影响评价的实施

（1）建设项目实施环境保护对策措施的有关规定（掌握）。

《建设项目环境保护管理条例》第十六条规定：

“建设项目需要配套建设的环境保护措施，必须与主体工程同时设计、同时施工、同时投产使用。”

《建设项目环境保护管理条例》第十七条规定：“建设项目的初步设计，应当按照环境保护设计规范的要求，编制环境保护篇章，并依据经批准的建设项目环境影响报告书或者环境影响报告表，在环境保护篇章中落实防治环境污染和生态破坏的措施以及环境保护设施投资概算。”

《中华人民共和国环境影响评价法》第二十六条规定：

“建设项目建设过程中，建设单位应当同时实施环境影响报告书、环境影响报告表以及环境影响评价文件审批部门审批意见中提出的环境保护对策措施。”

（2）建设项目环境影响后评价的有关规定（熟悉）。

《中华人民共和国环境影响评价法》第二十六条规定：

“在项目建设、运行过程中产生不符合经审批的环境影响评价文件的情形的，建设单位应当组织环境影响的后评价，采取改进措施，并报原环境影响评价文件审批部门和建设项目审批部门备案；原环境影响评价文件审批部门也可以责成建设单位进行环境影响的后评价，采取改进措施。”

上述规定中所说的“产生不符合经审批的环境影响评价文件的情形的”主要包括四种情况：①在建设、运行过程中产品方案、主要工艺、主要原材料或污染处理设施和生态保护措施发生重大变化，致使污染物种类、污染物的排放强度或生态影响与环境影响评价预测情况相比有较大变化；②在建设、运行过程中，建设项目的选址、选线发生较大变化，或运行方式发生较大变化可能对新的环境敏感目标产生影响，或可能产生新的重要生态影响的；③建设、运行过程中，当地人民政府对项目所涉及区域的环境功能作出重大调整，要求建设单位进行后评价的；④跨行政区域、存在争议或存在重大环境风险的。

开展环境影响后评价的目的包括两方面：①对环境影响评价的结论、环境保护对策措施的有效性进行验证；②对项目建设中或运行后发现或产生的新问题进行分析，提出补救或改进方案。

（3）建设单位未依法执行环境影响评价制度擅自开工建设应承担的法律责任（掌握）。

《中华人民共和国环境影响评价法》第三十一条规定：

“建设单位未依法报批建设项目环境影响评价文件，或者未依照本法第二十四条的规定重新报批或者报请重新审核环境影响评价文件，擅自开工建设的，由有权审批该项目环境影响评价文件的环境保护行政主管部门责令停止建设，限期补办手续；逾期不补办手续的，可以处5万元以上20万元以下的罚款，对建设单位直接负责的主管人员和其他直接责任人员，依法给予行政处分。

建设项目环境影响评价文件未经批准或者未经原审批部门重新审核同意，建设单位擅自开工建设的，由有权审批该项目环境影响评价文件的环境保护行政主管部门责令停止建设，可以处5万元以上20万元以下的罚款，对建设单位直接负责的主管人员和其他直接责任人员，依法给予行政处分。

海洋工程建设项目的建设单位有前两款所列违法行为的，依照《中华人民共和国海洋环境保护法》的规定处罚。”

《建设项目环境保护管理条例》第二十四条和二十五条也有相关的规定，只是与《中华人民共和国环境影响评价法》规定的处罚有三点不同：①罚款处罚的上限是10万元，且没有下限；②没有追究有关责任人员的行政责任；③对第二层次的违法行为在责令停止建设的同时，要限期恢复原状，即恢复到未开工前的状况。

（4）其他相关内容（一般了解）。

1）预审、审核、审批部门及其工作人员的法律责任。

《中华人民共和国环境影响评价法》第三十二条至三十五条的规定。

第三十二条：建设项目依法应当进行环境影响评价而未评价，或者环境影响评价文件未经依法批准，审批部门擅自批准该项目建设的，对直接负责的主管人员和其他直接责任人员，由上级机关或者监察机关依法给予行政处分；构成犯罪的，依法追究刑事责任。

第三十三条：接受委托为建设项目环境影响评价提供技术服务的机构在环境影响评价工作中不负责任或者弄虚作假，致使环境影响评价文件失实的，由授予环境影响评价资质的环境保护行政主管部门降低其资质等级或者吊销其资质证书，并处所收费用一倍以上三倍以下的罚款；构成犯罪的，依法追究刑事责任。

第三十四条：负责预审、审核、审批建设项目环境影响评价文件的部门在审批中收取费用的，由其上级机关或者监察机关责令退还；情节严重的，对直接负责的主管人员和其他直接责任人员依法给予行政处分。

第三十五条：环境保护行政主管部门或者其他部门的工作人员徇私舞弊，滥用职权，玩忽职守，违法批准建设项目环境影响评价文件的，依法给予行政处分；构成犯罪的，依法追究刑事责任。

2）刑事责任的有关处罚规定。

《中华人民共和国环境影响评价法》第三十二条、第三十五条和《建设项目环境保护管理条例》第三十条都对审批部门工作人员的犯罪行为作出了处罚规定："构成犯罪的，依法追究刑事责任。"

5．建设项目环境影响评价机构资质管理

（1）建设项目环境影响评价机构资质管理的有关法律规定（掌握）。

《中华人民共和国环境影响评价法》第十九条规定：

"接受委托为建设项目环境影响评价提供技术服务的机构，应当经国务院环境保护行政主管部门考核审查合格后，颁发资质证书，按照资质证书规定的等级和评价范围，从事环境影响评价服务，并对评价结论负责。为建设项目环境影响评价提供技术服务的机构的资质条件和管理办法，由国务院环境保护行政主管部门制定。

国务院环境保护行政主管部门对已取得资质证书的为建设项目环境影响评价提供技术服务的机构的名单，应当予以公布。

为建设项目环境影响评价提供技术服务的机构，不得与负责审批建设项目环境影响评价文件的环境保护行政主管部门或者其他有关审批部门存在任何利益关系。"

《中华人民共和国环境影响评价法》第二十条规定：

"环境影响评价文件中的环境影响报告书或者环境影响报告表，应当由具有相应环境影响评价资质的机构编制。

任何单位和个人不得为建设单位指定对其建设项目进行环境影响评价的机构。"

《建设项目环境保护管理条例》的第六条、第十三条和第十四条也作出了相关的规定。

（2）建设项目环境影响评价资质等级和评价范围划分的有关规定（掌握）。

《建设项目环境影响评价资质管理办法》第三条至第五条对评价资质等级和评价范围作了相关规定。

第三条：评价资质分为甲、乙两个等级。

国家环境保护总局在确定评价资质等级的同时，根据评价机构专业特长和工作能力，确定相应的评价范围。评价范围分为环境影响报告书的 11 个小类和环境影响报告表的 2 个小类（见表 3-1）。

表 3-1　建设项目环境影响评价资质的评价范围划分

	环境影响报告书	环境影响报告表
评价范围	1．轻工纺织化纤　2．化工石化医药　3．冶金机电 4．建材火电　5．农林水利　6．采掘 7．交通运输　8．社会区域　9．海洋工程 10．输变电及广电通信　11．核工业	1．一般项目环境影响报告表 2．特殊项目环境影响报告表

第四条：取得甲级评价资质的评价机构（以下简称甲级评价机构），可以在资质证书规定的评价范围之内，承担各级环境保护行政主管部门负责审批的建设项目环境影响报告书和环境影响报告表的编制工作。

取得乙级评价资质的评价机构（以下简称乙级评价机构），可以在资质证书规定的评价范围之内，承担省级以下环境保护行政主管部门负责审批的环境影响报告书或环境影响报告表的编制工作。

第五条：国家对甲级评价机构数量实行总量限制。

国家环境保护总局根据建设项目环境影响评价业务的需求等情况确定不同时期的限制数量，并对符合本办法规定条件的申请机构，按照其提交完整申请材料的先后顺序作出是否准予评价资质的决定。

取得环境影响报告书评价范围的 11 个小类中的任何一类，可编制此类别的建设项目环境影响报告书及一般项目环境影响报告表。取得环境影响报告书评价范围中的输变电及广电通信或工业类别的，可同时编制特殊项目环境影响报告表。

（3）建设项目环境影响评价机构资质条件的有关规定（了解）。

《建设项目环境影响评价资质管理办法》第九条和第十条的相关规定。

第九条：甲级评价机构应当具备下列条件。

1）在中华人民共和国境内登记的各类所有制企业或事业法人，具有固定的工作场所和工作条件，固定资产不少于 1 000 万元，其中企业法人工商注册资金不少于 300 万元。

2）能够开展规划、重大流域、跨省级行政区域建设项目的环境影响评价；能够独立编制污染因子复杂或生态环境影响重大的建设项目环境影响报告书；能够独立完成建设项目的工程分析、各环境要素和生态环境的现状调查与预测评价以及环境保护措施的经济技术论证；有能力分析、审核协作单位提供的技术报告和监测数据。

3）具备 20 名以上环境影响评价专职技术人员，其中至少有 10 名登记于该机构的环境影响评价工程师，其他人员应当取得环境影响评价岗位证书。环境影响报告书评价范围包括核工业类的，专职技术人员中还应当至少有 3 名注册于该机构的核安全工程师。

4）配备工程分析、水环境、大气环境、声环境、生态、固体废物、环境工程、规划、环境经济、工程概算等方面的专业技术人员。

5）环境影响报告书评价范围内的每个类别应当配备至少 3 名登记于该机构的相应类别的环境影响评价工程师，且至少 2 人主持编制过相应类别省级以上环境保护行政主管部门审批的环境影响报告书。

环境影响报告表评价范围内的特殊项目环境影响报告表类别，应当配备至少 1 名登记于该机构的相应类别的环境影响评价工程师。

6）近三年内主持编制过至少 5 项省级以上环境保护行政主管部门负责审批的环境影响报告书。

7）具有健全的环境影响评价工作质量保证体系。

8）配备与评价范围一致的专项仪器设备，具备文件和图档的数字化处理能力，有较完善的计算机网络系统和档案管理系统。

第十条：乙级评价机构应当具备下列条件。

1）在中华人民共和国境内登记的各类所有制企业或事业法人，具有固定的工作场所和工作条件，固定资产不少于 200 万元，企业法人工商注册资金不少于 50 万元。其中，评价范围为环境影响报告表的评价机构，固定资产不少于 100 万元，企业法人工商注册资金不少于 30 万元。

2）能够独立编制建设项目的环境影响报告书或环境影响报告表；能够独立完成建设项目的工程分析、各环境要素和生态环境的现状调查与预测评价以及环境保护措施的经济技术论证；有能力分析、审核协作单位提供的技术报告和监测数据。

3）具备 12 名以上环境影响评价专职技术人员，其中至少有 6 名登记于该机构的环境影响评价工程师，其他人员应当取得环境影响评价岗位证书。环境影响报告书评价范围包括核工业类的，专职技术人员中还应当至少有 2 名注册于该机构的核安全工程师。

评价范围为环境影响报告表的评价机构，应当具备 8 名以上环境影响评价专职技术人员，其中至少有 2 名登记于该机构的环境影响评价工程师，其他人员应当取得环境影响评价岗位证书。

4）配备工程分析、水环境、大气环境、声环境、生态、固体废物、环境工程等方面的专业技术人员。

评价范围为环境影响报告表的评价机构，需配备工程分析、环境工程、生态等方面的专业技术人员。

5）环境影响报告书评价范围内的每个类别应当配备至少 2 名登记于该机构的相应类别的环境影响评价工程师，且至少 1 人主持编制过相应类别的环境影响报告书。

环境影响报告表评价范围内的特殊项目环境影响报告表类别，应当配备至少 1 名登记于该机构的相应类别的环境影响评价工程师。

6）具有健全的环境影响评价工作质量保证体系。

7）配备与评价范围一致的专项仪器设备，具备文件和图档的数字化处理能力，有较完善的档案管理系统。

环境影响评价资质申请包括五类：申请新资质、申请调整评价范围、申请更名、申请晋级和申请资质延续。

（4）建设项目环境影响评价机构的管理、考核与监督的有关规定（熟悉）。

1）评价机构的管理。

《建设项目环境影响评价资质管理办法》第二十一条至第三十条的相关规定。

第二十一条：评价机构应当对环境影响评价结论负责。

评价机构所主持编制的环境影响报告书和特殊项目环境影响报告表须由登记于该机构的相应类别的环境影响评价工程师主持；一般项目环境影响报告表须由登记于该机构的环境

影响评价工程师主持。

环境影响报告书的各章节和环境影响报告表的各专题应当由本机构的环境影响评价专职技术人员主持。

第二十二条：环境影响报告书和环境影响报告表中应当附编制人员名单表，列出主持该项目及各章节、各专题的环境影响评价专职技术人员的姓名、环境影响评价工程师登记证或环境影响评价岗位证书编号，并附主持该项目的环境影响评价工程师登记证复印件。编制人员应当在名单表中签字，并承担相应责任。

第二十三条：环境影响评价工程师登记证中的评价机构名称与其环境影响评价岗位证书中的评价机构名称应当一致。

第二十四条：评价机构主持编制的环境影响报告书或环境影响报告表，必须附有按原样边长三分之一缩印的资质证书正本缩印件。缩印件上应当注明所承担项目的名称及环境影响评价文件类型，并加盖评价机构印章和法定代表人名章。

第二十五条：评价机构应当坚持公正、科学、诚信的工作原则，遵守职业道德，讲求专业信誉，对相关社会责任负责，不得违反国家法律、法规、政策及有关管理要求承担环境影响评价工作，不得无任何正当理由拒绝承担环境影响评价工作。

第二十六条：评价机构在环境影响评价工作中，应当执行国家规定的收费标准。

第二十七条：评价机构的经济类型、法定代表人、工作场所和环境影响评价专职技术人员等基本情况发生变化的，应当及时报国家环境保护总局备案。

第二十八条：评价机构在领取新的资质证书时，应当将原资质证书交回国家环境保护总局。

遗失资质证书的，应当在国家环境保护总局指定的公众媒体上声明作废后申请补发。

第二十九条：甲级评价机构在资质证书有效期内应当主持编制完成至少 5 项省级以上环境保护行政主管部门负责审批的环境影响报告书。

乙级评价机构在资质证书有效期内应当主持编制完成至少 5 项环境影响报告书或环境影响报告表；其中，评价范围为环境影响报告表的评价机构，在资质证书有效期内应当主持编制完成至少 5 项环境影响报告表。

第三十条：评价机构每年须填写“建设项目环境影响评价机构年度业绩报告表”，于次年 3 月底前报国家环境保护总局，同时抄报所在地省级环境保护行政主管部门。

2）评价资质的考核与监督。

《建设项目环境影响评价资质管理办法》第三十一条至第三十四条的相关规定。

第三十一条：国家环境保护总局负责对评价机构实施统一监督管理，组织或委托省级环境保护行政主管部门组织对评价机构进行抽查，并向社会公布有关情况。

第三十二条：抽查主要对评价机构的资质条件、环境影响评价工作质量和是否有违法违规行为等进行检查。

在抽查中发现评价机构不符合相应资质条件规定的，国家环境保护总局重新核定其评价资质；发现评价机构有本办法第三十五条至第三十八条所列行为的，由国家环境保护总局按照本办法的有关规定予以处罚。

第三十三条：各级环境保护行政主管部门对在本辖区内承担环境影响评价工作的评价机构负有日常监督检查的职责。

各级环境保护行政主管部门应当加强对评价机构的业务指导，并结合环境影响评价文件审批对评价机构的环境影响评价工作质量进行日常考核。

省级环境保护行政主管部门可组织对本辖区内评价机构的资质条件、环境影响评价工作质量和是否有违法违规行为等进行定期考核。

第三十四条：各级环境保护行政主管部门在日常监督检查或考核中发现评价机构不符合相应资质条件或者有本办法第三十五条至第三十八条所列行为的，应当及时向上级环境保护行政主管部门报告有关情况，并提出处罚建议。

（5）建设项目环境影响评价机构应承担的法律责任（熟悉）。

《中华人民共和国环境影响评价法》第三十三条规定：

“接受委托为建设项目环境影响评价提供技术服务的机构在环境影响评价工作中不负责任或者弄虚作假，致使环境影响评价文件失实的，由授予环境影响评价资质的环境保护行政主管部门降低其资质等级或者吊销其资质证书，并处所收费用一倍以上三倍以下的罚款；构成犯罪的，依法追究刑事责任。”

（6）建设项目环境影响评价机构违反资质管理有关规定应受的处罚（熟悉）。

《建设项目环境影响评价资质管理办法》第三十五条至第三十九条的相关规定。

第三十五条：评价机构在环境影响评价工作中不负责任或者弄虚作假，致使环境影响评价文件失实的，国家环境保护总局依据《中华人民共和国环境影响评价法》第三十三条的规定，降低其评价资质等级或者吊销其资质证书，并处所收费用一倍以上三倍以下的罚款，同时依据有关规定对主持该环境影响评价文件的环境影响评价工程师注销登记。

第三十六条：评价机构有下列行为之一的，国家环境保护总局取消其评价资质。

1）以欺骗、贿赂等不正当手段取得评价资质的。

2）涂改、倒卖、出租、出借资质证书的。

3）超越评价资质等级、评价范围提供环境影响评价技术服务的。

4）达不到评价资质条件或本办法第二十九条规定的业绩要求的。

申请评价资质的机构隐瞒有关情况或者提供虚假资料申请评价资质的，国家环境保护总局不予受理或者不予评价资质，并给予警告，申请机构一年内不得再次申请评价资质。

评价机构以欺骗、贿赂等不正当手段取得评价资质的，除由国家环境保护总局取消其评价资质外，评价机构在三年内不得再次申请评价资质。

第三十七条：评价机构有下列行为之一的，国家环境保护总局视情节轻重，分别给予警告、通报批评、责令限期整改 3 至 12 个月、缩减评价范围、降低资质等级或者取消评价资质，其中责令限期整改的，评价机构在限期整改期间，不得承担环境影响评价工作。

1）不按规定接受抽查、考核或在抽查、考核中隐瞒有关情况、提供虚假材料的。

2）不按规定填报或虚报“建设项目环境影响评价机构年度业绩报告表”的。

3）未按本办法第二十一条至第二十六条的要求承担环境影响评价工作的。

4）评价机构的经济类型、法定代表人、工作场所和环境影响评价专职技术人员等基本情况发生变化，未及时报国家环境保护总局备案的。

第三十八条：在审批、抽查或考核中发现评价机构主持完成的环境影响报告书或环境影响报告表质量较差，有下列情形之一的，国家环境保护总局视情节轻重，分别给予警告、通报批评、责令限期整改 3 至 12 个月、缩减评价范围或者降低资质等级，其中责令限期整改的，评价机构在限期整改期间，不得承担环境影响评价工作。

1）建设项目工程分析出现较大失误的。

2）环境现状描述不清或环境现状监测数据选用有明显错误的。

3）环境影响识别和评价因子筛选存在较大疏漏的。

4）环境标准适用错误的。

5）环境影响预测与评价方法不正确的。

6）环境影响评价内容不全面、达不到相关技术要求或不足以支持环境影响评价结论的。

7）所提出的环境保护措施建议不充分、不合理或不可行的。

8）环境影响评价结论不明确的。

评价机构在环境影响评价工作中不负责任或者弄虚作假，致使环境影响评价结论错误的，按照本办法第三十五条的规定予以处罚。

第三十九条：国家环境保护总局及时向社会公告依据本办法被吊销资质证书、取消评价资质、降低资质等级和缩减评价范围的评价机构。

6．建设项目环境影响评价行为准则

承担建设项目环境影响评价工作的机构及其环境影响评价技术人员的行为准则（熟悉）。

《建设项目环境影响评价行为准则与廉政规定》第四条规定：

“承担建设项目环境影响评价工作的机构（以下简称“评价机构”）或者其环境影响评价技术人员，应当遵守下列规定。

（1）评价机构及评价项目负责人应当对环境影响评价结论负责。

（2）建立严格的环境影响评价文件质量审核制度和质量保证体系，明确责任，落实环境影响评价质量保证措施，并接受环境保护行政主管部门的日常监督检查。

（3）不得为违反国家产业政策以及国家明令禁止建设的建设项目进行环境影响评价。

（4）必须依照有关的技术规范要求编制环境影响评价文件。

（5）应当严格执行国家和地方规定的收费标准，不得随意抬高或压低评价费用或者采取其他不正当竞争手段。

（6）评价机构应当按照相应环境影响评价资质等级、评价范围承担环境影响评价工作，不得无任何正当理由拒绝承担环境影响评价工作。

（7）不得转包或者变相转包环境影响评价业务，不得转让环境影响评价资质证书。

（8）应当为建设单位保守技术秘密和业务秘密。

（9）在环境影响评价工作中不得隐瞒真实情况、提供虚假材料、编造数据或者实施其他弄虚作假行为。

（10）应当按照环境保护行政主管部门的要求，参加其所承担环境影响评价工作的建设项目竣工环境保护验收工作，并如实回答验收委员会（组）提出的问题。

（11）不得进行其他妨碍环境影响评价工作廉洁、独立、客观、公正的活动。”

（四）建设项目竣工环境保护验收

1．建设项目竣工环境保护验收的范围（掌握）

《建设项目竣工环境保护验收管理办法》的相关规定。

第三条：建设项目竣工环境保护验收是指建设项目竣工后，环境保护行政主管部门根据本办法规定，依据环境保护验收监测或调查结果，并通过现场检查等手段，考核该建设项目是否达到环境保护要求的活动。

第四条：建设项目竣工环境保护验收范围包括。

（1）与建设项目有关的各项环境保护设施，包括为防治污染和保护环境所建成或配备的工程、设备、装置和监测手段，各项生态保护设施。

（2）环境影响报告书（表）或者环境影响登记表和有关项目设计文件规定应采取的其他各项环境保护措施。

2．建设单位申请竣工环境保护验收的时限及延期验收的有关规定（熟悉）

（1）环境保护验收的时限。

1）《建设项目环境保护管理条例》的相关规定。

第二十条第二款：环境保护设施竣工验收，应当与主体工程竣工验收同时进行。需要进行试生产的建设项目，建设单位应当自建设项目投入试生产之日起 3 个月内，向审批该建设项目环境影响报告书、环境影响报告表或者环境影响登记表的环境保护行政主管部门，申请该建设项目需要配套建设的环境保护设施竣工验收。

第二十一条：分期建设、分期投入生产或者使用的建设项目，其相应的环境保护设施应当分期验收。

第二十二条：环境保护行政主管部门应当自收到环境保护设施竣工验收申请之日起 30 日内，完成验收。

第二十三条：建设项目需要配套建设的环境保护设施经验收合格，该建设项目方可正式投入生产或者使用。

2）《建设项目竣工环境保护验收管理办法》的相关规定。

第八条第一款：环境保护行政主管部门应自接到试生产申请之日起 30 日内，组织或委托下一级环境保护行政主管部门对申请试生产的建设项目环境保护设施及其他环境保护措施的落实情况进行现场检查，并作出审查决定。

第十八条：分期建设、分期投入生产或者使用的建设项目，按照本办法规定的程序分期进行环境保护验收。

（2）环境保护验收的分期及延期验收。

《建设项目竣工环境保护验收管理办法》第十条第二款规定：

“对试生产 3 个月确不具备环境保护验收条件的建设项目，建设单位应当在试生产的 3 个月内，向有审批权的环境保护行政主管部门提出该建设项目环境保护延期验收申请，说明延期验收的理由及拟进行验收的时间。经批准后建设单位方可继续进行试生产。试生产的期限最长不超过一年。核设施建设项目试生产的期限最长不超过 2 年。”

以下几种情况可以申请延期验收：①一些建设项目由于种种原因，生产工况短期内难以稳定达到正常水平，导致配套的污染治理设施不能正常、有效地运行；②一些生态影响类建设项目，其对生态的破坏较严重且在短期内难以恢复，无法达到验收合格要求；③生产负荷与设计值相比相差较大，无法满足验收监测时工况的要求；④试生产过程中出现事故或其他一些特殊原因，需要延长试生产时间并经有审批权的环境保护行政主管部门认可的。

《建设项目环境保护管理条例》第二十一条规定：

“分期建设、分期投入生产或者使用的建设项目，其相应的环境保护设施应当分期验收。”

3．对建设项目竣工环境保护验收实施分类管理的规定（掌握）

《建设项目竣工环境保护验收管理办法》第十一条规定：

“根据国家建设项目环境保护分类管理的规定，对建设项目竣工环境保护验收实施分类管理。”

4．申请建设项目竣工环境保护验收应提交的材料（了解）

《建设项目竣工环境保护验收管理办法》第十一条规定：

“建设单位申请建设项目竣工环境保护验收，应当向有审批权的环境保护行政主管部门提交以下验收材料。

（1）从对编制环境影响报告书的建设项目，应提交建设项目竣工环境保护验收申请报告，并附环境保护验收监测报告或调查报告。

（2）对编制环境影响报告表的建设项目，应提交建设项目竣工环境保护验收申请表，并附环境保护验收监测表或调查表。

（3）对填报环境影响登记表的建设项目，应提交建设项目竣工环境保护验收登记卡。

同时还需报送建设项目环境保护执行报告，这是建设单位对工程建设中环境保护工作情况的总结，由建设单位编写。”

5．建设项目竣工环境保护验收的条件（掌握）

《建设项目竣工环境保护验收管理办法》第十六条规定：

“建设项目竣工环境保护验收条件如下。

（1）建设前期环境保护审查、审批手续完备，技术资料与环境保护档案资料齐全。

（2）环境保护设施及其他措施等已按批准的环境影响报告书（表）或者环境影响登记表和设计文件的要求建成或者落实，环境保护设施经负荷试车检测合格，其防治污染能力适应主体工程的需要。

（3）环境保护设施安装质量符合国家和有关部门颁发的专业工程验收规范、规程和检验评定标准。

（4）具备环境保护设施正常运转的条件包括：经培训合格的操作人员、健全的岗位操作规程及相应的规章制度，原料、动力供应落实，符合交付使用的其他要求。

（5）污染物排放符合环境影响报告书（表）或者环境影响登记表和设计文件中提出的标准及核定的污染物排放总量控制指标的要求。

（6）各项生态保护措施按环境影响报告书（表）规定的要求落实，建设项目建设过程中受到破坏并可恢复的环境已按规定采取了恢复措施。

（7）环境监测项目、点位、机构设置及人员配备，符合环境影响报告书（表）和有关规定的要求。

（8）环境影响报告书（表）提出需对环境保护敏感点进行环境影响验证，对清洁生产进行指标考核，对施工期环境保护措施落实情况进行工程环境监理的，已按规定要求完成。

（9）环境影响报告书（表）要求建设单位采取措施削减其他设施污染物排放，或要求建设项目所在地地方政府或者有关部门采取区域削减措施满足污染物排放总量控制要求的，其相应措施得到落实。”

6．建设项目试生产环境保护的有关规定（熟悉）

（1）《建设项目环境保护管理条例》的相关规定。

第十八条：建设项目的主体工程完工后，需要进行试生产的，其配套建设的环境保护设施必须与主体工程同时投入试运行。

第十九条：建设项目试生产期间，建设单位应当对环境保护设施运行情况和建设项目对环境的影响进行监测。

（2）《建设项目竣工环境保护验收管理办法》的相关规定。

第七条：建设项目试生产前，建设单位应向有审批权的环境保护行政主管部门提出试生产申请。

对国务院环境保护行政主管部门审批环境影响报告书（表）或环境影响登记表的非核设施建设项目，由建设项目所在地省、自治区、直辖市人民政府环境保护行政主管部门负责受理其试生产申请，并将其审查决定报送国务院环境保护行政主管部门备案。

核设施建设项目试运行前，建设单位应向国务院环境保护行政主管部门报批首次装料阶段的环境影响报告书，经批准后，方可进行试运行。

第八条：环境保护行政主管部门应自接到试生产申请之日起 30 日内，组织或委托下一级环境保护行政主管部门对申请试生产的建设项目环境保护设施及其他环境保护措施的落实情况进行现场检查，并作出审查决定。

对环境保护设施已建成及其他环境保护措施已按规定要求落实的，同意试生产申请；对环境保护设施或其他环境保护措施未按规定建成或落实的，不予同意，并说明理由。逾期未作出决定的，视为同意。

试生产申请经环境保护行政主管部门同意后，建设单位方可进行试生产。

7．建设单位未按有关规定申请环境保护设施竣工验收应受的处罚（熟悉）

《建设项目环境保护管理条例》第二十七条规定：

“违反本条例规定，建设项目投入试生产超过 3 个月，建设单位未申请环境保护设施竣工验收的，由审批该建设项目环境影响报告书、环境影响报告表或者环境影响登记表的环境保护行政主管部门责令限期办理环境保护设施竣工验收手续；逾期未办理的，责令停止试生产，可以处 5 万元以下的罚款。”

8．建设项目需配套建设的环境保护设施未建成、未经验收或者经验收不合格，主体工程正式投入生产或者使用的，建设单位应受的处罚（熟悉）

《建设项目环境保护管理条例》第二十八条规定：

“违反本条例规定，建设项目需要配套建设的环境保护设施未建成、未经验收或者经验收不合格，主体工程正式投入生产或者使用的，由审批该建设项目环境影响报告书、环境影响报告表或者环境影响登记表的环境保护行政主管部门责令停止生产或者使用，可以处 10 万元以下的罚款。”

9. 承担建设项目竣工环境保护验收监测或调查工作的单位及其人员的行为准则（熟悉）

《建设项目环境影响评价行为准则与廉政规定》第六条规定：

“承担验收监测或调查工作的单位及其验收监测或调查人员，应当遵守下列规定。

（1）验收监测或调查单位及其主要负责人应当对建设项目竣工环境保护验收监测报告或验收调查报告结论负责。

（2）建立严格的质量审核制度和质量保证体系，严格按照国家有关法律法规规章、技术规范和技术要求，开展验收监测或调查工作和编制验收监测或验收调查报告，并接受环境保护行政主管部门的日常监督检查。

（3）验收监测报告或验收调查报告应当如实反映建设项目环境影响评价文件的落实情况及其效果。

（4）禁止泄露建设项目技术秘密和业务秘密。

（5）在验收监测或调查过程中不得隐瞒真实情况、提供虚假材料、编造数据或者实施其他弄虚作假行为。

（6）验收监测或调查收费应当严格执行国家和地方有关规定。

（7）不得在验收监测或调查工作中为个人谋取私利。

（8）不得进行其他妨碍验收监测或调查工作廉洁、独立、客观、公正的行为。”

（五）环境影响评价工程师职业资格制度

1. 环境影响评价工程师登记的有关规定（熟悉）

（1）《环境影响评价工程师职业资格制度暂行规定》第十二条至第十五条的相关规定。

第十二条：环境影响评价工程师职业资格实行定期登记制度。登记有效期为 3 年，有效期满前，应按有关规定办理再次登记。

第十三条：环保总局或其委托机构为环境影响评价工程师职业资格登记管理机构。人事部对环境影响评价工程师职业资格的登记和从事环境影响评价业务情况进行检查、监督。

第十四条：办理登记的人员应具备下列条件。

1）取得《中华人民共和国环境影响评价工程师职业资格证书》。

2）职业行为良好，无犯罪记录。

3）身体健康，能坚持在本专业岗位工作。

4）所在单位考核合格。

再次登记者，还应提供相应专业类别的继续教育或参加业务培训的证明。

第十五条：环境影响评价工程师职业资格登记管理机构应定期向社会公布经登记人员的情况。

（2）《环境影响评价工程师职业资格登记管理暂行办法》的相关规定。

第六条：环境影响评价工程师应当在取得职业资格证书后 3 年内向登记管理办公室申请登记。登记有效期为 3 年。未在规定时间内申请登记的，其职业资格证书自动失效。

环境影响评价工程师职业资格按设定的类别进行登记。申请登记的类别不得超过两个。

第七条：申请登记者应具备下列条件。

1）取得《中华人民共和国环境影响评价工程师职业资格证书》，具备与登记类别相应的环境影响评价及相关业务能力。

2）职业行为良好，无犯罪记录。

3）能够坚持在本专业岗位工作，身体健康，年龄在 70 周岁以下。

4）所在单位考核合格。

第十条：有下列情形之一者，不予登记。

1）不具备完全民事行为能力的。

2）申请之日前 3 年内，在环境影响评价及相关业务中有重大过失并受过行政处罚或撤职以上行政处分的。

3）在申请登记过程中有弄虚作假行为的。

4）未按规定办理登记手续，以环境影响评价工程师的名义从事环境影响评价及相关业务的。

（3）《关于环境影响评价工程师职业资格再次登记的公告》的相关规定。

环境影响评价工程师职业资格登记有效期届满，需要继续以环境影响评价工程师名义从事环境影响评价及相关业务的，应于有效期满 3 个月前办理再次登记，再次登记的有效期为 3 年。自登记有效期满起 6 个月内仍未办理再次登记的，其环境影响评价工程师职业资格证书自动失效。

1）申请再次登记的条件。

① 在登记期内具备环境影响评价及相关业务工作业绩。

② 在登记期内完成《环境影响评价工程师继续教育暂行规定》（环发〔2007〕97 号）要求的继续教育。

③ 职业行为良好，无犯罪记录。

④ 能够坚持在本专业岗位工作，身体健康，年龄在 70 周岁以下。

⑤ 所在单位考核合格。

2）业绩要求。

① 登记类别为《建设项目竣工环境保护验收管理办法》中设定的第 1—13 类的，在登记期内需具备以下业绩之一：

a．作为项目负责人，编制至少 1 项环境保护行政主管部门审批通过的建设项目环境影响报告书。

b．作为项目负责人或主要章节负责人，编制至少 3 项环境保护行政主管部门审批通过的建设项目环境影响报告表或环境影响报告书。

c．作为项目审核（定）人，审核（定）至少 3 项环境保护行政主管部门审批通过的建设项目环境影响报告书（表）。

② 登记类别为《建设项目竣工环境保护验收管理办法》中设定的第 14 类的，在登记期内作为项目负责人或审核（定）人编制、审核（定）至少 3 项建设项目环境影响报告书（表）的技术评估报告。

③ 登记类别为《建设项目竣工环境保护验收管理办法》中设定的第 15—16 类的，在登记期内需具备以下业绩之一：

a．作为项目负责人，编制至少 1 项环境保护行政主管部门验收通过的建设项目竣工环境保护验收监测（调查）报告。

b．作为项目负责人或主要章节负责人，编制至少 3 项环境保护行政主管部门验收通过的建设项目竣工环境保护验收监测（调查）表或验收监测（调查）报告。

c．作为项目审核（定）人，审核（定）至少 3 项环境保护行政主管部门验收通过的建设项目竣工环境保护验收监测（调查）报告（表）。

3）再次登记人员应提交的材料。

① 环境影响评价工程师再次登记申请表。

② 与本公告第三项中最低业绩要求相应的登记期内环境影响评价及相关业务工作业绩证明材料。

a．登记类别为《建设项目竣工环境保护验收管理办法》中设定的第 1—13 类的，提交相关建设项目环境影响报告书（表）首页和人员名单页复印件。

b．登记类别为《建设项目竣工环境保护验收管理办法》中设定的第 14 类的，提交相关环境影响报告书（表）的技术评估报告首页和人员名单页复印件。

c．登记类别为《建设项目竣工环境保护验收管理办法》中设定的第 15—16 类的，提交相关建设项目竣工环境保护验收监测（调查）报告（表）首页和人员名单页复印件。

③ 在登记期内接受的继续教育证明材料。

a．参加登记管理办公室举办或认可的环境影响评价工程师继续教育培训班的，提交培训证明复印件。

b．正式出版有统一书号（ISBN）的环境影响评价相关专业著作（本人独立撰写章节在 5 万字以上）的，提交著作清单及封面、版权页和编写人员名单复印件。

c．在有国内统一刊号（CN）或有国际统一刊号（ISSN）的期刊上作为第一作者发表环境影响评价相关论文（不少于 2000 字）的，提交论文清单及期刊封面、目录和论文首页复印件。

④ 所在单位劳动关系证明。

a．事业单位事业编制人员应提交所在单位人事部门或有人事管理权的上级人事部门提供的人事关系（正式在编）证明原件。

b．事业单位聘用人员和企业单位人员一般应提交社会保险管理机构出具的登记有效期内在所在单位参加社会保险（养老、医疗、失业）的 3 年清单凭证或证明原件。登记期内曾发生单位调动的人员，可只提交调入新单位以来在新单位参加社会保险的清单凭证或证明原件。

c．离退休后的返聘或聘用人员应提交离退休证明及现所在单位出具的返聘证明或劳动合同复印件。

⑤ 近期一寸免冠正面照片 3 张。

⑥《中华人民共和国环境影响评价工程师职业资格证书》（以下简称《职业资格证书》）和《中华人民共和国环境影响评价工程师登记证》（以下简称《登记证》）原件。

2．环境影响评价工程师的职责（掌握）

《环境影响评价工程师职业资格制度暂行规定》第十六条至第二十一条的相关规定。

第十六条：环境影响评价工程师在进行环境影响评价业务活动时，必须遵守国家法律、法规和行业管理的各项规定，坚持科学、客观、公正的原则，恪守职业道德。

第十七条：环境影响评价工程师可主持进行下列工作。

（1）环境影响评价。

（2）环境影响后评价。

（3）环境影响技术评估。

（4）环境保护验收。

第十八条：环境影响评价工程师应在具有环境影响评价资质的单位中，以该单位的名义接受环境影响评价委托业务。

第十九条：环境影响评价工程师在接受环境影响评价委托业务时，应为委托人保守商务秘密。

第二十条：环境影响评价工程师对其主持完成的环境影响评价相关工作的技术文件承担相应责任。

第二十一条：环境影响评价工程师应当不断更新知识，并按规定参加继续教育。

3．环境影响评价工程师违反有关规定应受的处罚（掌握）

《环境影响评价工程师职业资格登记管理暂行办法》第十八条至二十三条的相关规定。

第十八条：环境影响评价工程师主持的环境影响评价及相关业务的业务领域应与登记类别一致，且不得超出所在单位资质等级及业务范围的规定。

第十九条：环境影响评价工程师应在主持编制的环境影响报告书（表）、环境影响技术评估报告、环境保护竣工验收监测（调查）报告（表）等技术文件（以下简称“环境影响评价相关技术文件”）上签字，并注明其登记证号。

第二十条：环境影响评价工程师有下列情形之一者，登记管理办公室视情节轻重，予以通报批评或暂停业务 3～12 个月。

（1）有效期满未申请再次登记的。

（2）私自涂改、出借、出租和转让登记证的。

（3）未按规定办理变更登记手续或变更登记后仍使用原登记证从事环境影响评价及相关业务的。

（4）以个人名义承揽环境影响评价及相关业务的。

（5）接受环境影响评价及相关业务委托后，未为委托人保守商务秘密的。

（6）主持编制的环境影响评价相关技术文件质量较差的。

（7）超出登记类别所对应的业务领域或所在单位资质等级、业务范围从事环境影响评价及相关业务的。

（8）在环境影响评价及相关业务活动中未执行法律、法规及环境影响评价相关管理规定的。

第二十一条：环境影响评价工程师有下列情形之一者，登记管理办公室予以注销登记。

（1）不具备完全民事行为能力的。

（2）有效期满未获准再次登记的。

（3）脱离环境影响评价及相关业务工作岗位 3 年以上的。

（4）在两个或两个以上单位以环境影响评价工程师的名义从事环境影响评价及相关业务的。

（5）以他人名义或允许他人以本人名义从事环境影响评价及相关业务的。

（6）以不正当手段取得环境影响评价工程师职业资格或登记的。

（7）在环境影响评价及相关业务活动中不负责任或弄虚作假，致使环境影响评价相关技术文件失实的。

（8）因环境影响评价及相关业务工作失误，造成严重环境污染和生态破坏后果的。

（9）受刑事处罚的。

第二十二条：环境影响评价工程师自被注销登记之日起，不得再以环境影响评价工程师的名义从事环境影响评价及相关业务，其职业资格证书自动失效。因有本办法第二十一条中第六至九款情形予以注销登记者，自注销之日起3年内，不得重新参加环境影响评价工程师职业资格考试。

第二十三条：各级环境保护行政主管部门对在本辖区内开展环境影响评价及相关业务的环境影响评价工程师的业务活动进行日常监督和检查，发现有本办法第二十、二十一条规定情形的，应及时向上级环境保护行政主管部门报告。

4．环境影响评价工程师继续教育的有关规定（了解）

《环境影响评价工程师继续教育暂行规定》第一条至第十条的相关规定。

第一条：根据《全国专业技术人员继续教育暂行规定》、《环境影响评价工程师职业资格制度暂行规定》和《环境影响评价工程师职业资格登记管理暂行办法》的有关要求，为做好环境影响评价工程师的继续教育工作，提高环境影响评价工程师专业技术水平，有效履行环境影响评价工程师岗位职责，制定本规定。

第二条：环境影响评价工程师管理实行继续教育制度。凡经登记的环境影响评价工程师，应按本规定要求接受继续教育。环境影响评价工程师接受继续教育情况将作为其申请再次登记的必备条件之一。

第三条：环境影响评价工程师继续教育的主要任务是更新和补充专业知识，不断完善知识结构，拓展和提高业务能力。

第四条：环境影响评价工程师继续教育工作应坚持理论联系实际、讲求实效的原则，以环境影响评价相关领域的最新要求和发展动态为主要内容，可以采取多种形式进行。

第五条：国家环境保护总局统筹规划和统一管理全国环境影响评价工程师继续教育工作，制定和发布相关管理规定。国家环境保护总局环境影响评价工程师职业资格登记管理办公室（以下简称登记管理办公室）负责继续教育工作的组织实施和日常管理。

第六条：环境影响评价工程师在其职业资格登记有效期内接受继续教育的时间应累计不少于48学时。

第七条：下列形式和学时计算方法作为环境影响评价工程师接受继续教育学时累计的依据。

（1）参加登记管理办公室举办的环境影响评价工程师继续教育培训班，并取得培训合格证明的，接受继续教育学时按实际培训时间计算。

（2）参加登记管理办公室认可的其他培训班，并取得培训合格证明的，接受继续教育学时按实际培训时间计算。

（3）承担第（1）项中环境影响评价工程师继续教育培训授课任务的，接受继续教育学时按实际授课学时的两倍计算。

（4）参加环境影响评价工程师职业资格考试命题或审题工作的，相当于接受继续教育48学时。

（5）在正式出版社出版过有统一书号（ISBN）的环境影响评价相关专业著作，本人独立撰写章节在5万字以上的，相当于接受继续教育48学时。

（6）在有国内统一刊号（CN）的期刊或在有国际标准连续出版物号（ISSN）的国外期刊上，作为第一作者发表过环境影响评价相关论文1篇（不少于2 000字）的，相当于接受继续教育16学时。

第八条：环境影响评价工程师所在单位应保证环境影响评价工程师接受继续教育的时间、经费和其他必要条件。

第九条：环境影响评价评价工程师申请职业资格再次登记时，应提交在登记期内接受的符合本规定第七条要求的继续教育证明。

环境影响评价工程师接受继续教育时间未达到规定要求的，登记管理办公室不予办理再次登记。

第十条：本规定自发布之日起施行。

（六）环境影响评价从业人员职业道德规范

环境影响评价从业人员职业道德规范的主要内容（了解）。

为了规范建设项目环境影响评价行为，加强建设项目环境影响评价管理和廉政建设，保证建设项目环境保护管理工作说法高效依法进行，原国家环境保护总局于2005年11月23日发布了《建设项目环境影响评价行为准则与廉政规定》，其第四条规定：

“承担建设项目环境影响评价工作的机构（以下简称评价机构）或者其环境影响评价技术人员，应当遵守下列规定。

（1）评价机构及评价项目负责人应当对环境影响评价结论负责。

（2）建立严格的环境影响评价文件质量审核制度和质量保证体系，明确责任，落实环境影响评价质量保证措施，并接受环境保护行政主管部门的日常监督检查。

（3）不得为违反国家产业政策以及国家明令禁止建设的建设项目进行环境影响评价。

（4）必须依照有关的技术规范要求编制环境影响评价文件。

（5）应当严格执行国家和地方规定的收费标准，不得随意抬高或压低评价费用或者采取其他不正当竞争手段。

（6）评价机构应当按照相应环境影响评价资质等级、评价范围承担环境影响评价工作，不得无任何正当理由拒绝承担环境影响评价工作。

（7）不得转包或者变相转包环境影响评价业务，不得转让环境影响评价资质证书。

（8）应当为建设单位保守技术秘密和业务秘密。

（9）在环境影响评价工作中不得隐瞒真实情况、提供虚假材料、编造数据或者实施其他弄虚作假行为。

（10）应当按照环境保护行政主管部门的要求，参加其所承担环境影响评价工作的建设项目竣工环境保护验收工作，并如实回答验收委员会（组）提出的问题。

（11）不得进行其他妨碍环境影响评价工作廉洁、独立、客观、公正的活动。”

三、例题分析

（一）单项选择题

1．我国的环境影响评价首先是从（　　）领域开始的。

A．环境质量评价　　B．规划环境影响

C．噪声环境影响　　D．建设项目环境评价

【答案】D

【解析】我国的环境影响评价首先是从建设项目环境评价领域开始的。

2．国家（　　）有关单位、专家和公众以适当的方式参与环境影响评价。

A．鼓励　　B．支持　　C．保障　　D．反对

【答案】A

【解析】《环境影响评价法》第五条规定："国家鼓励有关单位、专家和公众以适当的方式参与环境影响评价。"

3．水利部编制的黄河流域开发利用规划环境影响评价的成果应为（　　）。

A．环境影响报告书　　B．环境影响报告表

C．环境影响登记表　　D．环境影响的篇章或说明

【答案】D

【解析】水利部编制的黄河流域开发利用规划为综合性规划，其环评成果应为环境影响的篇章或说明。

4．以下农业指导性专项规划中不需要编制环境影响篇章或说明的是（　　）。

A．县级农业发展规划　　B．设区的市级以上农业发展规划

C．全国乡镇企业发展规划　　D．全国渔业发展规划

【答案】A

【解析】参考编制环境影响篇章或说明的规划的具体范围中有关农业指导性专项规划的范围。

5．国家根据建设项目对环境的影响程度，对建设项目的环境影响评价实行分类管理，可能造成重大环境影响的，应当编制（　　）。

A．环境影响报告书　　B．环境影响报告表

C．环境影响登记表　　D．环境影响的篇章或说明

【答案】A

【解析】《环境影响评价法》第十六条规定："国家根据建设项目对环境的影响程度，对建设项目的环境影响评价实行分类管理。可能造成重大环境影响的，应当编制环境影响报告书，对产生的环境影响进行全面评价。"

6．国务院有关部门、设区的市级以上地方人民政府及其有关部门，对其组织编制的工业、农业等有关专项规划，应当在该专项规划（　　），组织进行环境影响评价，并向审批该专项规划的机关提出环境影响报告书。

A．方案上报审批前　　B．草案上报审批前

C．方案上报审批后　　D．草案上报审批后

【答案】B

【解析】《中华人民共和国环境影响评价法》第八条规定："国务院有关部门、设区的市级以上地方人民政府及其有关部门，对其组织编制的工业、农业、畜牧业、林业、能源、水利、交通、城市建设、旅游、自然资源开发的有关专项规划（以下简称专项规划），应当在该专项规划草案上报审批前，组织进行环境影响评价，并向审批该专项规划的机关提出环境影响报告书。"

7．专项规划的环境影响报告书不包括（　　）。

A．实施该规划对环境可能造成影响的分析、预测和评估

B．预防或者减轻不良环境影响的对策和措施

C．对建设项目实施环境监测的建议

D．环境影响评价的结论

【答案】C

【解析】《环境影响评价法》第十条规定："专项规划的环境影响报告书应当包括下列内容：①实施该规划对环境可能造成影响的分析、预测和评估；②预防或者减轻不良环境影响的对策和措施；③环境影响评价的结论。"

8．作为一项整体建设项目的规划，其环境影响评价应（　　）。

A．按照建设项目进行环境影响评价，不进行规划的环境影响评价

B．既进行建设项目环境影响评价，又进行规划的环境影响评价

C．按照规划进行环境影响评价，不进行建设项目的环境影响评价

D．由当地环境保护行政主管部门决定如何进行

【答案】A

【解析】根据《环境影响评价法》第十八条规定："建设项目的环境影响评价，应当避免与规划的环境影响评价相重复。作为一项整体建设项目的规划，按照建设项目进行环境影响评价，不进行规划的环境影响评价。"

9．对环境有重大影响的规划实施后，编制机关应当及时组织环境影响的跟踪评价，并将评价结果报告审批机关；发现有明显不良环境影响的，应当（　　）。

A．及时修改规划　　B．及时提出改进措施

C．停止规划的实施　　D．进行环境影响后评价

【答案】B

【解析】根据《环境影响评价法》第十五条规定："对环境有重大影响的规划实施后，编制机关应当及时组织环境影响的跟踪评价，并将评价结果报告审批机关；发现有明显不良环境影响的，应当及时提出改进措施。"

10．下列选项中，对环境影响很小的建设项目是（　　）。

A．不对环境敏感区造成影响的小型建设项目

B．基本不产生废水、废气、废渣、粉尘、恶臭、噪声、震动、热污染、放射性、电磁波等不利环境影响的建设项目

C．基本不改变地形、地貌、水文、土壤、生物多样性等，不改变生态系统结构和功能的建设项目

D．污染因素单一，而且污染物种类少，产生量小或毒性较低的建设项目

【答案】D

【解析】根据《建设项目环境保护分类管理名录》的有关规定，选项D属于对环境造成轻度影响的建设项目。

11．我国环境影响评价制度正式确立的时间是（　　）。

A．1970年1月　B．1979年9月　C．1982年3月　D．1999年8月

【答案】B

【解析】1979年9月，《中华人民共和国环境保护法（试行）》中“一切企业、事业单位的选址、设计、建设和生产，都必须注意防止对环境的污染和破坏。在进行新建、改建和扩建工程中，必须提出环境影响评价报告书，经环境保护主管部门和其他有关部门审查批准后才能进行设计”的规定，标志着我国的环境影响评价制度正式确立。

12．《建设项目环境保护管理条例》规定：除特殊的建设项目外，要进行可行性研究的建设项目，建设单位应当在建设项目（　　）报批建设项目环境影响报告书、环境影响报告表或者环境影响登记表。

A．初步设计阶段　B．审批完成后的阶段

C．可行性研究阶段　D．开工前

【答案】C

【解析】熟悉建设项目环境影响评价文件的报批时限，见《建设项目环境保护管理条例》第九条。

13．《中华人民共和国环境保护法》中规定：“建设项目中的防治污染设施必须经（　　）环境保护行政主管部门验收合格后，该建设项目方可投入生产或者使用。”

A．当地　B．县级以上

C．市级以上　D．原审批环境影响报告书的

【答案】D

【解析】掌握建设项目防治污染设施的“三同时”规定（《中华人民共和国环境保护法》第二十六条）。

14．建设单位未依法报批建设项目环境影响评价文件，擅自开工建设的，由有权审批该项目环境影响评价文件的环境保护行政主管部门责令停止建设，限期补办手续；逾期不补办手续的，可以处（　　）元的罚款。

A．5万～30万　B．5万～10万　C．5万～20万　D．10万～50万

【答案】C

【解析】掌握建设单位未依法报批建设项目环境影响评价文件、环境影响评价文件未经批准或者未经重新审核同意，擅自开工建设，应承担的法律责任（《中华人民共和国环境影响评价法》第三十一条）。

15．建设项目对环境影响很小、不需要进行环境影响评价的，（　　）。

A．可直接进行项目施工　B．仍需征求当地环保部门的意见

C．应当填报环境影响登记表　D．可以填报环境影响登记表

【答案】C

【解析】《环境影响评价法》第十六条规定：“对环境影响很小、不需要进行环境影响评价的，应当填报环境影响登记表。”

16．除国家规定需要保密的情形外，（　　）的建设项目，建设单位应当在报批建设项目环境影响报告文件前，举行论证会、听证会，或者采取其他形式，征求有关单位、专家和公众的意见。

A．对环境可能造成重大影响、应当编制环境影响报告书

B．对环境可能造成轻度影响的，应当编制环境影响报告表

C．对环境影响很小，应当填报环境影响登记表

D．所有

【答案】A

【解析】《环境影响评价法》第二十一条规定："除国家规定需要保密的情形外，对环境可能造成重大影响、应当编制环境影响报告书的建设项目，建设单位应当在报批建设项目环境影响报告书前，举行论证会、听证会，或者采取其他形式，征求有关单位、专家和公众的意见。"

17．《环境影响评价法》规定，已经进行了环境影响评价的规划所包含的具体建设项目，其环境影响评价内容建设单位（　　）。

A．不用再进行

B．可以简化

C．必须重新进行评价

D．可以借鉴相似的建设项目的环境影响评价

【答案】B

【解析】《中华人民共和国环境影响评价法》第十八条规定："已经进行了环境影响评价的规划所包含的具体建设项目，其环境影响评价内容建设单位可以简化。"

18．审批部门应当自收到环境影响报告书之日起 60 日内，收到环境影响报告之日起 30 日内，收到环境影响登记表之日起 15 日内，分别作出审批决定并（　　）通知建设单位。

A．电报　　B．电话　　C．书面　　D．上网

【答案】C

【解析】《中华人民共和国环境影响评价法》第二十二条规定："……审批部门应当自收到环境影响报告书之日起 60 日内，收到环境影响报告之日起 30 日内，收到环境影响登记表之日起 15 日内，分别作出审批决定并书面通知建设单位。"

19．下列项目中，适用于《建设项目环境保护分类管理名录》的是（　　）。

A．国家法律、法规及产业政策明令禁止建设或投资的项目

B．列入《淘汰落后生产能力、工艺和产品的目录》的建设项目

C．列入《工商领域禁止重复建设目录》的建设项目

D．可能造成生态系统结构重大变化、重要生态功能改变或生物多样性明显减少的建设项目

【答案】D

【解析】《建设项目环境保护分类管理名录》第八条规定："国家法律、法规及产业政策明令禁止建设或投资，如列入《淘汰落后生产能力、工艺和产品的目录》和《工商领域禁止重复建设目录》的建设项目，不适用本《名录》。各级环保行政主管部门不得批准此类建设项目环境影响报告书、环境影响报告表或者环境影响登记表。"

20．《中华人民共和国环境影响评价法》中规定："接受委托为建设项目环境影响评价提供

技术服务的机构，按照资质证书规定的（　　），从事环境影响评价服务，并对评价结论负责。”

A. 评价范围　　B. 等级和评价性质

C. 等级　　D. 等级和评价范围

【答案】D

【解析】见《中华人民共和国环境影响评价法》第十九条。

21.《建设项目环境影响评价资格证书管理办法（国家环境保护总局 26 号令）》规定：环境影响评价资质分为（　　）。

A. 甲、乙两个等级　　B. 甲、乙、丙三个等级

C. A、B 两个等级　　D. A、B、C 三个等级

【答案】A

【解析】掌握建设项目环境影响评价资质等级和评价范围划分的有关规定（《建设项目环境影响评价资格证书管理办法（国家环境保护总局 26 号令）》第三条和第四条）。

22. 接受委托为建设项目环境影响评价提供技术服务的机构在环境影响评价工作中不负责任或者弄虚作假，致使环境影响评价文件失实，构成犯罪的，依法追究（　　）。

A. 刑事责任　　B. 民事责任　　C. 刑事责任和民事责任　　D. 行政责任

【答案】A

【解析】《中华人民共和国环境影响评价法》第三十三条规定：“接受委托为建设项目环境影响评价提供技术服务的机构在环境影响评价工作中不负责任或者弄虚作假，致使环境影响评价文件失实的，由授予环境影响评价资质的环境保护行政主管部门降低其资质等级或者吊销其资质证书，并处所收费用一倍以上三倍以下的罚款；构成犯罪的，依法追究刑事责任。”

23. 持有（　　）评价证书的单位，可以按照评价证书规定的业务范围，承担一切建设项目环境影响评价工作，编制环境影响报告书或环境影响报告表。

A. A 级　　B. B 级　　C. 甲级　　D. 乙级

【答案】C

【解析】根据《建设项目环境影响评价资格证书管理办法》第四条的规定：“持有甲级评价证书的单位，可以按照评价证书规定的业务范围，承担一切建设项目环境影响评价工作，编制环境影响报告书或环境影响报告表。”建设项目环境影响评价资格证书只分为甲、乙两个级别，没有 A、B 级的分类方式，故选答案 C。

24. 国家环境保护总局对（　　）评价单位，予以吊销评价证书的处罚。

A. 无正当理由不履行评价合同的

B. 环境影响报告书在审查过程中质量较差的

C. 变相转包评价工作或承接项目与评价证书业务范围不一致的

D. 环境影响评价中编造数据、弄虚作假的

【答案】D

【解析】根据《建设项目环境影响评价资格证书管理办法》第十七条的规定：“国家环境保护总局对有下列行为之一的评价单位，予以吊销评价证书的处罚：在领取评价证书过程中弄虚作假的；转借评价证书的；环境影响评价中编造数据、弄虚作假的；因评价结论错误，造成严重环境污染后果和经济损失的；超过国家规定的收费标准收费的。”本题只有 D 选项符合上述规定。

25．国家对从事环境影响评价工作的专业技术人员实行（　　）。

A．行业准入制度　B．专业限制制度　C．学历限制制度　D．职业资格制度

【答案】D

【解析】《环境影响评价工程师职业资格制度暂行规定》第四条规定："国家对从事环境影响评价工作的专业技术人员实行职业资格制度，纳入全国专业技术人员职业资格证书制度统一管理"。专业与学历只是参加职业资格考试的条件要求，要成为环境影响评价工程师必须取得资格证。故只有D项入选。

26．建设项目竣工环境保护验收是指建设项目竣工后，环境保护行政主管部门根据《建设项目竣工环境保护验收管理办法》规定，依据环境保护验收监测或调查结果，并通过现场检查等手段，考核该建设项目是否达到（　　）的活动。

A．建设单位要求　B．环境保护要求　C．主管单位要求　D．审批单位要求

【答案】B

【解析】建设项目竣工环境保护验收——建设项目竣工后，环境保护行政主管部门根据环保法律法规的规定，依据环境保护验收监测或调查结果，并通过现场检查等手段，考核该建设项目是否达到环境保护要求的活动。

27．进行试生产的建设项目，建设单位应当自试生产之日起（　　），向有审批权的环境保护行政主管部门申请该建设项目竣工环境保护验收。

A．3个月内　B．3个月后　C．2个月内　D．4个月内

【答案】A

【解析】熟悉建设单位申请环境保护竣工验收的时限及延期验收的有关规定（《建设项目竣工环境保护验收管理办法》第十条）。

28．经批准环境保护延期验收申请后的建设单位试生产的期限最长不超过（　　）。核设施建设项目试生产的期限最长不超过（　　）。

A．0.5年，1年　B．1年，3年　C．2年，3年　D．1年，2年

【答案】D

【解析】《建设项目竣工环境保护验收管理办法》规定："对试生产3个月确不具备环境保护验收条件的建设项目，建设单位应当在试生产的3个月内，向有审批权的环境保护行政主管部门提出该建设项目环境保护延期验收申请，说明延期验收的理由及拟进行验收的时间。经批准后建设单位方可继续进行试生产。试生产的期限最长不超过1年。核设施建设项目试生产的期限最长不超过2年。"

（二）多项选择题

1．下列规划中需要进行环境影响评价的有（　　）。

A．唐山市土地利用的有关规划　B．水利部主持的黄河流域开发利用规划

C．河南省旅游开发规划　D．海淀区工业发展规划

E．北京市城市建设规划

【答案】ABCE

【解析】《环境影响评价法》第七条第一款规定："国务院有关部门、设区的市级以上地方人民政府及其有关部门，对其组织编制的土地利用的有关规划，区域、流域、海域的建设、

开发利用规划，应当在编制过程中组织进行环境影响评价。”第八条规定：“国务院有关部门、设区的市级以上地方人民政府及其有关部门，对其组织编制的工业、农业、畜牧业、林业、能源、水利、交通、城市建设、旅游、自然资源开发的有关专项规划，应当在该专项规划草案报审批前，组织进行环境影响评价。”只有ABCE四个选项符合上述规定。

2．下列不属于建设项目竣工环境保护验收范围的有（　　）。

A．与建设项目有关的各项环境保护设施

B．与建设项目有关的各项卫生保护设施

C．水土保持方案

D．各项安全保护设施

E．可研报告规定应采取的环境保护措施

【答案】BD

【解析】见《建设项目竣工环境保护验收管理办法》第四条。

3．建设项目竣工环境保护验收时，环境影响报告书（表）中提出的要求属验收条件的包括（　　）。

A．对清洁生产进行指标考核部分已按规定要求完成

B．对施工期环境保护措施落实情况进行工程环境监理的，已按规定要求完成

C．对环境保护敏感点进行环境影响验证，已按规定要求完成

D．要求建设单位采取措施削减其他设施污染物排放，其相应措施得到落实

E．要求建设项目所在地地方政府或者有关部门采取“区域削减”措施满足污染物排放总量控制要求的，其相应措施得到落实

【答案】BCDE

【解析】见《建设项目竣工环境验收管理办法》第十六条。

4．建设项目竣工环境保护验收范围包括（　　）。

A．建设项目主体工程

B．与建设项目有关的各项环境保护设施

C．为防治污染和保护环境所建成或配备的工程、设备、装置和监测手段

D．各项生态保护设施

E．环境影响文件和有关项目设计文件规定应采取的其他各项环境保护措施

【答案】BCDE

【解析】《建设项目竣工环境保护验收管理办法》第四条规定：“建设项目竣工环境保护验收范围包括：①与建设项目有关的各项环境保护设施，包括为防治污染和保护环境所建成或配备的工程、设备、装置和监测手段，各项生态保护设施；②环境影响报告书（表）或者环境影响登记表和有关项目设计文件规定应采取的其他各项环境保护措施。”故只有A项不正确。

5．专项规划的编制机关对（　　）的规划，应当在该规划草案报送审批前，举行论证会、听证会，或者采取其他形式，征求有关单位、专家和公众对环境影响报告书草案的意见。

A．国民生产总值的增减有直接影响　　B．当地经济发展有决定性影响

C．可能造成不良环境影响　　D．直接涉及公众环境权益

E．对环境有严重破坏

【答案】CD

【解析】见《中华人民共和国环境影响评价法》第十一条。

6. 下列行为中属于规划编制单位失职行为的是（ ）。

A. 报送审查的环境影响报告书中不附公众意见是否采纳说明的

B. 征求有关单位专家和公众对环境影响报告书的意见

C. 按规定应提交环境影响报告书而未编制环境影响报告书，只在规划中编写该规划有关环境影响评价的篇章或说明

D. 在编制规划过程中按照法律法规之规定进行环境影响评价

E. 规划编制机关组织进行环境影响评价时，提供虚假情况或资料，导致评价结论失实

【答案】ACE

【解析】规划编制单位组织环境影响评价时弄虚作假或有失职行为，一般有下列五种情况：①应当在规划编制过程中组织进行环境影响评价而未作环境影响评价的；②按规定应提交环境影响报告书而未编制环境影响报告书，只在规划中编写该规划有关环境影响的篇章或说明的；③应征求有关单位专家和公众对环境影响报告书草案的意见而未征求的；④报送审查的环境影响报告书中不附公众意见是否采纳说明的；⑤规划编制机关组织进行环境影响评价时，提供虚假情况或资料，或者工作不负责任，导致评价结论失实的。

7. 下列建设项目中，（ ）的环境影响评价文件应由国务院环境保护行政主管部门负责审批。

A. 核设施

B. 由国务院审批的建设项目

C. 跨省、自治区、直辖市行政区域的建设项目

D. 秘密工程

E. 由国务院授权有关部门审批的建设项目

【答案】ABCE

【解析】《中华人民共和国环境影响评价法》第二十三条规定："国务院环境保护行政主管部门负责审批下列建设项目的环境影响评价文件：①核设施、绝密工程等特殊性质的建设项目；②跨省、自治区、直辖市行政区域的建设项目；③由国务院审批的或者由国务院授权有关部门审批的建设项目。"

8. 下列建设项目中，（ ）的环境影响评价文件应由市（地）级以上环境保护行政主管部门审批。

A. 化工　　B. 酿造　　C. 电镀　　D. 化学制浆

E. 医药

【答案】ABCD

【解析】2002 年国家环境保护总局以 15 号令颁布了《建设项目环境影响评价文件分级审批规定》，强调："对化工、印染、酿造、化学制浆、农药、电镀以及其他严重污染环境的建设项目，其环境影响评价文件应由市（地）级以上环境保护行政主管部门审批。"

9. 下列选项中可以接受建设单位委托编制环境保护验收调查报告（表）的单位是（ ）。

A. 具有相应资质的环境监测站

B. 具有相应资质的环境放射性监测站

C．具有相应资质并承担该建设项目的环境影响评价单位

D．具有相应资质但没承担该建设项目环境影响评价的其他环境影响评价单位

E．当地环境保护主管部门

【答案】ABD

【解析】《建设项目竣工环境保护验收管理办法》第十三条第二款规定："环境保护验收调查报告（表），由建设单位委托经环境保护行政主管部门批准有相应资质的环境监测站或环境放射性监测站，或者具有相应资质的环境影响评价单位编制。承担该建设项目环境影响评价工作的单位不得同时承担该建设项目环境保护验收调查报告（表）的编制工作。"故只有 ABD 三个选项可以入选。

10．凡从事规划和建设项目（　　）的单位，应配备环境影响评价工程师。

A．设计施工　　B．环境影响评价

C．技术评估　　D．环境保护验收

E．环境污染治理

【答案】BCD

【解析】见《环境影响评价工程师职业资格制度暂行规定》第二条。

11．环境影响评价机构有（　　）行为之一的，国家环境保护总局注销其评价资质。

A．以欺骗、贿赂等不正当手段取得评价资质的

B．涂改、倒卖、出租出借资质证书的

C．达不到评价资质条件的

D．不按规定填报或虚报"建设项目环境影响评价机构年度业绩报告表"的

E．超越评价资质等级、评价范围提供环境影响评价技术服务的

【答案】ABCE

【解析】ABCE 为正确选项，对于 D 中所述的情形，国家环境保护总局视情节轻重，分别给予警告、通报批评、责令限期整改 3～12 个月、缩减评价范围、降低资质等级或者评价资质，其中责令限期整改的，评价机构以限期整改期间，不得承担环境影响评价工作。

四、练习题

（一）单项选择题

1．国家鼓励有关单位、专家和公众（　　）参与环境影响评价。

A．必须　　B．不用　　C．以适当方式　　D．以论证的方式

2．省、自治区、直辖市人民政府可以根据本地的实际情况要求对（　　）编制的规划进行环境影响评价。

A．本辖区的县级人民政府　　B．省人民政府

C．本辖区的地市级人民政府　　D．本辖区的镇级人民政府

3．规划编制机关违反《中华人民共和国环境影响评价法》的规定，组织环境影响评价时弄虚作假或者有失职行为，造成环境影响评价严重失实的，对直接负责的主管人员和其他直接责任人员，由上级机关或者监察机关依法（　　）。

A．开除公职　　B．追究刑事责任　　C．留职察看　　D．给予行政处分

4．建设项目的防治污染设施没有建成或者没有达到国家规定的要求，投入生产或者使用的，由批准该建设项目的环境影响报告书的环境保护行政主管部门责令（　），可以并处罚款。

A．限期整改　　B．采取环保措施
C．停止生产或者使用　　D．重新安装使用

5．因发生事故或者其他突然袭击性事件，造成或者可能造成污染事故的单位，必须立即采取措施处理，及时通报可能受到污染危害的单位和居民，并向（　）和有关部门报告，接受调查处理。

A．省级环境保护行政主管部门　　B．当地环境保护行政主管部门
C．国务院有关主管部门　　D．县级以上环境保护行政主管部门

6．产生环境污染和其他公害的单位，必须把环境保护工作纳入计划，建立（　）制度。

A．环境保护责任　　B．环境污染评价
C．环境定期监测　　D．环境治理责任

7．未经环境保护行政主管部门同意，擅自拆除或者闲置防治污染的设施，污染物排放超过规定的排放标准的，由环境保护行政主管部门责令（　），并处罚款。

A．限期整改　　B．采取环保措施
C．停止生产或者使用　　D．重新安装使用

8．《中华人民共和国环境保护法》中规定："禁止引进不符合我国环境保护规定要求的（　）。"

A．硬件和软件　　B．技术　　C．设备　　D．技术和设备

9．设区的市级以上人民政府在审批专项规划草案，作出决策前，应当先由人民政府指定的环境保护行政主管部门或者其他部门召集有关部门代表和专家组成审查小组，对环境影响报告书进行审查，参加审查小组的专家，应当从按照国务院环境保护行政主管部门的规定设立的专家库内的相关专业的专家名单中，以（　）的方式确定。

A．领导指定　　B．随机抽取
C．投票选举　　D．根据工作业绩选择

10．以下选项中（　）不是专项规划的环境影响报告书应当包括的内容。

A．预防或者减轻不良环境影响的对策和措施
B．环境影响评价的结论
C．实施该规划对环境可能造成影响的分析、预测和评估
D．公众对该规划可能产生的环境影响评价的意见

11．我国的环境影响评价首先是从（　）领域开始的。

A．环境质量评价　　B．规划环境影响
C．噪声环境影响　　D．建设项目

12．"环境影响评价制度"是由（　）首创的。

A．美国　　B．日本　　C．德国　　D．中国

13．由省级以上人民政府有关部门负责审批的专项规划，其环境影响报告书的审查办法，由（　）环境保护行政主管部门会同有关部门制定。

A．国务院　　B．省级

C．全国人民代表大会　　　　　　　　D．国家环境保护总局

14．建设单位编制环境影响报告书，应当按照有关法律规定，征求建设项目（　）。

A．所在地环境保护行政主管部门的意见

B．所在地有关单位和居民的意见

C．所在行政区域公众的意见

D．所在地建设行政主管部门的意见

15．公众意见的征求人应为（　）。

A．专项规划审查小组　　　　　　　B．专项规划审批机关

C．专项规划的编制机关　　　　　　D．环境保护行政主管部门

16．不属于编制农业的有关专项规划环境影响报告书范围的是（　）

A．设区的市级以上种植业发展规划

B．省级及设区的市级渔业发展规划

C．省级及设区的市级乡镇企业发展规划

D．全国乡镇企业发展规划

17．以下的建设项目中，需要编制环境影响报告表的是（　）

A．可能造成生态系统结构重大变化、重要生态功能改变或生物多样性明显减少的建设项目

B．容易引起跨行政区环境影响纠纷的建设项目

C．基本不对环境敏感区造成影响的小型建设项目

D．基本不改变地形、地貌、水文、土壤、生物多样性等，不改变生态系统结构和功能的建设项目

18．专项规划的环境影响报告书不应当包括（　）内容。

A．实施该规划对环境可能造成影响的分析、预测和评估

B．预防或者减轻不良环境影响的对策和措施

C．对建设项目实施环境监测的建议

D．环境影响评价的结论

19．国家根据建设项目对环境的影响程度，对建设项目的环境影响评价实行（　）。

A．直接管理　　B．分级管理　　C．间接管理　　D．分类管理

20．环境影响评价是指对规划和建设项目实施后可能造成的（　）进行分析、预测和评估，提出预防或者减轻不良环境影响的对策和措施，进行跟踪监测的方法与制度。

A．环境变化　　B．环境恶化　　C．环境影响　　D．环境破坏

21．环境影响评价必须客观、公开、公正，综合考虑规划或者建设项目实施后对各种环境因素及其所构成的（　）可能造成的影响，为决策提供科学依据。

A．生态环境　　B．生存空间　　C．生态系统　　D．生态变化

22．下列选项中（　）不属于环境敏感区。

A．红树林　　B．地质公园　　C．基本农田保护区　D．农村

23．《中华人民共和国环境影响评价法》规定，建设项目对环境可能造成重大影响的，应当编制（　），对产生的环境影响进行全面评价。

A．环境影响报告表　　　　　　　　B．环境影响报告书

C．环境影响登记表　　　　　　　　D．环境影响评价表

24．建设项目可能造成轻度环境影响的，应当编制（　　），对产生的环境影响进行分析或者专项评价。

A．环境影响报告表　　　　　　　　B．环境影响报告书

C．环境影响登记表　　　　　　　　D．环境影响评价表

25．某直辖市土地利用规划草案未编写有关环境影响的篇章或者说明，审批机关应（　　）。

A．不予审批　　　　　　　　　　　B．先审批再补报

C．征求当环保部门的意见　　　　　D．直接审批即可

26．建设项目对环境影响很小，不需要进行环境影响评价的，应当填报（　　）。

A．环境影响报告表　　　　　　　　B．环境影响报告书

C．环境影响登记表　　　　　　　　D．环境影响评价表

27．环境影响报告表和环境影响登记表的内容和形式，由（　　）环境保护行政主管部门制定。

A．省级　　B．设区的地级市　　C．县级　　　D．国务院

28．下列选项中，（　　）不属于建设项目环境影响报告书中所包括的内容。

A．环境影响评价的结论

B．建设项目环境保护措施及其技术、经济论证

C．建设项目周围环境现状

D．建设项目所在地的地质概况

29．下列建设项目中，（　　）的环境影响评价文件应该由国务院环境保护行政主管部门负责审批。

A．北京市某投资 3 亿元的建设项目　　B．海南省某核电站项目

C．山东省投资的引黄济青项目　　　　D．河北省某大型石油化工企业建设项目

30．建设单位编制环境影响报告书，应当按照有关法律规定，征求建设项目（　　）的意见。

A．所在地环境保护行政主管部门　　B．所在地有关单位和居民

C．所在行政区域公众　　　　　　　D．所在地建设行政主管部门

31．按照国家有关规定应当征求公众意见的建设项目，其环境影响报告书中没有公众参与篇章的，环境保护行政主管部门（　　）。

A．不予审批　　　　　　　　　　　B．限期补报

C．不得受理　　　　　　　　　　　D．征求当地建设部门意见

32．建设项目的环境影响评价文件自批准之日起超过（　　）年，方决定该项目开工建设的，其环境影响评价文件应当报原审批部门重新审核，原审批部门应当自收到建设项目环境影响评价文件之日起（　　）日内，将审核意见书面通知建设单位。

A．5，5　　B．10，5　　C．5，10　　D．10，10

33．建设单位应当在建设项目可行性研究阶段报批建设项目环境影响报告书、环境影响报告表或者环境影响登记表；但是，铁路、交通等建设项目，经有审批权的环境保护行政主管部门同意，可以在（　　）前报批环境影响报告书或者环境影响报告表。

A．初步设计完成　B．项目开工　　C．项目竣工　　D．项目试运行

34．跨行业复合型建设项目的环境保护管理类别按其中（　　）确定。

A．等级最严的

B．所占比例最大的

C．相关环境保护主管部门最为关切的

D．公众关注程度最高的

35．以下的地区中，（　　）不属于环境敏感区。

A．沙尘暴源区　　B．人口密集区

C．党政机关集中的办公地点　　D．经济开发区

36．建设项目环境影响报告书，不包括（　　）。

A．建设项目概况

B．建设项目周围气候状况

C．环境保护措施及其经济、技术论证

D．环境影响经济损益分析

37．环境保护行政主管部门应当自收到建设项目环境影响报告书之日起（　　）日内，作出审批决定并书面通知建设单位。

A．30　　B．50　　C．60　　D．40

38．总投资为2亿元的核设施项目由（　　）负责审批。

A．地方环境保护行政主管部门

B．国务院环境保护行政主管部门

C．项目所在地的省级环境保护行政主管部门

D．项目所在地的市级环境保护行政主管部门

39．建设项目的环境影响评价文件经批准后，发生（　　）情况时，建设单位应当重新报批建设项目的环境影响评价文件。

A．建设项目的环境影响评价文件自批准之日起3年后决定开工

B．建设项目的地点从城市A改为城市B

C．建设项目的规模发生小规模变动

D．建设项目采用的生产工艺加以改进

40．建设单位或者其委托的环境影响评价机构决定举行听证会征求公众意见的，应当在举行听证会的（　　）日前，在该建设项目可能影响范围内的公共媒体或者采用其他公众可知悉的方式，公告听证会的时间、地点、听证事项和报名办法。

A．10　　B．15　　C．30　　D．60

41．《环境影响评价公众参与暂行办法》适用于应当编制（　　）的建设项目环境影响评价的公众参与。

A．环境影响报告书　　B．环境影响报告表

C．环境影响评价书　　D．环境影响登记表

42．需编制环境影响报告书的建设项目的建设单位或者其委托的环境影响评价机构征求公众意见的期限不得少于（　　）日，并确保其公开的有关信息在整个征求公众意见的期限之内均处于公开状态。

A．10　　B．15　　C．30　　D．60

43. 环境保护行政主管部门应当在受理建设项目环境影响报告书后，在其政府网站或者采用其他便利公众知悉的方式，公告（ ）的有关信息。

A. 环境影响报告书公众参与　　B. 环境影响报告书受理

C. 环境影响报告书审批　　D. 环境影响报告书基本内容

44. 决定举行听证会征求环境影响报告书的公众意见的，听证会组织者选定的参加听证会的代表人数一般不得少于（ ）人。

A. 10　　B. 15　　C. 30　　D. 60

45. 决定举行听证会征求环境影响报告书的公众意见的，听证会（ ）公开举行。

A. 可以　　B. 应当　　C. 一般　　D. 必须

46. 举行听证会征求环境影响报告书的公众意见的，听证会组织者对听证会（ ）制作笔录。

A. 可以　　B. 应当　　C. 一般　　D. 必须

47. 举行听证会征求环境影响报告书的公众意见的，听证结束后，听证笔录应当交参加听证会的代表审核并签字，无正当理由拒绝签字的，应当（ ）。

A. 记入听证笔录　　B. 要求其说明原因

C. 由两个以上证人在场作书面证明　　D. 取消其代表资格

48. 接受委托为建设项目环境影响评价提供技术服务的机构，应当经（ ）考核审查合格后，颁发资质证书，按照资质证书规定的等级和评价范围，从事环境影响评价服务，并对评价结论负责。

A. 国务院环境保护行政主管部门　　B. 省级环境保护行政主管部门

C. 地市级环境保护行政主管部门　　D. 县级环境保护行政主管部门

49. 国务院环境保护行政主管部门对已经颁发资格证书的从事建设项目环境影响评价工作的单位名单，应当（ ）予以公布。

A. 不定期　　B. 保密而不　　C. 定期　　D. 上网不定期

50. 为建设项目环境影响评价提供技术服务的机构的资质条件和管理办法，由（ ）制定。

A. 地市级环境保护行政主管部门　　B. 国务院环境保护行政主管部门

C. 省级环境保护行政主管部门　　D. 县级环境保护行政主管部门

51. 建设项目可能造成跨行政区域的不良环境影响，有关环境保护行政主管部门对该项目的环境影响评价结论有争议的，其环境影响评价文件由（ ）审批。

A. 受影响较小的省级环境保护行政主管部门

B. 国务院环境保护行政主管部门

C. 受影响较大的项目所在的省级环境保护行政主管部门

D. 共同的上一级环境保护行政主管部门

52. 为了适应新的法律法规要求和社会主义市场经济体制需要并加大环境影响评价责任的追究力度，国家环境保护总局对《建设项目环境影响评价资格证书管理办法》进行了修订，于（ ）发布了《建设项目环境影响评价资质管理办法》。

A. 2004 年 2 月　　B. 2004 年 8 月 15 日

C. 2005 年 8 月 15 日　　D. 2006 年 1 月 1 日

53. 2006年1月1日，《建设项目环境影响评价资质管理办法》开始实施，（　）提出，对于2006年1月1日前已取得评价资质且资质证书仍在有效期内的评价机构，尚未达到新办法规定的资质条件的，可按照原资质证书规定的等级和评价范围从事环境影响评价工作。

A. 国务院环境保护行政主管部门　　B. 国家环境保护总局

C. 甲级评价机构　　D. 乙级评价机构

54. 国家对从事建设项目环境影响评价工作的单位实行资格审查制度，建设项目的环境影响评价工作，由（　　）承担。

A. 县级环境保护行政主管部门　　B. 省级环境保护行政主管部门

C. 地市级环境保护行政主管部门　　D. 取得相应资质证书的单位

55. 从事建设项目环境影响评价工作的单位，（　　）收费标准。

A. 可以执行地方规定的　　B. 可以不执行国家规定的

C. 必须执行国家规定的　　D. 可以自己制定

56. 建设单位编制环境影响报告书，应当按照有关法律规定，征求建设项目所在地（　　）的意见。

A. 有关单位和居民　　B. 行政主管部门

C. 环境保护行政主管部门　　D. 上一级环境保护行政主管部门

57. 在项目建设、运行过程中产生不符合经审批的环境影响评价文件的情形的，建设单位应当组织（　），采取改进措施，并报原环境影响评价文件审批部门和建设项目审批部门备案。

A. 修改原有的经审批的环境影响评价文件

B. 环境影响的后评价

C. 重新进行环境影响评价

D. 对于新出现的环境问题进行环境影响评价

58. 跨行业复合型建设项目的环境保护管理类别按其中（　　）确定。

A. 公众最支持的　　B. 相关环境保护主管部门最关注的

C. 等级最严的　　D. 所占比例最大的

59. 下列选项中（　　）的环境影响报告表不属于特殊项目环境影响报告表。

A. 输变电　　B. 广电通信　　C. 核工业　　D. 海洋工业

60. “具备20名以上环境影响评价专职技术人员，其中至少有10名登记于该机构的环境影响评价工程师，其他人员应当取得环境影响评价岗位证书”是（　　）评价机构应具备的资质条件之一。

A. 乙级　　B. 甲级　　C. A级　　D. B级

61. 国家对从事建设项目环境影响评价工作的单位实行（　　）。

A. 行业准入制度　　B. 行政设立制度

C. 资格审查制度　　D. 工商审核制度

62. 从事建设项目环境影响评价工作的单位，必须取得国务院环境保护行政主管部门颁发的资格证书，证书有效期为（　　）年。

A. 1　　B. 3　　C. 5　　D. 10

63. 环境影响评价工程师应（　　）的名义接受环境影响评价委托业务。

A．以环评工程师本人
B．以其所在单位
C．以其所在的具有环境影响评价资质的单位
D．通过其所属单位以环评工程师本人

64．环境影响评价工程师职业资格实行定期登记制度，登记有效期为（　）。

A．1年　B．2年　C．3年　D．4年

65．环境影响评价工程师职业资格登记管理机构是（　）。

A．国务院　B．环境保护总局或其委托机构
C．人事部　D．各级人民政府

66．环境影响评价工程师资格考试的科目、大纲和试题由（　）组织。

A．人事部　B．环境保护总局　C．国务院　D．教育部

67．（　）对环境影响评价工程师职业资格的登记和从事环境影响评价业务情况进行检查、监督。

A．国家环境保护总局　B．国务院
C．人事部　D．地方人民政府

68．环境影响评价工程师在接受环境影响评价委托业务时，对于其中所涉委托方的商务秘密（　）。

A．应予保守　B．应谨慎处理
C．不承担任何责任　D．可予以保守

69．建设项目竣工环境保护验收是指建设项目竣工后，环境保护行政主管部门根据《建设项目竣工环境保护验收管理办法》规定，依据环境保护（　），并通过现场检查等手段，考核该建设项目是否达到环境保护要求的活动。

A．监测或调查结果　B．整改结果
C．处理结果　D．汇报结果

70．下列选项中，不属于参与建设项目环境保护验收单位的是（　）。

A．环境保护验收监测（调查）报告（表）的编制单位
B．环境影响报告书（表）编制单位
C．建设项目的设计单位
D．建设项目所在地的地方政府

71．“三同时”制度的核心是（　）。

A．同时设计　B．同时施工　C．同时投产使用　D．同时审批

72．环境保护设施的竣工验收，应当（　）。

A．在主体工程竣工验收后进行　B．在主体工程竣工验收前进行
C．与主体工程竣工验收同时进行　D．在建设项目投入试生产3个月后进行

73．环境保护行政主管部门应自接到试生产申请之日起（　）日内，组织或委托下一级环境保护行政主管部门对申请试生产的建设项目环境保护设施及其他环境保护措施的落实情况进行现场检查。

A．20　B．30　C．40　D．50

74．进行试生产的建设项目，建设单位应当自试生产之日起（　）个月内，向有审批

权的环境保护行政主管部门申请该建设项目竣工环境保护验收。

A. 1　　B. 2　　C. 3　　D. 4

75. 环境保护行政主管部门应当自收到环境保护设施竣工验收申请之日起（　　）日内，完成验收。

A. 10　　B. 20　　C. 30　　D. 40

76. 试生产后确不具备环境保护验收条件的建设项目，建设单位应当在试生产的（　　）个月内，向有审批权的环境保护行政主管部门提出该建设项目环境保护延期验收申请，说明延期验收的理由及拟进行验收的时间。

A. 1　　B. 2　　C. 3　　D. 4

77. 根据《建设项目竣工环境保护验收管理办法》的规定，建设单位申请验收应当向具有审批权的环境保护行政主管部门提交的验收材料中，以下选项中错误的是（　　）。

A. 对编制环境影响报告书的建设项目，为建设项目竣工环境保护验收申请报告，并附环境保护验收监测报告或调查报告

B. 对编制环境影响报告表的建设项目，为建设项目竣工环境保护验收申请表，并附环境保护验收监测表或调查表

C. 对填报环境影响登记表的建设项目，为建设项目竣工环境保护验收登记表

D. 对填报环境影响登记表的建设项目，为建设项目环境报告验收申请表

78. 县级以上地方人民政府环境保护行政主管部门按照（　　）负责建设项目竣工环境保护验收。

A. 当地人民政府授予的权限

B. 上级环境保护行政主管部门授予的权限

C. 环境影响报告书（表）或环境影响登记表的审批权限

D.《环境影响评价法》规定的权限

79. 建设项目的主体工程完工后，其配套建设的环境保护设施（　　）投入生产或者运行。

A. 必须与主体工程同时　　B. 可以与主体工程同时

C. 应当在主体工程正式投入运行前　　D. 可以在主体工程正式投入运行后

80. 国家对建设项目竣工环境保护验收实行（　　）。

A. 公示制度　　B. 公告制度　　C. 告知制度　　D. 宣告制度

81.（　　）应当定期向社会公告建设项目竣工环境保护验收结果。

A. 国务院　　B. 环境保护行政主管部门

C. 建设部　　D. 地方人民政府

82. 县级以上环境保护行政主管部门每年将其完成的项目验收的有关材料报（　　）备案。

A. 国务院环境保护主管部门　　B. 同级人民政府

C. 上一级环境保护行政主管部门　　D. 上一级人民政府

（二）多项选择题

1. 下列规划中要编制环境影响篇章或说明的有（　　）。

A. 设区的市级以上土地利用总体规划

B. 省级及设区的市级工业各行业非指导性规划

C．河南省旅游开发非指导性规划。
D．设区的市级以上海域建设、开发利用规划
E．全国水资源战略规划

2．规划有关环境影响的篇章或者说明，应当对规划实施后可能造成的环境影响作出（　　），提出预防或者减轻不良环境影响的对策和措施，作为规划草案的组成部分一并报送规划审批机关。

A．分析　　B．指导　　C．评估　　D．预测
E．说明

3．下列规划中属于综合性规划的有（　　）。
A．设区的市级以上土地利用总体规划
B．设区的市级以上种植业发展规划
C．省级及设区的市级畜牧业发展规划
D．全国防洪规划
E．省及设区的市级旅游区的发展总体规划

4．下列区域属于环境敏感区的有（　　）。
A．经济开发区　　B．荒漠中的绿洲
C．人工渔场　　D．党政机关集中的办公地点
E．城市内的绿地

5．某地欲新建一年产 50 万吨的水泥厂，环境影响评价文件已经过环保部门审批通过，当发生（　　）情况时，建设单位需重新报批建设项目的环境影响评价文件。
A．年产量增加到 100 万吨　　B．水泥厂变为造纸厂
C．水泥厂易址　　D．水泥厂更名
E．水泥厂产权变更

6．建设项目的环境影响报告书应当包括（　　）。
A．建设项目周围环境现状
B．建设项目对环境可能造成影响的分析、预测和评估
C．建设项目环境保护措施及其技术、经济论证
D．建设项目对环境影响的经济损益分析
E．经水行政主管部门审查同意的水土保持方案

7．下列项目中由国务院环境主管部门负责审批的是（　　）。
A．年产 100 万吨及以上新油田开发项目
B．投资 3 亿元的核电站的建设
C．总投资 5 亿元及以上扩建机场项目
D．长江三峡水电站项目
E．100 公里以上的铁路新建项目

8．下列选项中，属于违法批准建设项目环境影响评价文件的有（　　）。
A．未按分类管理规定编报环境影响评价文件而受理批准的
B．越权受理和批准的建设项目环境影响评价文件
C．环境影响评价文件中有较小的错误

D．应征求公众意见而未征求，且造成环境影响和不良社会影响的

E．环境影响评价文件中由于有严重漏项，批准后建设项目实施造成重大环境影响和经济损失的

9．审批部门应当自收到（　　），分别作出审批决定并书面通知建设单位。

A．环境影响报告书之日起60日内　　B．环境影响评价书之日起60日内

C．环境影响报告表之日起30日内　　D．环境影响评价表之日起15日内

E．环境影响登记表之日起15日内

10．在环境敏感区建设的需要编制环境影响报告书的项目，建设单位应当在确定了承担环境影响评价工作的环境影响评价机构后7日内，向公众公告建设项目的（　　）等信息。

A．建设项目的建设单位的名称和联系方式

B．承担评价工作的环境影响评价机构的名称和联系方式

C．环境影响评价的工作程序和主要工作内容

D．征求公众意见的主要事项

E．公众提出意见的主要方式

11．建设单位或者其委托的环境影响评价机构在编制环境影响报告书的过程中，应当在报送环境保护行政主管部门审批或者重新审核前，向公众公告（　　）等内容。

A．建设项目对环境可能造成影响的概述

B．预防或者减轻不良环境影响的对策和措施的要点

C．环境影响报告书提出的环境影响评价结论的要点

D．征求公众意见的范围、主要事项及具体形式

E．公众提出意见的起止时间

12．在编制建设项目环境影响报告书征求公众意见的过程中，建设单位或者其委托的环境影响评价机构，可以采取以下（　　）方式中的一种或者多种方式发布信息公告。

A．在建设项目所在地的公共媒体上发布公告

B．公开免费发放包含有关公告信息的印刷品

C．组织社会人员在街头发放有相关内容的小广告

D．在站牌等街头显著位置粘贴包含相关信息的广告

E．其他便于公众知情的信息公告方式

13．建设单位或其委托的环境影响评价机构，可以采取（　　）等方式中的一种或者多种方式，公开便于公众理解的环境影响评价报告书的简本。

A．在特定场所提供环境影响报告书的简本

B．制作包含环境影响报告书的简本的专题网页

C．在公共网站上设置环境影响报告书的简本的链接

D．在专题网站上设置环境影响报告书的简本的链接

E．其他便于公众获取环境影响报告书的简本

14．建设单位或者其委托的环境影响评价机构应当在发布信息公告、公开环境影响报告书的简本后，采取（　　）等形式，公开征求公众意见。

A．调查公众意见　　B．咨询专家意见

C．座谈会　　D．论证会

E．听证会

15．以下选项中可以接受建设单位委托编制环境保护验收监测报告（表）的单位是（　　）。

A．具有相应资质的环境监测站

B．具有相应资质的环境放射性监测站

C．具有相应资质并承担该建设项目的环境影响评价单位

D．具有相应资质但未承担该建设项目环评的其他环境影响评价单位

E．当地环境保护主管部门

16．凡遵守国家法律、法规，恪守职业道德，并具备（　　）条件之一者，可申请参加环境影响评价工程师职业资格考试。

A．取得环境保护相关专业大专学历，从事环境影响评价工作满7年

B．取得环境保护相关学士学位，从事环境影响评价工作满5年

C．取得学士学位，从事环境影响评价工作满5年

D．取得硕士学位，从事环境影响评价工作满2年

E．取得博士学位，从事环境影响评价工作满1年

17．接受委托为建设项目环境影响评价提供技术服务的机构，应当（　　）。

A．经省级环境保护行政主管部门考核审查合格后，颁发资质证书

B．按照资质证书规定的等级和评价范围，从事环境影响评价服务

C．不得与负责审批建设项目环境影响评价文件的环境保护行政主管部门或者有关审批部门存在任何利益关系

D．对评价结论负责

E．必须严格执行国家规定的收费标准收费

18．国家环境保护总局负责组织对评价单位业务开展情况的考核，对于有以下行为的评价单位处以吊销评价证书的处罚（　　）。

A．评价单位无正当理由不履行评价合同的

B．转借评价证书的

C．环境影响报告书在审查过程中质量较差的

D．环境影响评价中编造数据、弄虚作假的

E．机构人员发生变化

19．下列有关环境影响评价工程师的描述中正确的有（　　）。

A．环境影响评价工程师应在具有环境影响评价资质的单位中，可以以个人的名义接受环境影响评价委托业务

B．环境影响评价工程师在接受环境影响评价委托业务时，应为委托人保守商务秘密

C．环境影响评价工程师可主持环境影响后评价

D．环境影响评价工程师可以在实践中积累经验，不用定期参加继续教育

E．只要有过环境影响评价工作经历，均可以报考

20．办理环境影响评价工程师职业资格登记的人员应具备下列条件（　　）。

A．取得《中华人民共和国环境影响评价工程师职业资格证书》

B．职业行为良好，无犯罪记录

C．身体健康，能坚持在本专业岗位工作

D．所在单位考核合格

E．无行政处分记录

21．申请建设项目环境影响评价甲级资格证书应当具备以下条件（　　）。

A．具备法人资格

B．能够独立编写环境影响报告书

C．从事环境影响评价的专职技术人员中应有 4 名高级技术职称人员和 8 名以上中级技术职称人员

D．专职技术人员中有不少于 6 人具备从事环境影响评价 3 年以上的工作业绩

E．配备有与业务范围一致的专项仪器设备和计算机绘图设备

22．下列选项中属于建设项目竣工环境保护验收范围的有（　　）。

A．防治污染和保护环境所建成或配备的工程

B．防治污染和保护环境所建成或配备的设备、装置

C．各项生态保护方法

D．防治污染和保护环境采用的监测手段

E．环境影响评价文件规定应采取的环境保护措施

23．建设项目竣工环境保护验收时，（　　）属于环境保护设施及其他措施的验收条件。

A．环境保护设施及其他措施已按批准的环境影响报告书（表）或者环境影响登记表的要求建成或者落实

B．环境保护设施及其他措施已按批准设计文件的要求建成或者落实

C．环境保护设施经负荷试车检测合格，其防治污染能力适应主体工程的需要

D．环境保护设施的操作人员不合格

E．环境保护设施的岗位操作规程不健全

24．下列选项中属于建设项目竣工环境保护验收条件的有（　　）。

A．建设前期环境保护审查、审批手续完备，技术资料与环境保护档案资料齐全

B．具备环境保护设施正常运转的条件

C．环境保护设施安装质量符合国家和有关部门颁发的专业工程验收规范、规程和检验评定标准

D．环境监测项目点位、机构设置符合环境影响报告书（表）和有关规定的要求，而人员配备不符合要求，但是工作人员加班加点完成了环境监测项目

E．各项生态保护措施按环境影响报告书（表）规定的要求落实，建设项目建设过程中受到破坏并可恢复的环境已按规定采取了恢复措施

25．参与建设项目环境保护验收的单位包括（　　）。

A．项目的建设单位

B．建设项目的设计单位、施工单位

C．环境影响报告书（表）的编制单位

D．项目所在地的人民政府

E．环境保护验收监测（调查）报告（表）的编制单位

26．《建设项目竣工环境保护验收管理办法》对试生产 3 个月确不具备环境保护验收条

件的建设项目作出了延期验收的规定，下列情况可以申请延期验收的有（　　）。

A. 生产负荷与设计相比相差较大，无法满足验收监测时工况的要求

B. 一些生态影响类建设项目，其对生态的破坏较严重，但短期内可以恢复

C. 一些建设项目由于种种原因，生产工况长期内难以稳定达到正常水平，导致无法达到验收合格要求

D. 试生产过程中出现事故或其他一些特殊原因，需要延长试生产时间并经有审批权的环境保护行政主管部门认可的

E. 试生产过程中由于一些特殊原因，需要延长试生产时间，但还未经环保主管部门认可的

参考答案

（一）单项选择题

1. **【答案】C**

【解析】《中华人民共和国环境影响评价法》第五条规定："国家鼓励有关单位、专家和公众以适当方式参与环境影响评价。"

2. **【答案】A**

【解析】《中华人民共和国环境影响评价法》第三十六条规定："省、自治区、直辖市人民政府可以根据本地的实际情况要求对本辖区的县级人民政府编制的规划进行环境影响评价。"

3. **【答案】D**

【解析】《中华人民共和国环境影响评价法》第二十九条规定："规划编制机关违反本法规定，组织环境影响评价时弄虚作假或者有失职行为，造成环境影响评价严重失实的，对直接负责的主管人员和其他直接责任人员，由上级机关或者监察机关依法给予行政处分。"

4. **【答案】C**

【解析】根据《中华人民共和国环境保护法》第三十六条的有关规定。

5. **【答案】B**

【解析】《中华人民共和国环境保护法》第三十一条规定："因发生事故或者其他突然袭击性事件，造成或者可能造成污染事故的单位，必须立即采取措施处理，及时通报可能受到污染危害的单位和居民，并向当地环境保护行政主管部门和有关部门报告，接受调查处理。"

6. **【答案】A**

7. **【答案】D**

【解析】《中华人民共和国环境保护法》第三十七条规定："未经环境保护行政主管部门同意，擅自拆除或者闲置防治污染的设施，污染物排放超过规定的排放标准的，由环境保护行政主管部门责令重新安装使用，并处罚款。"

8. **【答案】D**

【解析】熟悉禁止引进不符合我国环境保护规定要求的技术和设备的有关规定。

9. **【答案】B**

【解析】《中华人民共和国环境影响评价法》第十三条规定："设区的市级以上人民政府

在审批专项规划草案，作出决策前，应当先由人民政府指定的环境保护行政主管部门或者其他部门召集有关部门代表和专家组成审查小组，对环境影响报告书进行审查。审查小组应当提出书面审查意见。参加前款规定的审查小组的专家，应当从按照国务院环境保护行政主管部门的规定设立的专家库内的相关专业的专家名单中，以随机抽取的方式确定。”

10.【答案】D

【解析】《中华人民共和国环境影响评价法》第十条规定：“专项规划的环境影响评价书应当包括下列内容：①实施该规划对环境可能造成影响的分析、预测和评估；②预防或者减轻不良环境影响的对策和措施；③环境影响评价的结论。”

11.【答案】D

12.【答案】A

13.【答案】B

14.【答案】B

15.【答案】C

16.【答案】D

17.【答案】C

18.【答案】C

19.【答案】D

20.【答案】C

【解析】《中华人民共和国环境影响评价法》第二条规定：“本法所称环境影响评价，是指对规划和建设项目实施后可能造成的环境影响进行分析、预测和评估，提出预防或者减轻不良环境影响的对策和措施，进行跟踪监测的方法与制度。”

21.【答案】C

【解析】《中华人民共和国环境影响评价法》第四条规定：“环境影响评价必须客观、公开、公正，综合考虑规划或者建设项目实施后对各种环境因素及其所构成的生态系统可能造成的影响，为决策提供科学依据。”

22.【答案】D

23.【答案】B

【解析】《中华人民共和国环境影响评价法》第十六条规定：“建设项目可能造成重大影响的，应当编制环境影响报告书，对产生的环境影响进行全面评价。”

24.【答案】A

【解析】《中华人民共和国环境影响评价法》第十六条规定：“建设项目可能造成轻度环境影响的，应当编制环境影响报告表，对产生的环境影响进行分析或者专项评价。”

25.【答案】A

26.【答案】C

【解析】《中华人民共和国环境影响评价法》第十六条规定：“建设项目对环境影响很小的，不需要进行环境影响评价的，应当填报环境影响登记表。”

27.【答案】D

【解析】《中华人民共和国环境影响评价法》第十七条规定：“环境影响报告表和环境影响登记表的内容和形式，由国务院环境保护行政主管部门制定。”

28.【答案】D

【解析】《中华人民共和国环境影响评价法》第十七条规定："建设项目的环境影响报告书应当包括下列内容：①建设项目概况；②建设项目周围环境现状；③建设项目对环境可能造成影响的分析、预测和评估；④建设项目环境保护措施及其技术、经济论证；⑤建设项目对环境影响的经济损益分析；⑥对建设项目实施环境监测的建议；⑦环境影响评价的结论。"

29.【答案】B

【解析】参照《中华人民共和国环境影响评价法》第二十三条的有关规定。

30.【答案】B

31.【答案】C

32.【答案】C

【解析】《中华人民共和国环境影响评价法》第二十四条规定："建设项目的环境影响评价文件自批准之日起超过5年，方决定该项目开工建设的，其环境影响评价文件应当报原审批部门重新审核，原审批部门应当自收到建设项目环境影响评价文件之日起10日内，将审核意见书面通知建设单位。"

33.【答案】A

34.【答案】A

35.【答案】D

【解析】根据《建设项目环境保护分类管理名录》中关于环境敏感区的规定，沙尘暴源区、人口密集区、党政机关集中的办公地点都属于环境敏感区的范畴。

36.【答案】B

【解析】参照《中华人民共和国环境影响评价法》第十七条的规定。

37.【答案】C

【解析】参照《中华人民共和国环境影响评价法》第二十二条的规定。

38.【答案】B

【解析】根据《建设项目环境影响评价文件分级审批规定》的规定，所有中央财政性投资或非政府财政性投资建设的核设施、绝密工程都由国务院环境保护行政主管部门负责审批。故选答案B。

39.【答案】B

【解析】《中华人民共和国环境影响评价法》第二十四条规定："建设项目的环境影响评价文件经批准后，建设项目的性质、规模、地点、采用的生产工艺或者防治污染、防止生态破坏的措施发生重大变动的，建设单位应当重新报批建设项目的环境影响评价文件。建设项目的环境影响评价文件自批准之日起超过5年，方决定该项目开工建设的，其环境影响评价文件应当报原审批部门重新审核。"

40.【答案】A

【解析】《环境影响评价法》第二十四条规定："建设单位或者其委托的环境影响评价机构决定举行听证会征求公众意见的，应当在举行听证会的10日前，在该建设项目可能影响范围内的公共媒体或者采用其他公众可知悉的方式，公告听证会的时间、地点、听证事项和报名办法。"

41.【答案】A

【解析】《环境影响评价公众参与暂行办法》只适用于需编制环境影响报告书的各种建设项目环境影响评价的公众参与，而不适用于需编制环境影响报告表及环境影响评价表的建设项目的环境影响评价工作。

42.【答案】A

43.【答案】B

44.【答案】B

45.【答案】D

46.【答案】B

47.【答案】A

48.【答案】A

【解析】《中华人民共和国环境影响评价法》第十九条规定：“接受委托为建设项目环境影响评价提供技术服务的机构，应当经国务院环境保护行政主管部门考核审查合格后，颁发资质证书，按照资质证书规定的等级和评价范围，从事环境影响评价服务，并对评价结论负责。”

49.【答案】C

【解析】《中华人民共和国环境影响评价法》第十三条规定：“国务院环境保护行政主管部门对已经颁发资格证书的从事建设项目环境影响评价工作的单位名单，应当定期予以公布。”

50.【答案】B

【解析】《中华人民共和国环境影响评价法》第十九条规定：“为建设项目环境影响评价提供技术服务的机构的资质条件和管理办法，由国务院环境保护行政主管部门制定。”

51.【答案】D

【解析】《建设项目环境保护管理条例》第二十三条规定：“建设项目可能造成跨行政区域的不良环境影响，有关环境保护行政主管部门对该项目的环境影响评价结论有争议的，其环境影响评价文件由共同的上一级环境保护行政主管部门审批。”

52.【答案】C

53.【答案】B

54.【答案】D

【解析】掌握《中华人民共和国环境影响评价法》中的相关规定。

55.【答案】C

【解析】《中华人民共和国环境影响评价法》第十三条规定：“从事建设项目环境影响评价工作的单位，必须执行国家规定的收费标准。”

56.【答案】A

57.【答案】B

【解析】《中华人民共和国环境影响评价法》第二十七条规定：“在项目建设、运行过程中产生不符合经审批的环境影响评价文件的情形的，建设单位应当组织环境影响的后评价，采取改进措施，并报原环境影响评价文件审批部门和建设项目审批部门备案；原环境影响评价文件审批部门也可以责成建设单位进行环境影响的后评价，采取改进措施。”

58.【答案】C

59.【答案】D

60.【答案】B

61.【答案】C

62.【答案】C

63.【答案】C

64.【答案】C

65.【答案】B

66.【答案】A

67.【答案】C

68.【答案】A

69.【答案】A

【解析】掌握建设项目竣工环境保护验收的含义。

70.【答案】D

71.【答案】C

【解析】掌握“三同时”制度的核心内容。

72.【答案】C

【解析】《建设项目环境保护管理条例》第二十条规定：“环境保护设施竣工验收，应当与主体工程竣工验收同时进行。需要进行试生产的建设项目，建设单位应当自建设项目投入试生产之日起 3 个月内，向审批该建设项目环境影响报告书、环境影响报告表或者环境影响登记表的环境保护行政主管部门，申请该建设项目需要配套建设的环境保护设施竣工验收。”

73.【答案】B

【解析】《建设项目竣工环境保护验收管理办法》明确规定：“环境保护行政主管部门应自接到试生产申请之日起 30 日内，组织或委托下一级环境保护行政主管部门对申请试生产的建设项目环境保护设施及其他环境保护措施的落实情况进行现场检查，并作出审查决定。”

74.【答案】C

75.【答案】C

76.【答案】C

【解析】《建设项目竣工环境保护验收管理办法》规定：“对试生产 3 个月确不具备环境保护验收条件的建设项目，建设单位应当在试生产的 3 个月内，向有审批权的环境保护行政主管部门提出该建设项目环境保护延期验收申请，说明延期验收的理由及拟进行验收的时间，经批准后建设单位方可继续进行试生产。”

77.【答案】D

【解析】《建设项目竣工环境保护验收管理办法》规定：“建设项目竣工环境保护验收实施分类管理，建设单位申请建设项目竣工环境保护验收时，应当向有审批权的环境保护行政主管部门提交以下材料：①对编制环境保护报告书的建设项目，提交建设项目竣工环境保护验收申请报告，并附环境保护验收监测报告或调查报告；②对编制环境影响报告表的建设项目，提交建设项目竣工环境保护申请表，并附环境保护验收监测表或报告；③对填报环境影响登记表的建设项目，为建设项目竣工环境保护验收登记表。”

78.【答案】C

【解析】《建设项目竣工环境保护验收管理办法》第五条第二款规定：“县级以上地方人民政

府环境保护行政主管部门按照环境影响报告书（表）或环境影响登记表的审批权限负责建设项目竣工环境保护验收。”《中华人民共和国环境影响评价法》对此未作任何规定。故只能选C项。

79.【答案】A

【解析】《建设项目竣工环境保护验收管理办法》第六条规定：“建设项目的主体工程完工后，其配套建设的环境保护设施必须与主体工程同时投入生产或者运行。需要进行试生产的，其配套建设的环境保护设施必须与主体工程同时投入试运行。”

80.【答案】B

【解析】《建设项目竣工环境保护验收管理办法》第十九条规定：“国家对建设项目竣工环境保护验收实行公告制度。环境保护行政主管部门应当定期向社会公告建设项目竣工环境保护验收结果。”

81.【答案】B

82.【答案】C

【解析】县级以上人民政府环境保护行政主管部门每年6月底前和12月底前，将其前半年完成的建设项目竣工环境保护验收的有关材料报上一级环境保护行政主管部门备案。

（二）多项选择题

1.【答案】AD

【解析】设区的市级以上土地利用总体规划和设区的市级以上海域建设、开发利用规划需要编制环境影响篇章或说明。

2.【答案】ACD

【解析】《中华人民共和国环境影响评价法》第七条第二款规定：“规划有关环境影响的篇章或者说明，应当对规划实施后可能造成的环境影响作出分析、预测和评估，提出预防或者减轻不良环境影响的对策和措施，作为规划草案的组成部分一并报送规划审批机关。”

3.【答案】AD

【解析】综合性规划是指土地利用的有关规划，“区域、流域、海域”的建设、开发利用规划等具有综合性、长期性、战略性和强制性等特点的规划。设区的市级以上种植业发展规划、省级及设区的市级畜牧业发展规划和省及设区的市级旅游区的发展总体规划属于专项规划。

4.【答案】BD

【解析】环境敏感区是指具有下列特征的区域：需特殊保护的地区、生态敏感与脆弱区和社会关注区。

5.【答案】ABC

【解析】《中华人民共和国环境影响评价法》第二十四条规定：“建设项目的环境影响评价文件经批准后，建设项目的性质、规模、地点、采用的生产工艺或者防治污染、防止生态破坏的措施发生重大变动的，建设单位应当重新报批建设项目的环境影响评价文件。”

6.【答案】ABCD

【解析】《中华人民共和国环境影响评价法》第十七条规定：“建设项目的环境影响报告书应当包括下列内容：①建设项目概况；②建设项目周围环境现状；③建设项目对环境可能造成影响的分析、预测和评估；④建设项目环境保护措施及其技术、经济论证；⑤建设项目对环境影响的经济损益分析；⑥对建设项目实施环境监测的建议；⑦环境影响评价的结论。涉及水土保持的建设项目，还必须有经水行政主管部门审查同意的水土保持方案。”只有涉及水土保持的建设项目，经水行政主管部门审查同意的水土保持方案才是环境影响报告书必须的内容，故应选 ABCD。

7.【答案】ABDE

【解析】根据《关于加强建设项目环境影响评价分级审批的通知》的规定，年产 100 万吨及以上新油田开发项目、核电站、在主要河流上建设的水电站项目、100 公里及以上新建（含增建）铁路项目、总投资 10 亿元及以上扩建机场项目均为国家环境保护总局审批环境影响评价的建设项目，但选项 C 为总投资 5 亿元及以上扩建机场项目，故不能入选。

8.【答案】ABDE

9.【答案】ACE

【解析】《中华人民共和国环境影响评价法》第二十二条的规定：“审批部门应当自收到环境影响报告书之日起 60 日内，收到环境影响报告表之日起 30 日内，收到环境影响登记表之日起 15 日内，分别作出审批决定并书面通知建设单位。”

10.【答案】ABCDE

【解析】《环境影响评价公众参与暂行办法》第八条规定：“在《建设项目环境分类管理名录》规定的环境敏感区建设的需要编制环境影响报告书的项目，建设单位应当在确定了承担环境影响评价工作的环境影响评价机构后 7 日内，向公众公告下列信息：①建设项目的名称及概要；②建设项目的建设单位的名称和联系方式；③承担评价工作的环境影响评价机构的名称和联系方式；④环境影响评价的工作程序和主要工作内容；⑤征求公众意见的主要事项；⑥公众提出意见的主要方式。”

11.【答案】ABCDE

【解析】《环境影响评价公众参与暂行办法》第九条规定：“建设单位或者其委托的环境影响评价机构在编制环境影响报告书的过程中，应当在报送环境保护行政主管部门审批或者重新审核前，向公众公告如下内容：①建设项目情况简述；②建设项目对环境可能造成影响的概述；③预防或者减轻不良环境影响的对策和环境影响评价法、建设项目环境保护管理条例及配套的部门规章、规范性文件措施的要点；④环境影响报告书提出的环境影响评价结论的要点；⑤公众查阅环境影响报告书简本的方式和期限以及公众认为必要时向建设单位或者其委托的环境影响评价机构索取补充信息的方式和期限；⑥征求公众意见的范围和主要事项；⑦征求公众意见的具体形式；⑧公众提出意见的起止时间。”

12.【答案】ABE

【解析】《环境影响评价公众参与暂行办法》第十条规定：“建设单位或者其委托的环境影响评价机构，可以采取以下一种或者多种方式发布信息公告：①在建设项目所在地的公共媒体上发布公告；②公开免费发放包含有关公告信息的印刷品；③其他便于公众知情的信息公告方式。”CD 两项所涉之行为属违法行为，故不能入选。

13.【答案】BCDE

14.【答案】ACDE

15.【答案】AB

【解析】《建设项目竣工环境保护验收管理办法》第十三条第一款规定：“环境保护验收

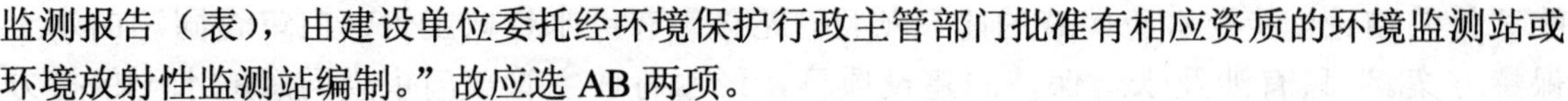

监测报告（表），由建设单位委托经环境保护行政主管部门批准有相应资质的环境监测站或环境放射性监测站编制。”故应选 AB 两项。

16.【答案】AB

【解析】根据《环境影响评价工程师职业资格制度暂行规定》，凡遵守国家法律、法规，恪守职业道德，并具备以下条件之一者，可申请参加环境影响评价工程师职业资格考试：①取得环境保护相关专业大专学历，从事环境影响评价工作满 7 年；或取得其他专业大专学历，从事环境影响评价工作满 8 年。②取得环境保护相关专业学士学位，从事环境影响评价工作满 5 年；或取得其他专业学士学位，从事环境影响评价工作满 6 年。③取得环境保护相关专业硕士学位，从事环境影响评价工作满 2 年；或取得其他专业硕士学位，从事环境影响评价工作满 3 年。④取得环境保护相关专业博士学位，从事环境影响评价工作满 1 年；或取得其他专业博士学位，从事环境影响评价工作满 2 年。只有 AB 两项符合要求。

17.【答案】BCDE

【解析】《中华人民共和国环境影响评价法》第十九条规定：“接受委托为建设项目环境影响评价提供技术服务的机构，应当经国务院环境保护行政主管部门考核审查合格后，颁发资质证书，按照资质证书规定的等级和评价范围，从事环境影响评价服务，并对评价结论负责。为建设项目环境影响评价提供技术服务的机构，不得与负责审批建设项目环境影响评价文件的环境保护行政主管部门或者有关审批部门存在任何利益关系。”《建设项目环境保护管理条例》第十三条规定：“从事建设项目环境影响评价的单位，必须严格执行国家规定的收费标准。”

18.【答案】BD

【解析】国家环境保护总局规定有下列行为之一的评价单位，予以吊销评价证书的处罚：在领取评价证书过程中弄虚作假的；转借评价证书的；环境影响评价中编造数据、弄虚作假的；因评价结论错误，造成严重环境污染后果和经济损失的；超过国家规定的收费标准收费的。

19.【答案】BC

【解析】因为环境影响评价是一项政策性强、专业技术涉及面广的工作，依靠个人的力量和水平，不可能保证环境影响评价的工作需求和工作质量，因此环境影响评价工程师应在具有环境影响评价资质的单位中，以该单位的名义接受环境影响评价委托业务。环境影响评价工程师应当不断更新知识，并按规定参加继续教育。

20.【答案】ABCD

【解析】根据《环境影响评价工程师职业资格制度暂行规定》，环境影响评价工程师职业资格实行定期登记制度。办理登记的人员应具备下列条件：①取得《中华人民共和国环境影响评价工程师职业资格证书》；②职业行为良好，无犯罪记录；③身体健康，能坚持在本专业岗位工作；④所在单位考核合格。再次登记者，还应提供相应专业类别的继续教育或参加业务培训的证明。

21.【答案】ABDE

【解析】根据《建设项目环境影响评价资格证书管理办法》第五条的规定，申请甲级评价证书应当具备以下条件：①具备法人资格，具有专门从事环境影响评价的机构，具有固定的工作场所和工作条件，具有健全的内部管理规章制度；②能够独立完成环境影响评价工作中主要污染因子的调查分析和主要环境要素的影响预测，开展生态现状调查和预测，对协作单位提供的技术报告、监测数据有分析、审核能力并能独立编写环境影响报告书；③从事环境影响评价的专职技术人员中应有4名高级技术职称人员和6名以上中级技术职称人员，其中有不少于6人具备从事环境影响评价3年以上的工作业绩。上述所有人员必须符合国家环境保护总局对从事建设项目环境影响评价人员的持证上岗要求，熟悉和遵守国家与地方颁布的环境保护法规、标准和环境影响评价技术规范；④具备专职从事工程、环境、生态、社会经济等专项工作的技术人员；⑤配备有与业务范围一致的专项仪器设备和计算机绘图设备。

22.**【答案】ABDE**

23.**【答案】ABC**

24.**【答案】ABCE**

【解析】ABCE均为建设项目竣工环境保护验收条件，D选项正确答案应该是“环境监测项目点位、机构设置及人员配备，符合环境影响报告书(表)和有关规定的要求”，而选项中的人员配备不符合有关要求，即使人员加班加点完成了环境监测项目也不符合要求，所以该选项错误。

25.**【答案】ABCE**

【解析】《建设项目竣工环境保护验收管理办法》第十五条第三款规定：“建设项目的建设单位、设计单位、施工单位、环境影响报告书（表）编制单位、环境保护验收监测（调查）报告（表）的编制单位应当参与验收。”故不能选D项。

26.**【答案】AD**

【解析】《建设项目竣工环境保护验收管理办法》规定以下几种情况可以申请延期验收：①一些建设项目由于种种原因，生产工况短期内难以稳定达到正常水平，导致配套的污染治理设施不能正常有效运行；②一些生态影响类建设项目，其对生态的破坏较严重，且在短期内难以恢复，无法达到验收合格要求；③生产负荷与设计相比较大，无法满足验收监测时工况的要求；④试生产过程中出现事故或其他一些特殊原因，需要延长试生产时间并经有审批权的环境保护行政主管部门认可的。

第四章　环境影响评价相关法律法规详解

一、考试大纲

（一）《中华人民共和国大气污染防治法》

（1）熟悉企业应当优先采用清洁生产工艺，减少大气污染物产生的有关规定。

（2）掌握防治燃煤产生大气污染的有关规定。

（3）掌握防治废气、粉尘和恶臭污染的有关规定。

（二）《中华人民共和国水污染防治法》

（1）了解本法的适用范围。

（2）熟悉水污染防治原则的有关规定。

（3）掌握水环境质量标准和水污染物排放标准制定的有关规定。

（4）掌握新建、扩建、改建直接或间接向水体排放污染物的建设项目和其他水上设施环境影响评价的有关规定。

（5）熟悉国家对重点污染物排放实施总量控制制度的有关规定。

（6）掌握禁止私设暗管或者采取其他规避监管的方式排放水污染物的有关规定。

（7）掌握水污染防治措施的有关规定。

（8）掌握饮用水源和其他特殊水体保护的有关规定。

（9）了解生产、储存危险化学品的企业事业单位应当采取措施，防止在处理安全生产事故过程中产生的可能严重污染水体的消防废水、废液直接排入水体的规定。

（三）《中华人民共和国环境噪声污染防治法》

（1）掌握环境噪声、环境噪声污染、噪声排放、噪声敏感建筑物和噪声敏感建筑物集中区域的含义。

（2）了解地方各级人民政府在制定城乡建设规划时，防止或减轻环境噪声污染的有关规定。

（3）熟悉城市规划部门在确定建设布局时，合理划定建筑物与交通干线的防噪声距离的有关规定。

（4）掌握在噪声敏感建筑物集中区域内，造成严重环境噪声污染的企业事业单位应该遵守的有关规定。

（5）熟悉在城市范围内向周围生活环境排放工业噪声，应当符合国家规定的工业企业厂界噪声排放标准的规定。

（6）熟悉产生环境噪声污染的工业企业，应当采取有效措施减轻对周围生活环境影响的规定。

（7）熟悉在城市市区范围内向周围生活环境排放建筑施工噪声，应当符合国家规定的建筑施工场界环境噪声标准的规定。

（8）掌握在城市市区噪声敏感建筑物集中区域内，禁止夜间进行产生环境噪声污染的建筑施工作业的有关规定。

（9）掌握交通运输噪声污染防治的有关规定。

（10）熟悉社会生活噪声污染防治的有关规定。

（四）《中华人民共和国固体废物污染环境防治法》

（1）掌握固体废物、工业固体废物、生活垃圾、危险废物、贮存、处置、利用的含义。

（2）了解本法的适用范围。

（3）掌握固体废物污染防治原则。

（4）掌握固体废物贮存、处置设施、场所的有关规定。

（5）掌握企业事业单位应当对其产生的工业固体废物加以利用、安全分类存放或采取无害化处置措施的有关规定。

（6）掌握矿业固体废物贮存设施停止使用后应当按照有关环境保护规定进行封场的有关规定。

（7）掌握建设、关闭生活垃圾处置设施、场所的有关规定。

（8）了解制定危险废物管理计划的有关规定。

（9）了解组织编制危险废物集中处置设施、场所建设规划及组织建设危险废物集中处置设施、场所的有关规定。

（10）掌握产生危险废物的单位必须按照国家规定处置危险废物的有关规定。

（11）掌握分类收集、贮存危险废物的有关规定。

（12）了解禁止过境转移危险废物的规定。

（五）《中华人民共和国海洋环境保护法》

（1）了解本法的适用范围。

（2）了解海洋环境污染损害、内水、滨海湿地、海洋功能区划的含义。

（3）了解海洋生态保护的有关规定。

（4）掌握入海排污口设置的有关规定。

（5）掌握禁止、严格限制或严格控制向海域排放废液或废水的有关规定。

（6）掌握须采取有效措施处理并符合国家有关标准后，方能向海域排放污水或废水的规定。

（7）熟悉防治海岸工程建设项目对海洋环境的污染损害的有关规定。

（六）《中华人民共和国放射性污染防治法》

（1）了解本法的适用范围。

（2）了解核设施选址、建造、运营、退役前进行环境影响评价的有关规定。

（3）了解开发利用或关闭铀（钍）矿前进行环境影响评价的有关规定。

（4）了解产生放射性废液的单位排放或处理、贮存放射性废液的有关规定。

（5）了解放射性固体废物的处置方式及编制处置设施选址规划的有关规定。

（6）掌握产生放射性固体废物的单位处理、处置放射性固体废物的有关规定。

（七）《中华人民共和国清洁生产促进法》

（1）了解清洁生产的法律定义。

（2）了解国家对浪费资源和严重污染环境的落后生产技术、工艺、设备和产品实行强制淘汰制度的规定。

（3）熟悉企业在进行技术改造时应采取的清洁生产措施。

（4）了解农业生产者应采取的清洁生产措施。

（5）了解餐饮、娱乐、宾馆等服务性企业应采取的清洁生产措施。

（6）了解建筑工程应采取的清洁生产措施。

（八）《中华人民共和国循环经济促进法》

（1）了解循环经济、减量化、再利用、资源化的法律定义。

（2）了解发展循环经济应遵循的原则。

（3）熟悉企业事业单位应采取措施降低资源消耗，减少废物的产生量和排放量，提高废物的再利用和资源化水平的规定。

（4）熟悉新建、改建、扩建项目必须符合本行政区域主要污染物排放、建设用地和用水总量控制指标的要求。

（5）熟悉减量化、再利用和资源化的有关规定。

（九）《中华人民共和国水法》

（1）熟悉水资源开发利用的有关规定。

（2）熟悉建立饮用水水源保护区制度的有关规定。

（3）掌握设置、新建、改建或者扩大排污口的有关规定。

（4）熟悉河道管理范围内禁止行为的有关规定。

（5）了解禁止围湖造地、围垦河道的规定。

（6）了解工业用水应增加循环用水次数，提高水的重复利用率的规定。

（十）《中华人民共和国节约能源法》

（1）熟悉能源和节能的法律定义。

（2）了解国家节能政策的有关规定。

（3）熟悉国家对落后的耗能过高的用能产品、设备实行淘汰制度的规定。

（4）熟悉禁止生产、进口、销售及使用国家明令淘汰或者不符合强制性能源效率标准的用能产品、设备、生产工艺的规定。

（5）了解工业节能的有关规定。

（十一）《中华人民共和国防沙治沙法》

（1）了解土地沙化的法律定义。

（2）了解在沙化土地范围内从事开发建设活动须进行环境影响评价的规定。

（3）了解已经沙化的土地范围内的铁路、路、河流、水渠两侧和城镇、村庄、厂矿、水库周围，实行单位治理责任制的有关规定。

（十二）《中华人民共和国草原法》

（1）了解编制草原保护、建设、利用规划应当遵循的原则及应当包括的内容。

（2）掌握基本草原保护制度的有关规定。

（3）熟悉禁止开垦草原的有关规定。

（十三）《中华人民共和国文物保护法》

（1）了解在文物保护单位的保护范围及建设控制地带内不得进行的活动的有关规定。

（2）熟悉建设工程选址中保护不可移动文物的有关规定。

（十四）《中华人民共和国森林法》

（1）熟悉森林的分类。

（2）掌握进行勘查、开采矿藏和各项建设工程占用或者征用林地的有关规定。

（3）掌握禁止毁林开垦、开采等行为的有关规定。

（4）熟悉采伐森林和林木必须遵守的规定。

（十五）《中华人民共和国渔业法》

（1）了解本法的适用范围。

（2）熟悉在鱼、虾、蟹洄游通道建闸、筑坝，对渔业资源有严重影响的，应当建造过鱼设施或者采取其他补救措施的规定。

（十六）《中华人民共和国矿产资源法》

（1）熟悉非经国务院授权的有关主管部门同意，不得开采矿产资源的地区的规定。

（2）了解关闭矿山的有关规定。

（3）了解矿产资源开采的有关规定。

（十七）《中华人民共和国土地管理法》

（1）了解国家土地用途管制制度的有关规定。

（2）熟悉保护耕地和占用耕地补偿制度的有关规定。

（3）掌握国家实行基本农田保护制度的有关规定。

（4）了解建设占用土地的有关规定。

（5）了解由国务院批准的征用土地范围的规定。

（十八）《中华人民共和国水土保持法》

（1）熟悉修建铁路、公路和水工程必须采取防止水土流失措施的有关规定。

（2）熟悉开办矿山企业、电力企业和其他企业必须采取防止水土流失措施的有关规定。

（3）掌握在山区、丘陵区、风沙区内的建设项目必须编制水土保持方案的有关规定。

（十九）《中华人民共和国野生动物保护法》

（1）了解本法的适用范围。

（2）熟悉野生动物保护的有关规定。

（二十）《中华人民共和国防洪法》

（1）了解建设跨河、穿河、穿堤、临河工程设施防洪的有关规定。
（2）了解防洪区、洪泛区、蓄滞洪区和防洪保护区的法律定义。

（二十一）《中华人民共和国城乡规划法》

（1）了解城乡规划和规划区的法律定义。
（2）了解省、自治区人民政府组织编制省域城镇体系规划的有关规定。
（3）熟悉城市新区开发、建设和旧城区改建的有关规定。
（4）熟悉城乡建设和发展依法保护与合理利用风景名胜资源的有关规定。

（二十二）《中华人民共和国河道管理条例》

（1）了解本条例的适用范围。
（2）掌握修建桥梁、码头和其他设施须按照防洪和航运的标准、要求进行的有关规定。
（3）掌握城镇建设和发展不得占用河道滩地的规定。

（二十三）《中华人民共和国自然保护区条例》

（1）掌握自然保护区的功能区划分及保护要求。
（2）掌握自然保护区内禁止行为的有关规定。
（3）掌握内部未分区的自然保护区按照核心区和缓冲区管理的规定。

（二十四）《风景名胜区管理暂行条例》

熟悉风景名胜区保护的有关规定。

（二十五）《基本农田保护条例》

（1）了解基本农田和基本农田保护区的法律定义。
（2）掌握与建设项目有关的基本农田保护措施。

（二十六）《土地复垦条例》

（1）熟悉生产建设活动损毁土地复垦的原则。
（2）了解土地复垦义务人负责复垦的损毁土地范围。
（3）掌握土地复垦义务人应当保护土壤质量与生态环境、避免污染土壤和地下水的有关规定。

（二十七）《医疗废物管理条例》

熟悉医疗废物集中贮存、处置设施选址的有关规定。

（二十八）《危险化学品安全管理条例》

（1）了解危险化学品的法律定义。
（2）掌握国家对危险化学品的生产、储存实行统筹规划、合理布局的有关规定。
（3）熟悉危险化学品生产装置和储存设施与有关场所、区域的距离必须符合国家标准或规定的有关规定。

（二十九）《中华人民共和国防治海岸工程建设项目污染损害海洋环境管理条例》

（1）熟悉海岸工程建设项目的法律定义及范围。

（2）熟悉建设各类海岸工程建设项目应采取的环境保护措施。

（3）掌握禁止兴建的海岸工程建设项目的有关规定。

（三十）《防治海洋工程建设项目污染损害海洋环境管理条例》

（1）熟悉海洋工程建设项目的法律定义及范围。

（2）掌握严格控制围填海工程的有关规定。

（3）了解海洋工程拆除、弃置或者改作他用的环境保护有关规定。

（4）熟悉海洋工程污染物排放管理的有关规定。

二、重要考点

（一）《中华人民共和国大气污染防治法》

现行的《中华人民共和国大气污染防治法》是 2000 年 4 月 29 日颁布，2000 年 9 月 1 日起施行的。

1．企业应当优先采用清洁生产工艺，减少大气污染物产生的有关规定（熟悉）

《中华人民共和国大气污染防治法》第十九条规定：

“企业应当优先采用能源利用效率高、污染物排放量少的清洁生产工艺，减少大气污染物的产生。

国家对严重污染大气环境的落后生产工艺和严重污染大气环境的落后设备实行淘汰制度。

国务院经济综合主管部门会同国务院有关部门公布限期禁止采用的严重污染大气环境的工艺名录和限期禁止生产、禁止销售、禁止进口、禁止使用的严重污染大气环境的设备名录。

生产者、销售者、进口者或者使用者必须在国务院经济综合主管部门会同国务院有关部门规定的期限内分别停止生产、销售、进口或者使用列入前款规定的名录中的设备。生产工艺的采用者必须在国务院经济综合主管部门会同国务院有关部门规定的期限内停止采用列入前款规定的名录中的工艺。

依照前两款规定被淘汰的设备，不得转让给他人使用。”

企业优先采用能源利用效率高、污染物排放量少的清洁生产工艺，减少大气污染物的产生，是企业应当履行的一项法律义务。

2．防治燃煤产生大气污染的有关规定（掌握）

（1）《中华人民共和国大气污染防治法》第二十四条至三十一条的规定。

第二十四条：国家推行煤炭洗选加工，降低煤的硫份和灰份，限制高硫份、高灰份煤炭的开采。新建的所采煤炭属于高硫份、高灰份的煤矿，必须建设配套的煤炭洗选设施，使煤炭中的含硫份、含灰份达到规定的标准。

对已建成的所采煤炭属于高硫份、高灰份的煤矿，应当按照国务院批准的规划，限期建成配套的煤炭洗选设施。

禁止开采含放射性和砷等有毒有害物质超过规定标准的煤炭。

第二十五条：国务院有关部门和地方各级人民政府应当采取措施，改进城市能源结构，推广清洁能源的生产和使用。

大气污染防治重点城市人民政府可以在本辖区内划定禁止销售、使用国务院环境保护行政主管部门规定的高污染燃料的区域。该区域内的单位和个人应当在当地人民政府规定的期限内停止燃用高污染燃料，改用天然气、液化石油气、电或者其他清洁能源。

第二十六条：国家采取有利于煤炭清洁利用的经济、技术政策和措施，鼓励和支持使用低硫份、低灰份的优质煤炭，鼓励和支持洁净煤技术的开发和推广。

第二十七条：国务院有关主管部门应当根据国家规定的锅炉大气污染物排放标准，在锅炉产品质量标准中规定相应的要求；达不到规定要求的锅炉，不得制造、销售或者进口。

第二十八条：城市建设应当统筹规划，在燃煤供热地区，统一解决热源，发展集中供热。在集中供热管网覆盖的地区，不得新建燃煤供热锅炉。

第二十九条：大、中城市人民政府应当制定规划，对饮食服务企业限期使用天然气、液化石油气、电或者其他清洁能源。

对未划定为禁止使用高污染燃料区域的大、中城市市区内的其他民用炉灶，限期改用固硫型煤或者使用其他清洁能源。

第三十条：新建、扩建排放二氧化硫的火电厂和其他大中型企业，超过规定的污染物排放标准或者总量控制指标的，必须建设配套脱硫、除尘装置或者采取其他控制二氧化硫排放、除尘的措施。

在酸雨控制区和二氧化硫污染控制区内，属于已建企业超过规定的污染物排放标准排放大气污染物的，依照本法第四十八条的规定限期治理。

国家鼓励企业采用先进的脱硫、除尘技术。

企业应当对燃料燃烧过程中产生的氮氧化物采取控制措施。

第三十一条：在人口集中地区存放煤炭、煤矸石、煤渣、煤灰、砂石、灰土等物料，必须采取防燃、防尘措施，防止污染大气。

（2）主要防治措施。

1）推行煤炭洗选加工，推广洁净煤技术。

国家采取于有利于煤炭清洁利用的经济、技术政策和措施，鼓励和支持使用低硫份、低灰分的优质煤炭，支持洁净煤技术的开发和推广。

2）替代洁净能源。

国务院有关部门和地方各级人民政府应当采取措施，改进城市能源结构，推广清洁能源的生产和使用。

3）鼓励采用先进技术。

国家鼓励企业采用先进的脱硫、除尘技术。

4）相应限制措施。

禁止开采含放射性和砷等有毒有害物质超过规定标准的煤炭。在集中供热管网覆盖的地区，不得新建燃煤供热锅炉。在人口集中地区存放煤炭、煤矸石、煤渣、煤灰、砂石、灰土等物料，必须采取防燃、防尘措施，防止污染大气。

3．防治废气、粉尘和恶臭污染的有关规定（掌握）

（1）《中华人民共和国大气污染防治法》第三十六条至四十五条的相关规定。

第三十六条：向大气排放粉尘的排污单位，必须采取除尘措施。

严格限制向大气排放含有毒物质的废气和粉尘；确需排放的，必须经过净化处理，不超过规定的排放标准。

第三十七条：工业生产中产生的可燃性气体应当回收利用，不具备回收利用条件而向大气排放的，应当进行防治污染处理。

向大气排放转炉气、电石气、电炉法黄磷尾气、有机烃类尾气的，须报经当地环境保护行政主管部门批准。

可燃性气体回收利用装置不能正常作业的，应当及时修复或者更新。在回收利用装置不能正常作业期间确需排放可燃性气体的，应当将排放的可燃性气体充分燃烧或者采取其他减轻大气污染的措施。

第三十八条：炼制石油，生产合成氨、煤气和燃煤焦化、有色金属冶炼过程中排放含有硫化物气体的，应当配备脱硫装置或者采取其他脱硫措施。

第三十九条：向大气排放含放射性物质的气体和气溶胶，必须符合国家有关放射性防护的规定，不得超过规定的排放标准。

第四十条：向大气排放恶臭气体的排污单位，必须采取措施防止周围居民区受到污染。

第四十一条：在人口集中地区和其他依法需要特殊保护的区域内，禁止焚烧沥青、油毡、橡胶、塑料、皮革、垃圾以及其他产生有毒有害烟尘和恶臭气体的物质。

禁止在人口集中地区、机场周围、交通干线附近以及当地人民政府划定的区域露天焚烧秸秆、落叶等产生烟尘污染的物质。

除前两款外，城市人民政府还可以根据实际情况，采取防治烟尘污染的其他措施。

第四十二条：运输、装卸、贮存能够散发有毒有害气体或者粉尘物质的，必须采取密闭措施或者其他防护措施。

第四十三条：城市人民政府应当采取绿化责任制、加强建设施工管理、扩大地面铺装面积、控制渣土堆放和清洁运输等措施，提高人均占有绿地面积，减少市区裸露地面和地面尘土，防治城市扬尘污染。

在城市市区进行建设施工或者从事其他产生扬尘污染活动的单位，必须按照当地环境保护的规定，采取防治扬尘污染的措施。

国务院有关行政主管部门应当将城市扬尘污染的控制状况作为城市环境综合整治考核的依据之一。

第四十四条：城市饮食服务业的经营者，必须采取措施，防治油烟对附近居民的居住环境造成污染。

第四十五条：国家鼓励、支持消耗臭氧层物质替代品的生产和使用，逐步减少消耗臭氧层物质的产量，直至停止消耗臭氧层物质的生产和使用。

在国家规定的期限内，生产、进口消耗臭氧层物质的单位必须按照国务院有关行政主管部门核定的配额进行生产、进口。

（2）防治废气、粉尘和恶臭污染的方法可以归纳为以下四点。

1）净化除尘及防护。

2）可燃气体回收。

3）特殊区域保护。

4）减少消耗臭氧层物质使用。

（二）《中华人民共和国水污染防治法》

《中华人民共和国水污染防治法》经1984年5月11日第六届全国人民代表大会常务委员会第五次会议通过，自1984年11月1日起施行。后经中华人民共和国第十届全国人民代表大会常务委员会第三十二次会议于2008年2月28日修订通过，自2008年6月1日起施行。

1．本法的适用范围（了解）

《中华人民共和国水污染防治法》第二条规定：

“本法适用于中华人民共和国领域内的江河、湖泊、运河、渠道、水库等地表水体以及地下水体的污染防治。

海洋污染防治适用《中华人民共和国海洋环境保护法》。”

2．水污染防治原则的有关规定（熟悉）

《中华人民共和国水污染防治法》第三条规定：

“水污染防治应当坚持预防为主、防治结合、综合治理的原则，优先保护饮用水水源，严格控制工业污染、城镇生活污染，防治农业面源污染，积极推进生态治理工程建设，预防、控制和减少水环境污染和生态破坏。”

3．水环境质量标准和水污染物排放标准制定的有关规定（掌握）

《中华人民共和国水污染防治法》第十一条至第十六条的规定。

第十一条：国务院环境保护主管部门制定国家水环境质量标准。

省、自治区、直辖市人民政府可以对国家水环境质量标准中未作规定的项目，制定地方标准，并报国务院环境保护主管部门备案。

第十二条：国务院环境保护主管部门会同国务院水行政主管部门和有关省、自治区、直辖市人民政府，可以根据国家确定的重要江河、湖泊流域水体的使用功能以及有关地区的经济、技术条件，确定该重要江河、湖泊流域的省界水体适用的水环境质量标准，报国务院批准后施行。

第十三条：国务院环境保护主管部门根据国家水环境质量标准和国家经济、技术条件，制定国家水污染物排放标准。

省、自治区、直辖市人民政府对国家水污染物排放标准中未作规定的项目，可以制定地方水污染物排放标准；对国家水污染物排放标准中已作规定的项目，可以制定严于国家水污染物排放标准的地方水污染物排放标准。地方水污染物排放标准须报国务院环境保护主管部门备案。

向已有地方水污染物排放标准的水体排放污染物的，应当执行地方水污染物排放标准。

第十四条：国务院环境保护主管部门和省、自治区、直辖市人民政府，应当根据水污染防治的要求和国家或者地方的经济、技术条件，适时修订水环境质量标准和水污染物排放标准。

第十五条：防治水污染应当按流域或者按区域进行统一规划。国家确定的重要江河、湖泊的流域水污染防治规划，由国务院环境保护主管部门会同国务院经济综合宏观调控、水行政等部门和有关省、自治区、直辖市人民政府编制，报国务院批准。

前款规定外的其他跨省、自治区、直辖市江河、湖泊的流域水污染防治规划，根据国家确定的重要江河、湖泊的流域水污染防治规划和本地实际情况，由有关省、自治区、直辖市人民政府环境保护主管部门会同同级水行政等部门和有关市、县人民政府编制，经有关省、自治区、直辖市人民政府审核，报国务院批准。

省、自治区、直辖市内跨县江河、湖泊的流域水污染防治规划，根据国家确定的重要江河、湖泊的流域水污染防治规划和本地实际情况，由省、自治区、直辖市人民政府环境保护主管部门会同同级水行政等部门编制，报省、自治区、直辖市人民政府批准，并报国务院备案。

经批准的水污染防治规划是防治水污染的基本依据，规划的修订须经原批准机关批准。

县级以上地方人民政府应当根据依法批准的江河、湖泊的流域水污染防治规划，组织制定本行政区域的水污染防治规划。

第十六条：国务院有关部门和县级以上地方人民政府开发、利用和调节、调度水资源时，应当统筹兼顾，维持江河的合理流量和湖泊、水库以及地下水体的合理水位，维护水体的生态功能。

4．新建、扩建、改建直接或间接向水体排放污染物的建设项目和其他水上设施环境影响评价的有关规定（掌握）

《中华人民共和国水污染防治法》第十七条规定：

“新建、改建、扩建直接或者间接向水体排放污染物的建设项目和其他水上设施，应当依法进行环境影响评价。

建设单位在江河、湖泊新建、改建、扩建排污口的，应当取得水行政主管部门或者流域管理机构同意；涉及通航、渔业水域的，环境保护主管部门在审批环境影响评价文件时，应当征求交通、渔业主管部门的意见。

建设项目的水污染防治设施，应当与主体工程同时设计、同时施工、同时投入使用。水污染防治设施应当经过环境保护主管部门验收，验收不合格的，该建设项目不得投入生产或者使用。”

5．国家对重点水污染物排放实施总量控制制度的有关规定（熟悉）

《中华人民共和国水污染防治法》第十八条规定：

“国家对重点水污染物排放实施总量控制制度。

省、自治区、直辖市人民政府应当按照国务院的规定削减和控制本行政区域的重点水污染物排放总量，并将重点水污染物排放总量控制指标分解落实到市、县人民政府。市、县人民政府根据本行政区域重点水污染物排放总量控制指标的要求，将重点水污染物排放总量控制指标分解落实到排污单位。具体办法和实施步骤由国务院规定。

省、自治区、直辖市人民政府可以根据本行政区域水环境质量状况和水污染防治工作的需要，确定本行政区域实施总量削减和控制的重点水污染物。

对超过重点水污染物排放总量控制指标的地区，有关人民政府环境保护主管部门应当暂停审批新增重点水污染物排放总量的建设项目的环境影响评价文件。”

《中华人民共和国水污染防治法》第十九条规定：

“国务院环境保护主管部门对未按照要求完成重点水污染物排放总量控制指标的省、自治区、直辖市予以公布。省、自治区、直辖市人民政府环境保护主管部门对未按照要求完成重点水污染物排放总量控制指标的市、县予以公布。

县级以上人民政府环境保护主管部门对违反本法规定、严重污染水环境的企业予以公布。”

6．禁止私设暗管或者采取其他规避监管的方式排放水污染物的有关规定（掌握）

（1）《中华人民共和国水污染防治法》第二十二条规定：

“向水体排放污染物的企业事业单位和个体工商户，应当按照法律、行政法规和国务院环境保护主管部门的规定设置排污口；在江河、湖泊设置排污口的，还应当遵守国务院水行政主管部门的规定。

禁止私设暗管或者采取其他规避监管的方式排放水污染物。”

（2）关于《水污染防治法》第二十二条有关“其他规避监管的方式排放水污染物”及相关法律责任适用问题的复函（环函〔2008〕308号）。

在实际工作中，“采取其他规避监管的方式排放水污染物”有多种情形，我部认为，以下几种情形可以理解为属于“采取其他规避监管的方式排放水污染物”：

1）将废水进行稀释后排放。

2）将废水通过槽车、储水罐等运输工具或容器转移出厂、非法倾倒。

3）在雨污管道分离后利用雨水管道排放废水。

4）其他擅自改变污水处理方式、不经法定排放口排放废水等规避监管的行为。

依据《中华人民共和国水污染防治法》第七十五条第二款，私设暗管或者有其他严重情节的，县级以上地方人民政府环境保护主管部门可以提请县级以上地方人民政府责令停产整顿。

7．水污染防治措施的有关规定（掌握）

（1）水污染防治的一般规定。

《中华人民共和国水污染防治法》第二十九条至第三十九条是关于水污染防治的一般规定。

第二十九条：禁止向水体排放油类、酸液、碱液或者剧毒废液。

禁止在水体清洗装贮过油类或者有毒污染物的车辆和容器。

第三十条：禁止向水体排放、倾倒放射性固体废物或者含有高放射性和中放射性物质的废水。

向水体排放含低放射性物质的废水，应当符合国家有关放射性污染防治的规定和标准。

第三十一条：向水体排放含热废水，应当采取措施，保证水体的水温符合水环境质量标准。

第三十二条：含病原体的污水应当经过消毒处理；符合国家有关标准后，方可排放。

第三十三条：禁止向水体排放、倾倒工业废渣、城镇垃圾和其他废弃物。

禁止将含有汞、镉、砷、铬、铅、氰化物、黄磷等的可溶性剧毒废渣向水体排放、倾倒或者直接埋入地下。

存放可溶性剧毒废渣的场所，应当采取防水、防渗漏、防流失的措施。

第三十四条：禁止在江河、湖泊、运河、渠道、水库最高水位线以下的滩地和岸坡堆放、存贮固体废弃物和其他污染物。

第三十五条：禁止利用渗井、渗坑、裂隙和溶洞排放、倾倒含有毒污染物的废水、含病原体的污水和其他废弃物。

第三十六条：禁止利用无防渗漏措施的沟渠、坑塘等输送或者存贮含有毒污染物的废水、含病原体的污水和其他废弃物。

第三十七条：多层地下水的含水层水质差异大的，应当分层开采；对已受污染的潜水和承压水，不得混合开采。

第三十八条：兴建地下工程设施或者进行地下勘探、采矿等活动，应当采取防护性措施，防止地下水污染。

第三十九条：人工回灌补给地下水，不得恶化地下水质。

（2）工业水污染防治的规定。

《中华人民共和国水污染防治法》第四十条至第四十三条是关于工业水污染防治的规定。

第四十条：国务院有关部门和县级以上地方人民政府应当合理规划工业布局，要求造成水污染的企业进行技术改造，采取综合防治措施，提高水的重复利用率，减少废水和污染物排放量。

第四十一条：国家对严重污染水环境的落后工艺和设备实行淘汰制度。

国务院经济综合宏观调控部门会同国务院有关部门，公布限期禁止采用的严重污染水环境的工艺名录和限期禁止生产、销售、进口、使用的严重污染水环境的设备名录。

生产者、销售者、进口者或者使用者应当在规定的期限内停止生产、销售、进口或者使用列入前款规定的设备名录中的设备。工艺的采用者应当在规定的期限内停止采用列入前款规定的工艺名录中的工艺。

依照本条第二款、第三款规定被淘汰的设备，不得转让给他人使用。

第四十二条：国家禁止新建不符合国家产业政策的小型造纸、制革、印染、染料、炼焦、炼硫、炼砷、炼汞、炼油、电镀、农药、石棉、水泥、玻璃、钢铁、火电以及其他严重污染水环境的生产项目。

第四十三条：企业应当采用原材料利用效率高、污染物排放量少的清洁工艺，并加强管理，减少水污染物的产生。

（3）城镇水污染防治的规定。

《中华人民共和国水污染防治法》第四十四条至第四十六条是关于城镇水污染防治的规定。

第四十四条：城镇污水应当集中处理。

县级以上地方人民政府应当通过财政预算和其他渠道筹集资金，统筹安排建设城镇污水集中处理设施及配套管网，提高本行政区域城镇污水的收集率和处理率。

国务院建设主管部门应当会同国务院经济综合宏观调控、环境保护主管部门，根据城乡规划和水污染防治规划，组织编制全国城镇污水处理设施建设规划。县级以上地方人民政府组织建设、经济综合宏观调控、环境保护、水行政等部门编制本行政区域的城镇污水处理设施建设规划。县级以上地方人民政府建设主管部门应当按照城镇污水处理设施建设规划，组织建设城镇污水集中处理设施及配套管网，并加强对城镇污水集中处理设施运营的监督管理。

城镇污水集中处理设施的运营单位按照国家规定向排污者提供污水处理的有偿服务，收取污水处理费用，保证污水集中处理设施的正常运行。向城镇污水集中处理设施排放污水、缴纳污水处理费用的，不再缴纳排污费。收取的污水处理费用应当用于城镇污水集中处理设施的建设和运行，不得挪作他用。

城镇污水集中处理设施的污水处理收费、管理以及使用的具体办法，由国务院规定。

第四十五条：向城镇污水集中处理设施排放水污染物，应当符合国家或者地方规定的水污染物排放标准。

城镇污水集中处理设施的出水水质达到国家或者地方规定的水污染物排放标准的，可以按照国家有关规定免缴排污费。

城镇污水集中处理设施的运营单位，应当对城镇污水集中处理设施的出水水质负责。

环境保护主管部门应当对城镇污水集中处理设施的出水水质和水量进行监督检查。

第四十六条：建设生活垃圾填埋场，应当采取防渗漏等措施，防止造成水污染。

（4）农业和农村水污染防治的规定。

《中华人民共和国水污染防治法》第四十七条至第五十一条是关于农业和农村水污染防治的规定。

第四十七条：使用农药，应当符合国家有关农药安全使用的规定和标准。

运输、存贮农药和处置过期失效农药，应当加强管理，防止造成水污染。

第四十八条：县级以上地方人民政府农业主管部门和其他有关部门，应当采取措施，指导农业生产者科学、合理地施用化肥和农药，控制化肥和农药的过量使用，防止造成水污染。

第四十九条：国家支持畜禽养殖场、养殖小区建设畜禽粪便、废水的综合利用或者无害化处理设施。

畜禽养殖场、养殖小区应当保证其畜禽粪便、废水的综合利用或者无害化处理设施正常运转，保证污水达标排放，防止污染水环境。

第五十条：从事水产养殖应当保护水域生态环境，科学确定养殖密度，合理投饵和使用药物，防止污染水环境。

第五十一条：向农田灌溉渠道排放工业废水和城镇污水，应当保证其下游最近的灌溉取水点的水质符合农田灌溉水质标准。

利用工业废水和城镇污水进行灌溉，应当防止污染土壤、地下水和农产品。

（5）船舶水污染防治的规定。

《中华人民共和国水污染防治法》第五十二条至第五十五条是关于船舶水污染防治的规定。

第五十二条：船舶排放含油污水、生活污水，应当符合船舶污染物排放标准。从事海洋航运的船舶进入内河和港口的，应当遵守内河的船舶污染物排放标准。

船舶的残油、废油应当回收，禁止排入水体。

禁止向水体倾倒船舶垃圾。

船舶装载运输油类或者有毒货物，应当采取防止溢流和渗漏的措施，防止货物落水造成水污染。

第五十三条：船舶应当按照国家有关规定配置相应的防污设备和器材，并持有合法有效的防止水域环境污染的证书与文书。

船舶进行涉及污染物排放的作业，应当严格遵守操作规程，并在相应的记录簿上如实记载。

第五十四条：港口、码头、装卸站和船舶修造厂应当备有足够的船舶污染物、废弃物的接收设施。从事船舶污染物、废弃物接收作业，或者从事装载油类、污染危害性货物船舱清洗作业的单位，应当具备与其运营规模相适应的接收处理能力。

第五十五条：船舶进行下列活动，应当编制作业方案，采取有效的安全和防污染措施，并报作业地海事管理机构批准：

1）进行残油、含油污水、污染危害性货物残留物的接收作业，或者进行装载油类、污染危害性货物船舱的清洗作业。

2）进行散装液体污染危害性货物的过驳作业。

3）进行船舶水上拆解、打捞或者其他水上、水下船舶施工作业。

在渔港水域进行渔业船舶水上拆解活动，应当报作业地渔业主管部门批准。

8．饮用水源和其他特殊水体保护的有关规定（掌握）

《中华人民共和国水污染防治法》第五十六条至第六十五条是关于饮用水源和其他特殊水体保护的规定。

第五十六条：国家建立饮用水水源保护区制度。饮用水水源保护区分为一级保护区和二级保护区；必要时，可以在饮用水水源保护区外围划定一定的区域作为准保护区。

饮用水水源保护区的划定，由有关市、县人民政府提出划定方案，报省、自治区、直辖市人民政府批准；跨市、县饮用水水源保护区的划定，由有关市、县人民政府协商提出划定方案，报省、自治区、直辖市人民政府批准；协商不成的，由省、自治区、直辖市人民政府环境保护主管部门会同同级水行政、国土资源、卫生、建设等部门提出划定方案，征求同级有关部门的意见后，报省、自治区、直辖市人民政府批准。

跨省、自治区、直辖市的饮用水水源保护区，由有关省、自治区、直辖市人民政府商有关流域管理机构划定；协商不成的，由国务院环境保护主管部门会同同级水行政、国土资源、卫生、建设等部门提出划定方案，征求国务院有关部门的意见后，报国务院批准。

国务院和省、自治区、直辖市人民政府可以根据保护饮用水水源的实际需要，调整饮用水水源保护区的范围，确保饮用水安全。有关地方人民政府应当在饮用水水源保护区的边界设立明确的地理界标和明显的警示标志。

第五十七条：在饮用水水源保护区内，禁止设置排污口。

第五十八条：禁止在饮用水水源一级保护区内新建、改建、扩建与供水设施和保护水源无关的建设项目；已建成的与供水设施和保护水源无关的建设项目，由县级以上人民政府责令拆除或者关闭。

禁止在饮用水水源一级保护区内从事网箱养殖、旅游、游泳、垂钓或者其他可能污染饮用水水体的活动。

第五十九条：禁止在饮用水水源二级保护区内新建、改建、扩建排放污染物的建设项目；已建成的排放污染物的建设项目，由县级以上人民政府责令拆除或者关闭。

在饮用水水源二级保护区内从事网箱养殖、旅游等活动的，应当按照规定采取措施，防止污染饮用水水体。

第六十条：禁止在饮用水水源准保护区内新建、扩建对水体污染严重的建设项目；改建建设项目，不得增加排污量。

第六十一条：县级以上地方人民政府应当根据保护饮用水水源的实际需要，在准保护区内采取工程措施或者建造湿地、水源涵养林等生态保护措施，防止水污染物直接排入饮用水水体，确保饮用水安全。

第六十二条：饮用水水源受到污染可能威胁供水安全的，环境保护主管部门应当责令有关企业事业单位采取停止或者减少排放水污染物等措施。

第六十三条：国务院和省、自治区、直辖市人民政府根据水环境保护的需要，可以规定在饮用水水源保护区内，采取禁止或者限制使用含磷洗涤剂、化肥、农药以及限制种植养殖等措施。

第六十四条：县级以上人民政府可以对风景名胜区水体、重要渔业水体和其他具有特殊经济文化价值的水体划定保护区，并采取措施，保证保护区的水质符合规定用途的水环境质量标准。

第六十五条：在风景名胜区水体、重要渔业水体和其他具有特殊经济文化价值的水体的保护区内，不得新建排污口。在保护区附近新建排污口，应当保证保护区水体不受污染。

9. 生产、储存危险化学品的企业事业单位应当采取措施，防止在处理安全生产事故过程中产生的可能严重污染水体的消防废水、废液直接排入水体的规定（了解）

《中华人民共和国水污染防治法》第六十七条规定：

“可能发生水污染事故的企业事业单位，应当制定有关水污染事故的应急方案，做好应急准备，并定期进行演练。

生产、储存危险化学品的企业事业单位，应当采取措施，防止在处理安全生产事故过程中产生的可能严重污染水体的消防废水、废液直接排入水体。”

（三）《中华人民共和国环境噪声污染防治法》

《中华人民共和国环境噪声污染防治法》已由中华人民共和国第八届全国人民代表大会常务委员会第二十次会议于 1996 年 10 月 29 日通过，自 1997 年 3 月 1 日起施行。

（1）环境噪声、环境噪声污染、噪声排放、噪声敏感建筑物和噪声敏感建筑物集中区域的含义（掌握）。

第二条：本法所称环境噪声，是指在工业生产、建筑施工、交通运输和社会生活中所产生的干扰周围生活环境的声音。

本法所称环境噪声污染，是指所产生的环境噪声超过国家规定的环境噪声排放标准，并干扰他人正常生活、工作和学习的现象。

第六十三条：本法中下列用语的含义。

1）“噪声排放”是指噪声源向周围生活环境辐射噪声。

2）“噪声敏感建筑物”是指医院、学校、机关、科研单位、住宅等需要保持安静的建筑物。

3）“噪声敏感建筑物集中区域”是指医疗区、文教科研区和以机关或者居民住宅为主的区域。

4）“夜间”是指晚十点至晨六点之间的期间。

5）“机动车辆”是指汽车和摩托车。

（2）地方各级人民政府在制定城乡建设规划时，防止或减轻环境噪声污染的有关规定（了解）。

《中华人民共和国环境噪声污染防治法》第五条规定：

“地方各级人民政府在制定城乡建设规划时，应当充分考虑建设项目和区域开发、改造所产生的噪声对周围生活环境的影响，统筹规划，合理安排功能区和建设布局，防止或者减轻环境噪声污染。”

（3）城市规划部门在确定建设布局时，合理划定建筑物与交通干线的防噪声距离的有关规定（熟悉）。

《中华人民共和国环境噪声污染防治法》第十二条规定：

“城市规划部门在确定建设布局时，应当依据国家声环境质量标准和民用建筑隔声设计规范，合理划定建筑物与交通干线的防噪声距离，并提出相应的规划设计要求。”

（4）在噪声敏感建筑物集中区域内，造成严重环境噪声污染的企业事业单位应该遵守的有关规定（掌握）。

《中华人民共和国环境噪声污染防治法》第十七条规定：

“对于在噪声敏感建筑物集中区域内造成严重环境噪声污染的企业事业单位，限期治理。

被限期治理的单位必须按期完成治理任务。限期治理由县级以上人民政府按照国务院规定的权限决定。

对小型企业事业单位的限期治理，可以由县级以上人民政府在国务院规定的权限内授权其环境保护行政主管部门决定。”

（5）在城市范围内向周围生活环境排放工业噪声，应当符合国家规定的工业企业厂界噪声排放标准的规定（熟悉）。

《中华人民共和国环境噪声污染防治法》第二十三条规定：

“在城市范围内向周围生活环境排放工业噪声的，应当符合国家规定的工业企业厂界环境噪声排放标准。”

本法所称工业噪声，是指在工业生产活动中使用固定的设备时产生的干扰周围生活环境的声音。

（6）产生环境噪声污染的工业企业，应当采取有效措施减轻对周围生活环境影响的规定（熟悉）。

《中华人民共和国环境噪声污染防治法》第二十四条规定：

“在工业生产中因使用固定的设备造成环境噪声污染的工业企业，必须按照国务院环境保护行政主管部门的规定，向所在地的县级以上地方人民政府环境保护行政主管部门申报拥有的造成环境噪声污染的设备的种类、数量以及在正常作业条件下所发出的噪声值和防治环境噪声污染的设施情况，并提供防治噪声污染的技术资料。

造成环境噪声污染的设备的种类、数量、噪声值和防治设施有重大改变的，必须及时申报，并采取应有的防治措施。”

《中华人民共和国环境噪声污染防治法》第二十五条规定：

“产生环境噪声污染的工业企业，应当采取有效措施，减轻噪声对周围生活环境的影响。”

（7）在城市市区范围内向周围生活环境排放建筑施工噪声，应当符合国家规定的建筑施工场界环境噪声标准的规定（熟悉）。

《中华人民共和国环境噪声污染防治法》第二十八条规定：

“在城市市区范围内向周围生活环境排放建筑施工噪声的，应当符合国家规定的建筑施工场界环境噪声排放标准。”

《中华人民共和国环境噪声污染防治法》第二十九条规定：

“在城市市区范围内，建筑施工过程中使用机械设备，可能产生环境噪声污染的，施工单位必须在工程开工十五日以前向工程所在地县级以上地方人民政府环境保护行政主管部门申报该工程的项目名称、施工场所和期限、可能产生的环境噪声值以及所采取的环境噪声污染防治措施的情况。”

（8）在城市市区噪声敏感建筑物集中区域内，禁止夜间进行产生环境噪声污染的建筑施工作业的有关规定（掌握）。

《中华人民共和国环境噪声污染防治法》第三十条规定：

“在城市市区噪声敏感建筑物集中区域内，禁止夜间进行产生环境噪声污染的建筑施工作业，但抢修、抢险作业和因生产工艺上要求或者特殊需要必须连续作业的除外。因特殊需要必须连续作业的，必须有县级以上人民政府或者其有关主管部门的证明。前款规定的夜间作业，必须公告附近居民。”

（9）交通运输噪声污染防治的有关规定（掌握）。

《中华人民共和国环境噪声污染防治法》第三十一条至第四十条是对交通运输噪声污染防治的规定。

第三十一条：本法所称交通运输噪声，是指机动车辆、铁路机车、机动船舶、航空器等交通运输工具在运行时所产生的干扰周围生活环境的声音。

第三十二条：禁止制造、销售或者进口超过规定的噪声限值的汽车。

第三十三条：在城市市区范围内行使的机动车辆的消声器和喇叭必须符合国家规定的要求。机动车辆必须加强维修和保养，保持技术性能良好，防治环境噪声污染。

第三十四条：机动车辆在城市市区范围内行驶，机动船舶在城市市区的内河航道航行，铁路机车驶经或者进入城市市区、疗养区时，必须按照规定使用声响装置。

警车、消防车、工程抢险车、救护车等机动车辆安装、使用警报器，必须符合国务院公安部门的规定；在执行非紧急任务时，禁止使用警报器。

第三十五条：城市人民政府公安机关可以根据本地城市市区区域声环境保护的需要，划定禁止机动车辆行驶和禁止其使用声响装置的路段和时间，并向社会公告。

第三十六条：建设经过已有的噪声敏感建筑物集中区域的高速公路和城市高架、轻轨道路，有可能造成环境噪声污染的，应当设置声屏障或者采取其他有效的控制环境噪声污染的措施。

第三十七条：在已有的城市交通干线的两侧建设噪声敏感建筑物的，建设单位应当按照国家规定间隔一定距离，并采取减轻、避免交通噪声影响的措施。

第三十八条：在车站、铁路编组站、港口、码头、航空港等地指挥作业时使用广播喇叭的，应当控制音量，减轻噪声对周围生活环境的影响。

第三十九条：穿越城市居民区、文教区的铁路，因铁路机车运行造成环境噪声污染的，当地城市人民政府应当组织铁路部门和其他有关部门，制定减轻环境噪声污染的规划。铁路部门和其他有关部门应当按照规划的要求，采取有效措施，减轻环境噪声污染。

第四十条：除起飞、降落或者依法规定的情形以外，民用航空器不得飞越城市市区上空。城市人民政府应当在航空器起飞、降落的净空周围划定限制建设噪声敏感建筑物的区域；在该区域内建设噪声敏感建筑物的，建设单位应当采取减轻、避免航空器运行时产生的噪声影响的措施。民航部门应当采取有效措施，减轻环境噪声污染。

注意三十六条与三十七条的不同：前者是在先有噪声敏感建筑物且为集中区域，欲建设高速公路和城市高架、轻轨道路；而后者是先有交通道路，后建噪声敏感建筑物。

（10）社会生活噪声污染防治的有关规定（熟悉）。

《中华人民共和国环境噪声污染防治法》第四十一条至第四十七条是对社会生活噪声污染防治的规定。

第四十一条：本法所称社会生活噪声，是指人为活动所产生的除工业噪声、建筑施工噪声和交通运输噪声之外的干扰周围生活环境的声音。

第四十二条：在城市市区噪声敏感建筑物集中区域内，因商业经营活动中使用固定设备造成环境噪声污染的商业企业，必须按照国务院环境保护行政主管部门的规定，向所在地的县级以上地方人民政府环境保护行政主管部门申报拥有的造成环境噪声污染的设备的状况和防治环境噪声污染的设施的情况。

第四十三条：新建营业性文化娱乐场所的边界噪声必须符合国家规定的环境噪声排放标准；不符合国家规定的环境噪声排放标准的，文化行政主管部门不得核发文化经营许可证，工商行政管理部门不得核发营业执照。

经营中的文化娱乐场所，其经营管理者必须采取有效措施，使其边界噪声不超过国家规定的环境噪声排放标准。

第四十四条：禁止在商业经营活动中使用高音广播喇叭或者采用其他发出高噪声的方法招揽顾客。

在商业经营活动中使用空调器、冷却塔等可能产生环境噪声污染的设备、设施的，其经营管理者应当采取措施，使其边界噪声不超过国家规定的环境噪声排放标准。

第四十五条：禁止任何单位、个人在城市市区噪声敏感建设物集中区域内使用高音广播喇叭。

在城市市区街道、广场、公园等公共场所组织娱乐、集会等活动，使用音响器材可能产生干扰周围生活环境的过大音量的，必须遵守当地公安机关的规定。

第四十六条：使用家用电器、乐器或者进行其他家庭室内娱乐活动时，应当控制音量或者采取其他有效措施，避免对周围居民造成环境噪声污染。

第四十七条：在已竣工交付使用的住宅楼进行室内装修活动，应当限制作业时间，并采取其他有效措施，以减轻、避免对周围居民造成环境噪声污染。

（四）《中华人民共和国固体废物污染环境防治法》

《中华人民共和国固体废物污染环境防治法》于 1995 年 10 月 30 日由第八届全国人民

代表大会常务委员会第十六次会议通过，自 1996 年 4 月 1 日起施行。2004 年 12 月 29 日第十届全国人民代表大会常务委员会第十三次会议修订，自 2005 年 4 月 1 日起施行。

1. 固体废物、工业固体废物、生活垃圾、危险废物、贮存、处置、利用的含义（掌握）

《中华人民共和国固体废物污染环境防治法》第八十八条规定：

“本法下列用语的含义如下。

（1）固体废物，是指在生产、生活和其他活动中产生的丧失原有利用价值或者虽未丧失利用价值但被抛弃或者放弃的固态、半固态和置于容器中的气态的物品、物质以及法律、行政法规规定纳入固体废物管理的物品、物质。

（2）工业固体废物，是指在工业生产活动中产生的固体废物。

（3）生活垃圾，是指在日常生活中或者为日常生活提供服务的活动中产生的固体废物以及法律、行政法规规定视为生活垃圾的固体废物。

（4）危险废物，是指列入国家危险废物名录或者根据国家规定的危险废物鉴别标准和鉴别方法认定的具有危险特性的固体废物。

（5）贮存，是指将固体废物临时置于特定设施或者场所中的活动。

（6）处置，是指将固体废物焚烧或用其他改变固体废物的物理、化学、生物特性的方法，达到减少已产生的固体废物数量、缩小固体废物体积、减少或者消除其危险成分的活动，或者将固体废物最终置于符合环境保护规定要求的填埋场的活动。

（7）利用，是指从固体废物中提取物质作为原材料或者燃料的活动。”

2. 本法的适用范围（了解）

《中华人民共和国固体废物污染环境防治法》第二条规定：

“本法适用于中华人民共和国境内固体废物污染环境的防治。

固体废物污染海洋环境的防治和放射性固体废物污染环境的防治不适用本法。”

《中华人民共和国固体废物污染环境防治法》第八十九条规定：

“液态废物的污染防治，适用本法；但是，排入水体的废水的污染防治适用有关法律，不适用本法。”

3. 固体废物污染防治原则（掌握）

（1）《中华人民共和国固体废物污染环境防治法》第三条至第五条的规定。

第三条：国家对固体废物污染环境的防治，实行减少固体废物的产生量和危害性、充分合理利用固体废物和无害化处置固体废物的原则，促进清洁生产和循环经济发展。

国家采取有利于固体废物综合利用活动的经济、技术政策和措施，对固体废物实行充分回收和合理利用。

国家鼓励、支持采取有利于保护环境的集中处置固体废物的措施，促进固体废物污染环境防治产业发展。

第四条：县级以上人民政府应当将固体废物污染环境防治工作纳入国民经济和社会发展计划，并采取有利于固体废物污染环境防治的经济、技术政策和措施。

国务院有关部门、县级以上地方人民政府及其有关部门组织编制城乡建设、土地利用、区域开发、产业发展等规划，应当统筹考虑减少固体废物的产生量和危害性、促进固体废物的综合利用和无害化处置。

第五条：国家对固体废物污染环境防治实行污染者依法负责的原则。

产品的生产者、销售者、进口者、使用者对其产生的固体废物依法承担污染防治责任。

（2）根据《中华人民共和国固体废物污染环境防治法》的有关规定，固体废物污染防治原则主要包括四个方面。

1）“减量化、资源化、无害化”的原则。

对固体废物实行减量化、资源化和无害化是防治固体废物污染环境的重要原则，简称“三化”原则。国家对固体废物污染环境的防治，实行减少固体废物的产生量和危害性、充分合理利用固体废物和无害化处置固体废物的原则，促进清洁生产和循环经济发展。

2）全过程管理的原则。

《中华人民共和国固体废物污染环境防治法》有关条款对固体废物从产生、收集、贮存、运输、利用直到最终处置各个环节都有管理规定和要求，实际上就是要对固体废物从产生、收集、贮存、运输、利用直到最终处置实行全过程管理。

3）分类管理的原则。

鉴于固体废物的成分、性质和危险性存在较大差异，所以，在管理上必须采取分别、分类管理的方法，针对不同的固体废物制定不同的对策或措施。防治工业固体废物、生活垃圾以及危险废物三类固体废物造成对环境的污染。其中对工业固体废物、生活垃圾的污染环境防治采取一般性的管理措施，而对危险废物则规定采取严格的管理措施。

4）污染者负责的原则。

国家对固体废物污染环境防治实行污染者依法负责的原则。产品的生产者、销售者、进口者和使用者对其产生的固体废物依法承担污染防治责任。

4．固体废物贮存、处置设施、场所的有关规定（掌握）

《中华人民共和国固体废物污染环境防治法》关于固体废物贮存、处置设施、场所的有关规定。

第二十一条：对收集、贮存、运输、处置固体废物的设施、设备和场所，应当加强管理和维护，保证其正常运行和使用。

第二十二条：在国务院和国务院有关主管部门及省、自治区、直辖市人民政府划定的自然保护区、风景名胜区、饮用水水源保护区、基本农田保护区和其他需要特别保护的区域内，禁止建设工业固体废物集中贮存、处置的设施、场所和生活垃圾填埋场。

第三十四条：禁止擅自关闭、闲置或者拆除工业固体废物污染环境防治设施、场所；确有必要关闭、闲置或者拆除的，必须经所在地县级以上地方人民政府环境保护行政主管部门核准，并采取措施，防止污染环境。

第三十五条：产生工业固体废物的单位需要终止的，应当事先对工业固体废物的贮存、处置的设施、场所采取污染防治措施，并对未处置的工业固体废物作出妥善处置，防止污染环境。

产生工业固体废物的单位发生变更的，变更后的单位应当按照国家有关环境保护的规定对未处置的工业固体废物及其贮存、处置的设施、场所进行安全处置或者采取措施保证该设施、场所安全运行。变更前当事人对工业固体废物及其贮存、处置的设施、场所的污染防治责任另有约定的，从其约定；但是，不得免除当事人的污染防治义务。

对本法施行前已经终止的单位未处置的工业固体废物及其贮存、处置的设施、场所进行安全处置的费用，由有关人民政府承担；但是，该单位享有的土地使用权依法转让的，应当由土地使用权受让人承担处置费用。当事人另有约定的，从其约定；但是，不得免除当事人的污染防治义务。

另外，第三十三条和第四十四条对于固体废物贮存、处置设施、场所也进行了规定（见下面相关内容）。

5. 企业事业单位应当对其产生的工业固体废物加以利用、安全分类存放或采取无害化处置措施的有关规定（掌握）

《中华人民共和国固体废物污染环境防治法》第三十三条规定：

“企业事业单位应当根据经济、技术条件对其产生的工业固体废物加以利用；对暂时不利用或者不能利用的，必须按照国务院环境保护行政主管部门的规定建设贮存设施、场所，安全分类存放，或者采取无害化处置措施。

建设工业固体废物贮存、处置的设施、场所，必须符合国家环境保护标准。”

产生工业固体废物的企业事业单位根据经济、技术条件，应当优先选择将其产生的工业固体废物作为资源进行加工生产其他产品或者回收其中有利用价值的物质、能源等回收利用措施。

6. 矿业固体废物贮存设施停止使用后应当按照有关环境保护规定进行封场的有关规定（掌握）

《中华人民共和国固体废物污染环境防治法》第三十六条规定：

“矿山企业应当采取科学的开采方法和选矿工艺，减少尾矿、矸石、废石等矿业固体废物的产生量和贮存量。

尾矿、矸石、废石等矿业固体废物贮存设施停止使用后，矿山企业应当按照国家有关环境保护规定进行封场，防止造成环境污染和生态破坏。”

7. 建设、关闭生活垃圾处置设施、场所的有关规定（掌握）

《中华人民共和国固体废物污染环境防治法》第四十四条规定：

“建设生活垃圾处置的设施、场所，必须符合国务院环境保护行政主管部门和国务院建设行政主管部门规定的环境保护和环境卫生标准。

禁止擅自关闭、闲置或者拆除生活垃圾处置的设施、场所；确有必要关闭、闲置或者拆除的，必须经所在地县级以上地方人民政府环境卫生行政主管部门和环境保护行政主管部门核准，并采取措施，防止污染环境。”

8. 制订危险废物管理计划的有关规定（了解）

产生危险废物的单位，必须按照国家有关规定制订危险废物管理计划，并向所在地县级以上地方人民政府环境保护行政主管部门申报危险废物的种类、产生量、流向、贮存、处置等有关资料。

危险废物管理计划应当包括减少危险废物产生量和危害性的措施以及危险废物贮存、利用、处置措施。危险废物管理计划应当报产生危险废物的单位所在地县级以上地方人民政府环境保护行政主管部门备案。如果与《中华人民共和国固体废物污染环境防治法》第五十三规定的申报事项或者危险废物管理计划内容相比有重大改变的，应当及时申报。

9.组织编制危险废物集中处置设施、场所建设规划及组织建设危险废物集中处置设施、场所的有关规定（了解）

《中华人民共和国固体废物污染环境防治法》第五十四条规定：

“国务院环境保护行政主管部门会同国务院经济综合宏观调控部门组织编制危险废物集中处置设施、场所的建设规划，报国务院批准后实施。

县级以上地方人民政府应当依据危险废物集中处置设施、场所的建设规划组织建设危险废物集中处置设施、场所。”

10．产生危险废物的单位必须按照国家规定处置危险废物的有关规定（掌握）

《中华人民共和国固体废物污染环境防治法》第五十五条规定：

“产生危险废物的单位，必须按照国家有关规定处置危险废物，不得擅自倾倒、堆放；不处置的，由所在地县级以上地方人民政府环境保护行政主管部门责令限期改正；逾期不处置或者处置不符合国家有关规定的，由所在地县级以上地方人民政府环境保护行政主管部门指定单位按照国家有关规定代为处置，处置费用由产生危险废物的单位承担。”

11．分类收集、贮存危险废物的有关规定（掌握）

《中华人民共和国固体废物污染环境防治法》第五十八条规定：

“收集、贮存危险废物，必须按照危险废物特性分类进行。禁止混合收集、贮存、运输、处置性质不相容而未经安全性处置的危险废物。

贮存危险废物必须采取符合国家环境保护标准的防护措施，并不得超过一年；确需延长期限的，必须报经原批准经营许可证的环境保护行政主管部门批准；法律、行政法规另有规定的除外。

禁止将危险废物混入非危险废物中贮存。”

12．禁止过境转移危险废物的规定（了解）

《中华人民共和国固体废物污染环境防治法》第六十六条规定：

“禁止经中华人民共和国过境转移危险废物。”

（五）《中华人民共和国海洋环境保护法》

《中华人民共和国海洋环境保护法》由中华人民共和国第九届全国人民代表大会常务委员会第十三次会议于 1999 年 12 月 25 日修订通过，自 2000 年 4 月 1 日起施行。

1．本法的适用范围（了解）

《中华人民共和国海洋环境保护法》第二条规定：

“本法适用于中华人民共和国内水、领海、毗连区、专属经济区、大陆架以及中华人民共和国管辖的其他海域。

在中华人民共和国管辖海域内从事航行、勘探、开发、生产、旅游、科学研究及其他活动，或者在沿海陆域内从事影响海洋环境活动的任何单位和个人，都必须遵守本法。

在中华人民共和国管辖海域以外，造成中华人民共和国管辖海域污染的，也适用本法。”

2. 海洋环境污染损害、内水、滨海湿地、海洋功能区划的含义（了解）

《中华人民共和国海洋环境保护法》第九十五条规定：

“本法中下列用语的含义如下。

（1）海洋环境污染损害，是指直接或者间接地把物质或者能量引入海洋环境，产生损害海洋生物资源、危害人体健康、妨害渔业和海上其他合法活动、损害海水使用素质和减损环境质量等有害影响。

（2）内水，是指我国领海基线向内陆一侧的所有海域。

（3）滨海湿地，是指低潮时水深浅于6米的水域及其沿岸浸湿地带，包括水深不超过6米的永久性水域、潮间带（或洪泛地带）和沿海低地等。

（4）海洋功能区划，是指依据海洋自然属性和社会属性，以及自然资源和环境特定条件，界定海洋利用的主导功能和使用范畴。

（5）渔业水域，是指鱼虾类的产卵场、索饵场、越冬场、洄游通道和鱼虾贝藻类的养殖场。

（6）油类，是指任何类型的油及其炼制品。

（7）油性混合物，是指任何含有油份的混合物。

（8）排放，是指把污染物排入海洋的行为，包括泵出、溢出、泄出、喷出和倒出。

（9）陆地污染源（简称陆源），是指从陆地向海域排放污染物，造成或者可能造成海洋环境污染的场所、设施等。

（10）陆源污染物，是指由陆地污染源排放的污染物。

（11）倾倒，是指通过船舶、航空器、平台或者其他载运工具，向海洋处置废弃物和其他有害物质的行为，包括弃置船舶、航空器、平台及其辅助设施和其他浮动工具的行为。

（12）沿海陆域，是指与海岸相连，或者通过管道、沟渠、设施，直接或者间接向海洋排放污染物及其相关活动的一带区域。

（13）海上焚烧，是指以热摧毁为目的，在海上焚烧设施上，故意焚烧废弃物或者其他物质的行为，但船舶、平台或者其他人工构造物正常操作中，所附带发生的行为除外。”

3. 海洋生态保护的有关规定（了解）

《中华人民共和国海洋环境保护法》第二十条至第二十八条是对海洋生态保护的规定。

第二十条：国务院和沿海地方各级人民政府应当采取有效措施，保护红树林、珊瑚礁、滨海湿地、海岛、海湾、入海河口、重要渔业水域等具有典型性、代表性的海洋生态系统，珍稀、濒危海洋生物的天然集中分布区，具有重要经济价值的海洋生物生存区域及有重大科学文化价值的海洋自然历史遗迹和自然景观。

对具有重要经济、社会价值的已遭到破坏的海洋生态，应当进行整治和恢复。

第二十一条：国务院有关部门和沿海省级人民政府应当根据保护海洋生态的需要，选划、建立海洋自然保护区。

国家级海洋自然保护区的建立，须经国务院批准。

第二十二条：凡具有下列条件之一的，应当建立海洋自然保护区。

（1）典型的海洋自然地理区域、有代表性的自然生态区域以及遭受破坏但经保护能恢复的海洋自然生态区域。

（2）海洋生物物种高度丰富的区域，或者珍稀、濒危海洋生物物种的天然集中分布区域。

（3）具有特殊保护价值的海域、海岸、岛屿、滨海湿地、入海河口和海湾等。

（4）具有重大科学文化价值的海洋自然遗迹所在区域。

（5）其他需要予以特殊保护的区域。

第二十三条：凡具有特殊地理条件、生态系统、生物与非生物资源及海洋开发利用特殊需要的区域，可以建立海洋特别保护区，采取有效的保护措施和科学的开发方式进行特殊管理。

第二十四条：开发利用海洋资源，应当根据海洋功能区划合理布局，不得造成海洋生态环境破坏。

第二十五条：引进海洋动植物物种，应当进行科学论证，避免对海洋生态系统造成危害。

第二十六条：开发海岛及周围海域的资源，应当采取严格的生态保护措施，不得造成海岛地形、岸滩、植被以及海岛周围海域生态环境的破坏。

第二十七条：沿海地方各级人民政府应当结合当地自然环境的特点，建设海岸防护设施、沿海防护林、沿海城镇园林和绿地，对海岸侵蚀和海水入侵地区进行综合治理。

禁止毁坏海岸防护设施、沿海防护林、沿海城镇园林和绿地。

第二十八条：国家鼓励发展生态渔业建设，推广多种生态渔业生产方式，改善海洋生态状况。

新建、改建、扩建海水养殖场，应当进行环境影响评价。

海水养殖应当科学确定养殖密度，并应当合理投饵、施肥，正确使用药物，防止造成海洋环境的污染。

4．入海排污口设置的有关规定（掌握）

《中华人民共和国海洋环境保护法》第三十条规定：

“入海排污口位置的选择，应当根据海洋功能区划、海水动力条件和有关规定，经科学论证后，报设区的市级以上人民政府环境保护行政主管部门审查批准。

环境保护行政主管部门在批准设置入海排污口之前，必须征求海洋、海事、渔业行政主管部门和军队环境保护部门的意见。

在海洋自然保护区、重要渔业水域、海滨风景名胜区和其他需要特别保护的区域，不得新建排污口。

在有条件的地区，应当将排污口深海设置，实行离岸排放。设置陆源污染物深海离岸排放排污口，应当根据海洋功能区划、海水动力条件和海底工程设施的有关情况确定，具体办法由国务院规定。”

5．禁止、严格限制或严格控制向海域排放废液或废水的有关规定（掌握）

《中华人民共和国海洋环境保护法》第三十三条规定：

“禁止向海域排放油类、酸液、碱液、剧毒废液和高、中水平放射性废水。严格限制向海域排放低水平放射性废水；确需排放的，必须严格执行国家辐射防护规定。严格控制向海域排放含有不易降解的有机物和重金属的废水。"

《中华人民共和国海洋环境保护法》第三十五条规定：

"含有机物和营养物质的工业废水、生活污水，应当严格控制向海湾、半封闭海及其他自净能力较差的海域排放。"

6. 须采取有效措施处理并符合国家有关标准后，方能向海域排放污水或废水的规定（掌握）

《中华人民共和国海洋环境保护法》第三十四条规定：

"含病原体的医疗污水、生活污水和工业废水必须经过处理，符合国家有关排放标准后，方能排入海域。"

7. 防治海岸工程建设项目对海洋环境的污染损害的有关规定（熟悉）

《中华人民共和国海洋环境保护法》第四十二条至四十六条是对防治海岸工程建设项目对海洋环境的污染损害的规定。

第四十二条：新建、改建、扩建海岸工程建设项目，必须遵守国家有关建设项目环境保护管理的规定，并把防治污染所需资金纳入建设项目投资计划。

在依法划定的海洋自然保护区、海滨风景名胜区、重要渔业水域及其他需要特别保护的区域，不得从事污染环境、破坏景观的海岸工程项目建设或者其他活动。

第四十三条：海岸工程建设项目的单位，必须在建设项目可行性研究阶段，对海洋环境进行科学调查，根据自然条件和社会条件，合理选址，编报环境影响报告书。环境影响报告书经海洋行政主管部门提出审核意见后，报环境保护行政主管部门审查批准。

环境保护行政主管部门在批准环境影响报告书之前，必须征求海事、渔业行政主管部门和军队环境保护部门的意见。

第四十四条：海岸工程建设项目的环境保护设施，必须与主体工程同时设计、同时施工、同时投产使用。环境保护设施未经环境保护行政主管部门检查批准，建设项目不得试运行；环境保护设施未经环境保护行政主管部门验收，或者经验收不合格的，建设项目不得投入生产或者使用。

第四十五条：禁止在沿海陆域内新建不具备有效治理措施的化学制浆造纸、化工、印染、制革、电镀、酿造、炼油、岸边冲滩拆船以及其他严重污染海洋环境的工业生产项目。

第四十六条：兴建海岸工程建设项目，必须采取有效措施，保护国家和地方重点保护的野生动植物及其生存环境和海洋水产资源。

严格限制在海岸采挖砂石。露天开采海滨砂矿和从岸上打井开采海底矿产资源，必须采取有效措施，防止污染海洋环境。

（六）《中华人民共和国放射性污染防治法》

《中华人民共和国放射性污染防治法》由中华人民共和国第十届全国人民代表大会常务委员会第三次会议于 2003 年 6 月 28 日通过，自 2003 年 10 月 1 日起施行。

1. 本法的适用范围（了解）

《中华人民共和国放射性污染防治法》第二条规定：

"本法适用于中华人民共和国领域和管辖的其他海域在核设施选址、建造、运行、退役和核技术、铀（钍）矿、伴生放射性矿开发利用过程中发生的放射性污染的防治活动。”

2．核设施选址、建造、运营、退役前进行环境影响评价的有关规定（了解）

《中华人民共和国放射性污染防治法》第十八条规定：

“核设施选址，应当进行科学论证，并按照国家有关规定办理审批手续。在办理核设施选址审批手续前，应当编制环境影响报告书，报国务院环境保护行政主管部门审查批准；未经批准，有关部门不得办理核设施选址批准文件。”

《中华人民共和国放射性污染防治法》第二十条规定：

“核设施营运单位应当在申请领取核设施建造、运行许可证和办理退役审批手续前编制环境影响报告书，报国务院环境保护行政主管部门审查批准；未经批准，有关部门不得颁发许可证和办理批准文件。”

3．开发利用或关闭铀（钍）矿前进行环境影响评价的有关规定（了解）

《中华人民共和国放射性污染防治法》第三十四条规定：

“开发利用或者关闭铀（钍）矿的单位，应当在申请领取采矿许可证或者办理退役审批手续前编制环境影响报告书，报国务院环境保护行政主管部门审查批准。

开发利用伴生放射性矿的单位，应当在申请领取采矿许可证前编制环境影响报告书，报省级以上人民政府环境保护行政主管部门审查批准。”

4．产生放射性废液的单位排放或处理、贮存放射性废液的有关规定（了解）

《中华人民共和国放射性污染防治法》第四十二条规定：

“产生放射性废液的单位，必须按照国家放射性污染防治标准的要求，对不得向环境排放的放射性废液进行处理或者贮存。

产生放射性废液的单位，向环境排放符合国家放射性污染防治标准的放射性废液，必须采用符合国务院环境保护行政主管部门规定的排放方式。

禁止利用渗井、渗坑、天然裂隙、溶洞或者国家禁止的其他方式排放放射性废液。”

5．放射性固体废物的处置方式及编制处置设施选址规划的有关规定（了解）

《中华人民共和国放射性污染防治法》第四十三条规定：

“低、中水平放射性固体废物在符合国家规定的区域实行近地表处置。

高水平放射性固体废物实行集中的深地质处置。

α放射性固体废物依照前款规定处置。

禁止在内河水域和海洋上处置放射性固体废物。”

《中华人民共和国放射性污染防治法》第四十四条规定：

“国务院核设施主管部门会同国务院环境保护行政主管部门根据地质条件和放射性固体废物处置的需要，在环境影响评价的基础上编制放射性固体废物处置场所选址规划，报国务院批准后实施。

有关地方人民政府应当根据放射性固体废物处置场所选址规划，提供放射性固体废物处置场所的建设用地，并采取有效措施支持放射性固体废物的处置。”

6．产生放射性固体废物的单位处理、处置放射性固体废物的有关规定（掌握）

《中华人民共和国放射性污染防治法》第四十五条规定：

“产生放射性固体废物的单位，应当按照国务院环境保护行政主管部门的规定，对其产生的放射性固体废物进行处理后，送交放射性固体废物处置单位处置，并承担处置费用。

放射性固体废物处置费用收取和使用管理办法，由国务院财政部门、价格主管部门会同国务院环境保护行政主管部门规定。”

7．有关用语（一般了解）

《中华人民共和国放射性污染防治法》第六十二条规定：

“本法中有关用语的含义如下：

（1）放射性污染，是指由于人类活动造成物料、人体、场所、环境介质表面或者内部出现超过国家标准的放射性物质或者射线。

（2）核设施，是指核动力厂（核电厂、核热电厂、核供汽供热厂等）和其他反应堆（研究堆、实验堆、临界装置等）；核燃料生产、加工、贮存和后处理设施；放射性废物的处理和处置设施等。

（3）核技术利用，是指密封放射源、非密封放射源和射线装置在医疗、工业、农业、地质调查、科学研究和教学等领域中的使用。

（4）放射性同位素，是指某种发生放射性衰变的元素中具有相同原子序数但质量不同的核素。

（5）放射源，是指除研究堆和动力堆核燃料循环范畴的材料以外，永久密封在容器中或者有严密包层并呈固态的放射性材料。

（6）射线装置，是指 X 线机、加速器、中子发生器以及含放射源的装置。

（7）伴生放射性矿，是指含有较高水平天然放射性核素浓度的非铀矿（如稀土矿和磷酸盐矿等）。

（8）放射性废物，是指含有放射性核素或者被放射性核素污染，其浓度或者比活度大于国家确定的清洁解控水平，预期不再使用的废弃物。”

（七）《中华人民共和国清洁生产促进法》

《中华人民共和国清洁生产促进法》由中华人民共和国第九届全国人民代表大会常务委员会第二十八次会议于 2002 年 6 月 29 日通过，自 2003 年 1 月 1 日起施行。

1．清洁生产的法律定义（了解）

《中华人民共和国清洁生产促进法》第二条规定：

“本法所称清洁生产，是指不断采取改进设计、使用清洁的能源和原料、采用先进的工艺技术与设备、改善管理、综合利用等措施，从源头削减污染，提高资源利用效率，减少或者避免生产、服务和产品使用过程中污染物的产生和排放，以减轻或者消除对人类健康和环境的危害。”

2．国家对浪费资源和严重污染环境的落后生产技术、工艺、设备和产品实行强制淘汰制度的规定（了解）

《中华人民共和国清洁生产促进法》第十二条规定：

“国家对浪费资源和严重污染环境的落后生产技术、工艺、设备和产品实行限期淘汰制度。国务院经济贸易行政主管部门会同国务院有关行政主管部门制定并发布限期淘汰的生产技术、工艺、设备以及产品的名录。”

3. 企业在进行技术改造时应采取的清洁生产措施（熟悉）

《中华人民共和国清洁生产促进法》第十九条规定：

“企业在进行技术改造过程中，应当采取以下清洁生产措施。

（1）采用无毒、无害或者低毒、低害的原料，替代毒性大、危害严重的原料。

（2）采用资源利用率高、污染物产生量少的工艺和设备，替代资源利用率低、污染物产生量多的工艺和设备。

（3）对生产过程中产生的废物、废水和余热等进行综合利用或者循环使用。

（4）采用能够达到国家或者地方规定的污染物排放标准和污染物排放总量控制指标的污染防治技术。”

4. 农业生产者应采取的清洁生产措施（了解）

《中华人民共和国清洁生产促进法》第二十二条规定：

“农业生产者应当科学地使用化肥、农药、农用薄膜和饲料添加剂，改进种植和养殖技术，实现农产品的优质、无害和农业生产废物的资源化，防止农业环境污染。

禁止将有毒、有害废物用作肥料或者用于造田。”

5. 餐饮、娱乐、宾馆等服务性企业应采取的清洁生产措施（了解）

《中华人民共和国清洁生产促进法》第二十三条规定：

“餐饮、娱乐、宾馆等服务性企业，应当采用节能、节水和其他有利于环境保护的技术和设备，减少使用或者不使用浪费资源、污染环境的消费品。”

6. 建筑工程应采取的清洁生产措施（了解）

《中华人民共和国清洁生产促进法》第二十四条规定：

“建筑工程应当采用节能、节水等有利于环境与资源保护的建筑设计方案、建筑和装修材料、建筑构配件及设备。”

（八）《中华人民共和国循环经济促进法》

《中华人民共和国循环经济促进法》由中华人民共和国第十一届全国人民代表大会常务委员会第四次会议于 2008 年 8 月 29 日通过，自 2009 年 1 月 1 日起施行。

1. 循环经济、减量化、再利用、资源化的法律定义（了解）

《中华人民共和国循环经济促进法》第二条规定：

“本法所称循环经济，是指在生产、流通和消费等过程中进行的减量化、再利用、资源化活动的总称。

本法所称减量化，是指在生产、流通和消费等过程中减少资源消耗和废物产生。

本法所称再利用，是指将废物直接作为产品或者经修复、翻新、再制造后继续作为产品使用，或者将废物的全部或者部分作为其他产品的部件予以使用。

本法所称资源化，是指将废物直接作为原料进行利用或者对废物进行再生利用。”

2．发展循环经济应遵循的原则（了解）

《中华人民共和国循环经济促进法》第四条规定：

“发展循环经济应当在技术可行、经济合理和有利于节约资源、保护环境的前提下，按照减量化优先的原则实施。

在废物再利用和资源化过程中，应当保障生产安全，保证产品质量符合国家规定的标准，并防止产生再次污染。”

3．企业事业单位应采取措施降低资源消耗，减少废物的产生量和排放量，提高废物的再利用和资源化水平的规定（熟悉）

《中华人民共和国循环经济促进法》第九条规定：

“企业事业单位应当建立健全管理制度，采取措施，降低资源消耗，减少废物的产生量和排放量，提高废物的再利用和资源化水平。”

4．新建、改建、扩建项目必须符合本行政区域主要污染物排放、建设用地和用水总量控制指标的要求（熟悉）

《中华人民共和国循环经济促进法》第十三条规定：

“县级以上地方人民政府应当依据上级人民政府下达的本行政区域主要污染物排放、建设用地和用水总量控制指标，规划和调整本行政区域的产业结构，促进循环经济发展。

新建、改建、扩建建设项目，必须符合本行政区域主要污染物排放、建设用地和用水总量控制指标的要求。”

5．减量化、再利用和资源化的有关规定（熟悉）

(1)《中华人民共和国循环经济促进法》对“减量化”有如下规定。

第十八条：国务院循环经济发展综合管理部门会同国务院环境保护等有关主管部门，定期发布鼓励、限制和淘汰的技术、工艺、设备、材料和产品名录。

禁止生产、进口、销售列入淘汰名录的设备、材料和产品，禁止使用列入淘汰名录的技术、工艺、设备和材料。

第十九条：从事工艺、设备、产品及包装物设计，应当按照减少资源消耗和废物产生的要求，优先选择采用易回收、易拆解、易降解、无毒无害或者低毒低害的材料和设计方案，并应当符合有关国家标准的强制性要求。

对在拆解和处置过程中可能造成环境污染的电器电子等产品，不得设计使用国家禁止使用的有毒有害物质。禁止在电器电子等产品中使用的有毒有害物质名录，由国务院循环经济发展综合管理部门会同国务院环境保护等有关主管部门制定。

设计产品包装物应当执行产品包装标准，防止过度包装造成资源浪费和环境污染。

第二十条：工业企业应当采用先进或者适用的节水技术、工艺和设备，制订并实施节水计划，加强节水管理，对生产用水进行全过程控制。

工业企业应当加强用水计量管理，配备和使用合格的用水计量器具，建立水耗统计和用水状况分析制度。

新建、改建、扩建建设项目，应当配套建设节水设施。节水设施应当与主体工程同时设计、同时施工、同时投产使用。

国家鼓励和支持沿海地区进行海水淡化和海水直接利用，节约淡水资源。

第二十一条：国家鼓励和支持企业使用高效节油产品。

电力、石油加工、化工、钢铁、有色金属和建材等企业，必须在国家规定的范围和期限内，以洁净煤、石油焦、天然气等清洁能源替代燃料油，停止使用不符合国家规定的燃油发电机组和燃油锅炉。

内燃机和机动车制造企业应当按照国家规定的内燃机和机动车燃油经济性标准，采用节油技术，减少石油产品消耗量。

第二十二条：开采矿产资源，应当统筹规划，制定合理的开发利用方案，采用合理的开采顺序、方法和选矿工艺。采矿许可证颁发机关应当对申请人提交的开发利用方案中的开采回采率、采矿贫化率、选矿回收率、矿山水循环利用率和土地复垦率等指标依法进行审查；审查不合格的，不予颁发采矿许可证。采矿许可证颁发机关应当依法加强对开采矿产资源的监督管理。

矿山企业在开采主要矿种的同时，应当对具有工业价值的共生和伴生矿实行综合开采、合理利用；对必须同时采出而暂时不能利用的矿产以及含有有用组分的尾矿，应当采取保护措施，防止资源损失和生态破坏。

第二十三条：建筑设计、建设、施工等单位应当按照国家有关规定和标准，对其设计、建设、施工的建筑物及构筑物采用节能、节水、节地、节材的技术工艺和小型、轻型、再生产品。有条件的地区，应当充分利用太阳能、地热能、风能等可再生能源。

国家鼓励利用无毒无害的固体废物生产建筑材料，鼓励使用散装水泥，推广使用预拌混凝土和预拌砂浆。

禁止损毁耕地烧砖。在国务院或者省、自治区、直辖市人民政府规定的期限和区域内，禁止生产、销售和使用黏土砖。

第二十四条：县级以上人民政府及其农业等主管部门应当推进土地集约利用，鼓励和支持农业生产者采用节水、节肥、节药的先进种植、养殖和灌溉技术，推动农业机械节能，优先发展生态农业。

在缺水地区，应当调整种植结构，优先发展节水型农业，推进雨水集蓄利用，建设和管护节水灌溉设施，提高用水效率，减少水的蒸发和漏失。

第二十五条：国家机关及使用财政性资金的其他组织应当厉行节约、杜绝浪费，带头使用节能、节水、节地、节材和有利于保护环境的产品、设备和设施，节约使用办公用品。国务院和县级以上地方人民政府管理机关事务工作的机构会同本级人民政府有关部门制定本级国家机关等机构的用能、用水定额指标，财政部门根据该定额指标制定支出标准。

城市人民政府和建筑物的所有者或者使用者，应当采取措施，加强建筑物维护管理，延长建筑物使用寿命。对符合城市规划和工程建设标准，在合理使用寿命内的建筑物，除为了公共利益的需要外，城市人民政府不得决定拆除。

第二十六条：餐饮、娱乐、宾馆等服务性企业，应当采用节能、节水、节材和有利于保护环境的产品，减少使用或者不使用浪费资源、污染环境的产品。

本法施行后新建的餐饮、娱乐、宾馆等服务性企业，应当采用节能、节水、节材和有利于保护环境的技术、设备和设施。

第二十七条：国家鼓励和支持使用再生水。在有条件使用再生水的地区，限制或者禁止将自来水作为城市道路清扫、城市绿化和景观用水使用。

第二十八条：国家在保障产品安全和卫生的前提下，限制一次性消费品的生产和销售。具体名录由国务院循环经济发展综合管理部门会同国务院财政、环境保护等有关主管部门制定。

对列入前款规定名录中的一次性消费品的生产和销售，由国务院财政、税务和对外贸易等主管部门制定限制性的税收和出口等措施。

(2)《中华人民共和国循环经济促进法》对“再利用和资源化”有如下规定。

第二十九条：县级以上人民政府应当统筹规划区域经济布局，合理调整产业结构，促进企业在资源综合利用等领域进行合作，实现资源的高效利用和循环使用。

各类产业园区应当组织区内企业进行资源综合利用，促进循环经济发展。

国家鼓励各类产业园区的企业进行废物交换利用、能量梯级利用、土地集约利用、水的分类利用和循环使用，共同使用基础设施和其他有关设施。

新建和改造各类产业园区应当依法进行环境影响评价，并采取生态保护和污染控制措施，确保本区域的环境质量达到规定的标准。

第三十条：企业应当按照国家规定，对生产过程中产生的粉煤灰、煤矸石、尾矿、废石、废料、废气等工业废物进行综合利用。

第三十一条：企业应当发展串联用水系统和循环用水系统，提高水的重复利用率。

企业应当采用先进技术、工艺和设备，对生产过程中产生的废水进行再生利用。

第三十二条：企业应当采用先进或者适用的回收技术、工艺和设备，对生产过程中产生的余热、余压等进行综合利用。

建设利用余热、余压、煤层气以及煤矸石、煤泥、垃圾等低热值燃料的并网发电项目，应当依照法律和国务院的规定取得行政许可或者报送备案。电网企业应当按照国家规定，与综合利用资源发电的企业签订并网协议，提供上网服务，并全额收购并网发电项目的上网电量。

第三十三条：建设单位应当对工程施工中产生的建筑废物进行综合利用；不具备综合利用条件的，应当委托具备条件的生产经营者进行综合利用或者无害化处置。

第三十四条：国家鼓励和支持农业生产者和相关企业采用先进或者适用技术，对农作物秸秆、畜禽粪便、农产品加工业副产品、废农用薄膜等进行综合利用，开发利用沼气等生物质能源。

第三十五条：县级以上人民政府及其林业主管部门应当积极发展生态林业，鼓励和支持林业生产者和相关企业采用木材节约和代用技术，开展林业废弃物和次小薪材、沙生灌木等综合利用，提高木材综合利用率。

第三十六条：国家支持生产经营者建立产业废物交换信息系统，促进企业交流产业废物信息。

企业对生产过程中产生的废物不具备综合利用条件的，应当提供给具备条件的生产经营者进行综合利用。

第三十七条：国家鼓励和推进废物回收体系建设。

地方人民政府应当按照城乡规划，合理布局废物回收网点和交易市场，支持废物回收企业和其他组织开展废物的收集、储存、运输及信息交流。

废物回收交易市场应当符合国家环境保护、安全和消防等规定。

第三十八条：对废电器电子产品、报废机动车船、废轮胎、废铅酸电池等特定产品进行拆解或者再利用，应当符合有关法律、行政法规的规定。

第三十九条：回收的电器电子产品，经过修复后销售的，必须符合再利用产品标准，并在显著位置标识为再利用产品。

回收的电器电子产品，需要拆解和再生利用的，应当交售给具备条件的拆解企业。

第四十条：国家支持企业开展机动车零部件、工程机械、机床等产品的再制造和轮胎翻新。

销售的再制造产品和翻新产品的质量必须符合国家规定的标准，并在显著位置标识为再制造产品或者翻新产品。

第四十一条：县级以上人民政府应当统筹规划建设城乡生活垃圾分类收集和资源化利用设施，建立和完善分类收集和资源化利用体系，提高生活垃圾资源化率。

县级以上人民政府应当支持企业建设污泥资源化利用和处置设施，提高污泥综合利用水平，防止产生再次污染。

6．其他内容（一般了解）

（1）《中华人民共和国循环经济促进法》制定的促进循环经济发展的制度。

循环经济的规划制度、抵制资源浪费和污染物排放的总量控制制度、循环经济的评价和考核制度、以生产者为主的责任延伸制度、对高耗能、高耗水企业设痒痒重点监管制度。

（2）《中华人民共和国循环经济促进法》的特点。

1）立法理念综合地体现了促进经济增长、提高资源利用效率及保护和改善环境的目的价值。

2）把点、线、面三个层次的责任有效地统一起来了，并突出了政府的责任。

点上的责任是指该法在第九条和第十条把企业和个人的责任都明确化了；线上的责任是指本法第十一条分别规定了各个行业的责任；面上的责任是指本法第八条明确了各级政府对本行政区域的责任。关于政府的责任，除了在第八条进行了原则性的规定以外，还在第二章“基本管理制度”规定了政府的规划责任、产业结构调整责任等，第十四章还规定了上级政府对下级政府的循环经济评价和考核制度。

3）一般促进与重点促进相结合。

一般促进是指本法在“总则”和“基本管理制度”两章规定了具有普遍适用意义的政策、目标、原则和管理制度；重点促进主要是指本法第三章和第四章对产品设计、产品包装、节水等多方面所提出的原则要求，使循环经济法治建设涵盖了循环经济经济发展的主要环节和主要方面。

4）促进措施具有专门性和综合性。

专门性是指本法第五章“激励措施”所制定的奖励和惩罚措施，而综合性是指各市场机制和各行政管控措施相互结合。

5）体现了预防优先和综合治理相结合的管理思想。

（九）《中华人民共和国水法》

《中华人民共和国水法》由中华人民共和国第九届全国人民代表大会常务委员会第二十九次会议于 2002 年 8 月 29 日修订通过，自 2002 年 10 月 1 日起施行。

1. 水资源开发利用的有关规定（熟悉）

《中华人民共和国水法》对“水资源开发利用”作了如下的规定。

第二十条：开发、利用水资源，应当坚持兴利与除害相结合，兼顾上下游、左右岸和有关地区之间的利益，充分发挥水资源的综合效益，并服从防洪的总体安排。

第二十一条：开发、利用水资源，应当首先满足城乡居民生活用水，并兼顾农业、工业、生态环境用水以及航运等需要。

在干旱和半干旱地区开发、利用水资源，应当充分考虑生态环境用水需要。

第二十二条：跨流域调水，应当进行全面规划和科学论证，统筹兼顾调出和调入流域的用水需要，防止对生态环境造成破坏。

第二十三条：地方各级人民政府应当结合本地区水资源的实际情况，按照地表水与地下水统一调度开发、开源与节流相结合、节流优先和污水处理再利用的原则，合理组织开发、综合利用水资源。

国民经济和社会发展规划以及城市总体规划的编制、重大建设项目的布局，应当与当地水资源条件和防洪要求相适应，并进行科学论证；在水资源不足的地区，应当对城市规模和建设耗水量大的工业、农业和服务业项目加以限制。

第二十四条：在水资源短缺的地区，国家鼓励对雨水和微咸水的收集、开发、利用和对海水的利用、淡化。

第二十五条：地方各级人民政府应当加强对灌溉、排涝、水土保持工作的领导，促进农业生产发展；在容易发生盐碱化和渍害的地区，应当采取措施，控制和降低地下水的水位。

农村集体经济组织或者其成员依法在本集体经济组织所有的集体土地或者承包土地上投资兴建水工程设施的，按照谁投资建设谁管理和谁受益的原则，对水工程设施及其蓄水进行管理和合理使用。

农村集体经济组织修建水库应当经县级以上地方人民政府水行政主管部门批准。

第二十六条：国家鼓励开发、利用水能资源。在水能丰富的河流，应当有计划地进行多目标梯级开发。

建设水力发电站，应当保护生态环境，兼顾防洪、供水、灌溉、航运、竹木流放和渔业等方面的需要。

第二十七条：国家鼓励开发、利用水运资源。在水生生物洄游通道、通航或者竹木流放的河流上修建永久性拦河闸坝，建设单位应当同时修建过鱼、过船、过木设施，或者经国务院授权的部门批准采取其他补救措施，并妥善安排施工和蓄水期间的水生生物保护、航运和竹木流放，所需费用由建设单位承担。

在不通航的河流或者人工水道上修建闸坝后可以通航的，闸坝建设单位应当同时修建过船设施或者预留过船设施位置。

第二十八条：任何单位和个人引水、截（蓄）水、排水，不得损害公共利益和他人的合法权益。

第二十九条：国家对水工程建设移民实行开发性移民的方针，按照前期补偿、补助与后期扶持相结合的原则，妥善安排移民的生产和生活，保护移民的合法权益。

移民安置应当与工程建设同步进行。建设单位应当根据安置地区的环境容量和可持续发展的原则，因地制宜，编制移民安置规划，经依法批准后，由有关地方人民政府组织实施。所需移民经费列入工程建设投资计划。

2．建立饮用水水源保护区制度的有关规定（熟悉）

《中华人民共和国水法》第三十三条规定：

“国家建立饮用水水源保护区制度。省、自治区、直辖市人民政府应当划定饮用水水源保护区，并采取措施，防止水源枯竭和水体污染，保证城乡居民饮用水安全。”

3．设置、新建、改建或者扩大排污口的有关规定（掌握）

《中华人民共和国水法》第三十四条规定：

“禁止在饮用水水源保护区内设置排污口。

在江河、湖泊新建、改建或者扩大排污口，应当经过有管辖权的水行政主管部门或者流域管理机构同意，由环境保护行政主管部门负责对该建设项目的环境影响报告书进行审批。”

4．河道管理范围内禁止行为的有关规定（熟悉）

《中华人民共和国水法》第三十七条规定：

“禁止在江河、湖泊、水库、运河、渠道内弃置、堆放阻碍行洪的物体和种植阻碍行洪的林木及高秆作物。

禁止在河道管理范围内建设妨碍行洪的建筑物、构筑物以及从事影响河势稳定、危害河岸堤防安全和其他妨碍河道行洪的活动。”

5．禁止围湖造地、围垦河道的规定（了解）

《中华人民共和国水法》第四十条规定：

“禁止围湖造地。已经围垦的，应当按照国家规定的防洪标准有计划地退地还湖。

禁止围垦河道。确需围垦的，应当经过科学论证，经省、自治区、直辖市人民政府水行政主管部门或者国务院水行政主管部门同意后，报本级人民政府批准。”

6．工业用水应增加循环用水次数，提高水的重复利用率的规定

《中华人民共和国水法》第五十一条规定：

“工业用水应当采用先进技术、工艺和设备，增加循环用水次数，提高水的重复利用率。

国家逐步淘汰落后的、耗水量高的工艺、设备和产品，具体名录由国务院经济综合主管部门会同国务院水行政主管部门和有关部门制定并公布。生产者、销售者或者生产经营中的使用者应当在规定的时间内停止生产、销售或者使用列入名录的工艺、设备和产品。”

（十）《中华人民共和国节约能源法》

《中华人民共和国节约能源法》由中华人民共和国第十届全国人民代表大会常务委员会第三十次会议于 2007 年 10 月 28 日修订通过，自 2008 年 4 月 1 日起施行。

1．能源和节能的法律定义（熟悉）

《中华人民共和国节约能源法》第二条规定：

“本法所称能源，是指煤炭、石油、天然气、生物质能和电力、热力以及其他直接或者通过加工、转换而取得有用能的各种资源。”

《中华人民共和国节约能源法》第三条规定：

“本法所称节约能源（以下简称节能），是指加强用能管理，采取技术上可行、经济上合理以及环境和社会可以承受的措施，从能源生产到消费的各个环节，降低消耗、减少损失和污染物排放、制止浪费，有效、合理地利用能源。”

2．国家节能政策的有关规定（了解）

《中华人民共和国节约能源法》第四条至第八条关于国家节能政策的规定如下。

第四条：节约资源是我国的基本国策。国家实施节约与开发并举、把节约放在首位的能源发展战略。

第五条：国务院和县级以上地方各级人民政府应当将节能工作纳入国民经济和社会发展规划、年度计划，并组织编制和实施节能中长期专项规划、年度节能计划。国务院和县级以上地方各级人民政府每年向本级人民代表大会或者其常务委员会报告节能工作。

第六条：国家实行节能目标责任制和节能考核评价制度，将节能目标完成情况作为对地方人民政府及其负责人考核评价的内容。

省、自治区、直辖市人民政府每年向国务院报告节能目标责任的履行情况。

第七条：国家实行有利于节能和环境保护的产业政策，限制发展高耗能、高污染行业，发展节能环保型产业。

国务院和省、自治区、直辖市人民政府应当加强节能工作，合理调整产业结构、企业结构、产品结构和能源消费结构，推动企业降低单位产值能耗和单位产品能耗，淘汰落后的生产能力，改进能源的开发、加工、转换、输送、储存和供应，提高能源利用效率。

国家鼓励、支持开发和利用新能源、可再生能源。

第八条：国家鼓励、支持节能科学技术的研究、开发、示范和推广，促进节能技术创新与进步。

国家开展节能宣传和教育，将节能知识纳入国民教育和培训体系，普及节能科学知识，增强全民的节能意识，提倡节约型的消费方式。

3．国家对落后的耗能过高的用能产品、设备实行淘汰制度的规定（熟悉）

《中华人民共和国节约能源法》第十六条规定：

“国家对落后的耗能过高的用能产品、设备和生产工艺实行淘汰制度。淘汰的用能产品、设备、生产工艺的目录和实施办法，由国务院管理节能工作的部门会同国务院有关部门制定并公布。

生产过程中耗能高的产品的生产单位，应当执行单位产品能耗限额标准。对超过单位产品能耗限额标准用能的生产单位，由管理节能工作的部门按照国务院规定的权限责令限期治理。

对高耗能的特种设备，按照国务院的规定实行节能审查和监管。”

4．禁止生产、进口、销售及使用国家明令淘汰或者不符合强制性能源效率标准的用能产品、设备、生产工艺的规定（熟悉）

《中华人民共和国节约能源法》第十七条规定：

“禁止生产、进口、销售国家明令淘汰或者不符合强制性能源效率标准的用能产品、设备；禁止使用国家明令淘汰的用能设备、生产工艺。”

5．工业节能的有关规定

《中华人民共和国节约能源法》第二十九条至第三十三条关于工业节能的规定如下。

第二十九条：国务院和省、自治区、直辖市人民政府推进能源资源优化开发利用和合理配置，推进有利于节能的行业结构调整，优化用能结构和企业布局。

第三十条：国务院管理节能工作的部门会同国务院有关部门制定电力、钢铁、有色金属、建材、石油加工、化工、煤炭等主要耗能行业的节能技术政策，推动企业节能技术改造。

第三十一条：国家鼓励工业企业采用高效、节能的电动机、锅炉、窑炉、风机、泵类等设备，采用热电联产、余热余压利用、洁净煤以及先进的用能监测和控制等技术。

第三十二条：电网企业应当按照国务院有关部门制定的节能发电调度管理的规定，安排清洁、高效和符合规定的热电联产、利用余热余压发电的机组以及其他符合资源综合利用规定的发电机组与电网并网运行，上网电价执行国家有关规定。

第三十三条：禁止新建不符合国家规定的燃煤发电机组、燃油发电机组和燃煤热电机组。

（十一）《中华人民共和国防沙治沙法》

《中华人民共和国防沙治沙法》于2001年8月31日颁布，自2002年1月1日起施行。

1．土地沙化的法律定义（了解）

《中华人民共和国防沙治沙法》第二条规定：

“在中华人民共和国境内，从事土地沙化的预防、沙化土地的治理和开发利用活动，必须遵守本法。

土地沙化是指因气候变化和人类活动所导致的天然沙漠扩张和沙质土壤上植被破坏、沙土裸露的过程。

本法所称土地沙化，是指主要因人类不合理活动所导致的天然沙漠扩张和沙质土壤上植被及覆盖物被破坏，形成流沙及沙土裸露的过程。

本法所称沙化土地，包括已经沙化的土地和具有明显沙化趋势的土地。具体范围，由国务院批准的全国防沙治沙规划确定。”

2．在沙化土地范围内从事开发建设活动须进行环境影响评价的规定（了解）

《中华人民共和国防沙治沙法》第二十一条规定：

“在沙化土地范围内从事开发建设活动的，必须事先就该项目可能对当地及相关地区生态产生的影响进行环境影响评价，依法提交环境影响报告；环境影响报告应当包括有关防沙治沙的内容。”

3. 已经沙化的土地范围内的铁路、路、河流、水渠两侧和城镇、村庄、厂矿、水库周围，实行单位治理责任制的有关规定（了解）

《中华人民共和国防沙治沙法》第三十条规定：

“已经沙化的土地范围内的铁路、公路、河流和水渠两侧，城镇、村庄、厂矿和水库周围，实行单位治理责任制，由县级以上地方人民政府下达治理责任书，由责任单位负责组织造林种草或者采取其他治理措施。”

（十二）《中华人民共和国草原法》

《中华人民共和国草原法》于1985年6月18日颁布，由2002年12月28日第九届全国人民代表大会常务委员会第三十一次会议修订，自2003年3月1日起施行。

1. 编制草原保护、建设、利用规划应当遵循的原则及应当包括的内容（了解）

《中华人民共和国草原法》第十八条至第二十条规定如下。

第十八条：编制草原保护、建设、利用规划，应当依据国民经济和社会发展规划并遵循下列原则。

（1）改善生态环境，维护生物多样性，促进草原的可持续利用。

（2）以现有草原为基础，因地制宜，统筹规划，分类指导。

（3）保护为主、加强建设、分批改良、合理利用。

（4）生态效益、经济效益、社会效益相结合。

第十九条：草原保护、建设、利用规划应当包括：草原保护、建设、利用的目标和措施，草原功能分区和各项建设的总体部署，各项专业规划等。

第二十条：草原保护、建设、利用规划应当与土地利用总体规划相衔接，与环境保护规划、水土保持规划、防沙治沙规划、水资源规划、林业长远规划、城市总体规划、村庄和集镇规划以及其他有关规划相协调。

2. 基本草原保护制度的有关规定（掌握）

《中华人民共和国草原法》第四十二条规定：

“国家实行基本草原保护制度。下列草原应当划为基本草原，实施严格管理。

（1）重要放牧场。

（2）割草地。

（3）用于畜牧业生产的人工草地、退耕还草地以及改良草地、草种基地。

（4）对调节气候、涵养水源、保持水土、防风固沙具有特殊作用的草原。

（5）作为国家重点保护野生动植物生存环境的草原。

（6）草原科研、教学试验基地。

（7）国务院规定应当划为基本草原的其他草原。

基本草原的保护管理办法，由国务院制定。”

3. 禁止开垦草原的有关规定（熟悉）

《中华人民共和国草原法》第四十六条规定：

“禁止开垦草原。对水土流失严重、有沙化趋势、需要改善生态环境的已垦草原，应当有计划、有步骤地退耕还草；已造成沙化、盐碱化、石漠化的，应当限期治理。”

（十三）《中华人民共和国文物保护法》

1982 年 11 月 19 日第五届全国人民代表大会常务委员会第二十五次会议通过；根据 1991 年 6 月 29 日第七届全国人民代表大会常务委员会第二十次会议《关于修改〈中华人民共和国文物保护法〉第三十条、第三十一条的决定》修正；2002 年 10 月 28 日第九届全国人民代表大会常务委员会第三十次会议修订；根据 2007 年 12 月 29 日第十届全国人民代表大会常务委员会第三十一次会议《关于修改〈中华人民共和国文物保护法〉的决定》第二次修正。

1．在文物保护单位的保护范围及建设控制地带内不得进行的活动的有关规定（了解）

《中华人民共和国文物保护法》第十七条至十九条规定如下。

第十七条：文物保护单位的保护范围内不得进行其他建设工程或者爆破、钻探、挖掘等作业。但是，因特殊情况需要在文物保护单位的保护范围内进行其他建设工程或者爆破、钻探、挖掘等作业的，必须保证文物保护单位的安全，并经核定公布该文物保护单位的人民政府批准，在批准前应当征得上一级人民政府文物行政部门同意；在全国重点文物保护单位的保护范围内进行其他建设工程或者爆破、钻探、挖掘等作业的，必须经省、自治区、直辖市人民政府批准，在批准前应当征得国务院文物行政部门同意。

第十八条：根据保护文物的实际需要，经省、自治区、直辖市人民政府批准，可以在文物保护单位的周围划出一定的建设控制地带，并予以公布。

在文物保护单位的建设控制地带内进行建设工程，不得破坏文物保护单位的历史风貌；工程设计方案应当根据文物保护单位的级别，经相应的文物行政部门同意后，报城乡建设规划部门批准。

第十九条：在文物保护单位的保护范围和建设控制地带内，不得建设污染文物保护单位及其环境的设施，不得进行可能影响文物保护单位安全及其环境的活动。对已有的污染文物保护单位及其环境的设施，应当限期治理。

2．建设工程选址中保护不可移动文物的有关规定（熟悉）

《中华人民共和国文物保护法》第二十条规定：

“建设工程选址，应当尽可能避开不可移动文物；因特殊情况不能避开的，对文物保护单位应当尽可能实施原址保护。

实施原址保护的，建设单位应当事先确定保护措施，根据文物保护单位的级别报相应的文物行政部门批准，并将保护措施列入可行性研究报告或者设计任务书。

无法实施原址保护，必须迁移异地保护或者拆除的，应当报省、自治区、直辖市人民政府批准；迁移或者拆除省级文物保护单位的，批准前须征得国务院文物行政部门同意。全国重点文物保护单位不得拆除；需要迁移的，须由省、自治区、直辖市人民政府报国务院批准。

依照前款规定拆除的国有不可移动文物中具有收藏价值的壁画、雕塑、建筑构件等，由文物行政部门指定的文物收藏单位收藏。

本条规定的原址保护、迁移、拆除所需费用，由建设单位列入建设工程预算。”

（十四）《中华人民共和国森林法》

1984 年 9 月 20 日全国人大常委会通过了《中华人民共和国森林法》；1998 年 4 月 29 日第九届全国人民代表大会常务委员会第二次会议通过颁布了修改的《中华人民共和国森林法》；2000 年 1 月 29 日，国务院发布了《中华人民共和国森林法实施条例》。

1．森林的分类（熟悉）

森林是指存在于一定区域内的以树木或其他木本植物为主体的植物群落，包括乔木林和竹林。

《中华人民共和国森林法》第四条规定：

“森林分为以下五类。

（1）防护林：以防护为主要目的的森林、林木和灌木丛，包括水源涵养林，水土保持林，防风固沙林，农田、牧场防护林，护岸林，护路林。

（2）用材林：以生产木材为主要目的的森林和林木，包括以生产竹材为主要目的的竹林。

（3）经济林：以生产果品，食用油料、饮料、调料，工业原料和药材等为主要目的的林木。

（4）薪炭林：以生产燃料为主要目的的林木。

（5）特种用途林：以国防、环境保护、科学实验等为主要目的的森林和林木，包括国防林、实验林、母树林、环境保护林、风景林，名胜古迹和革命纪念地的林木，自然保护区的森林。”

2．进行勘查、开采矿藏和各项建设工程占用或者征用林地的有关规定（掌握）

《中华人民共和国森林法》第十八条规定：

“进行勘查、开采矿藏和各项建设工程，应当不占或者少占林地；必须占用或者征用林地的，经县级以上人民政府林业主管部门审核同意后，依照有关土地管理的法律、行政法规办理建设用地审批手续，并由用地单位依照国务院有关规定缴纳森林植被恢复费。森林植被恢复费专款专用，由林业主管部门依照有关规定统一安排植树造林，恢复森林植被，植树造林面积不得少于因占用、征用林地而减少的森林植被面积。上级林业主管部门应当定期督促、检查下级林业主管部门组织植树造林、恢复森林植被的情况。

任何单位和个人不得挪用森林植被恢复费。县级以上人民政府审计机关应当加强对森林植被恢复费使用情况的监督。”

3．禁止毁林开垦、开采等行为的有关规定（掌握）

《中华人民共和国森林法》第二十三条规定：

“禁止毁林开垦和毁林采石、采砂、采土以及其他毁林行为。

禁止在幼林地和特种用途林内砍柴、放牧。

进入森林和森林边缘地区的人员，不得擅自移动或者损坏为林业服务的标志。”

4．采伐森林和林木必须遵守的规定（熟悉）

《中华人民共和国森林法》第三十一条规定：

“采伐森林和林木必须遵守下列规定。

（1）成熟的用材林应当根据不同情况，分别采取择伐、皆伐和渐伐方式，皆伐应当严格控制，并在采伐的当年或者次年内完成更新造林。

（2）防护林和特种用途林中的国防林、母树林、环境保护林、风景林，只准进行抚育和更新性质的采伐。

（3）特种用途林中的名胜古迹和革命纪念地的林木、自然保护区的森林，严禁采伐。”

（十五）《中华人民共和国渔业法》

《中华人民共和国渔业法》于 1986 年 1 月 20 日颁布，2000 年 10 月 31 日进行了修正，2004 年 8 月 28 日进行了第二次修正。

1．本法的适用范围（了解）

《中华人民共和国渔业法》第二条规定：

“在中华人民共和国的内水、滩涂、领海、专属经济区以及中华人民共和国管辖的一切其他海域从事养殖和捕捞水生动物、水生植物等渔业生产活动，都必须遵守本法。”

2．在鱼、虾、蟹洄游通道建闸、筑坝，对渔业资源有严重影响的，应当建造过鱼设施或者采取其他补救措施的规定（熟悉）

《中华人民共和国渔业法》第三十二条规定：

“在鱼、虾、蟹洄游通道建闸、筑坝，对渔业资源有严重影响的，建设单位应当建造过鱼设施或者采取其他补救措施。”

（十六）《中华人民共和国矿产资源法》

《中华人民共和国矿产资源法》于 1986 年 3 月 19 日颁布，1996 年 8 月 29 日修正。

1．非经国务院授权的有关主管部门同意，不得开采矿产资源的地区（熟悉）

《中华人民共和国矿产资源法》第二十条规定：

“非经国务院授权的有关主管部门同意，不得在下列地区开采矿产资源。

（1）港口、机场、国防工程设施圈定地区以内。

（2）重要工业区、大型水利工程设施、城镇市政工程设施附近一定距离以内。

（3）铁路、重要公路两侧一定距离以内。

（4）重要河流、堤坝两侧一定距离以内。

（5）国家规定的自然保护区、重要风景区，国家重点保护的不能移动的历史文物和名胜古迹所在地。

（6）国家规定不得开采矿产资源的其他地区。”

2．关闭矿山的有关规定（了解）

《中华人民共和国矿产资源法》第二十一条规定：

“关闭矿山，必须提出矿山闭坑报告及有关采掘工程、安全隐患、土地复垦利用、环境保护的资料，并按照国家规定报请审查批准。”

3．矿产资源开采的有关规定（了解）

《中华人民共和国矿产资源法》第二十九条至第三十四条规定如下。

第二十九条：开采矿产资源，必须采取合理的开采顺序、开采方法和选矿工艺。矿山企业的开采回采率、采矿贫化率和选矿回收率应当达到设计要求。

第三十条：在开采主要矿产的同时，对具有工业价值的共生和伴生矿产应当统一规划，综合开采，综合利用，防止浪费；对暂时不能综合开采或者必须同时采出而暂时还不能综合利用的矿产以及含有有用组分的尾矿，应当采取有效的保护措施，防止损失破坏。

第三十一条：开采矿产资源，必须遵守国家劳动安全卫生规定，具备保障安全生产的必要条件。

第三十二条：开采矿产资源，必须遵守有关环境保护的法律规定，防止污染环境。

开采矿产资源，应当节约用地。耕地、草原、林地因采矿受到破坏的，矿山企业应当因地制宜地采取复垦利用、植树种草或者其他利用措施。

开采矿产资源给他人生产、生活造成损失的，应当负责赔偿，并采取必要的补救措施。

第三十三条：在建设铁路、工厂、水库、输油管道、输电线路和各种大型建筑物或者建筑群之前，建设单位必须向所在省、自治区、直辖市地质矿产主管部门了解拟建工程所在地区的矿产资源分布和开采情况。非经国务院授权的部门批准，不得压覆重要矿床。

第三十四条：国务院规定由指定的单位统一收购的矿产品，任何其他单位或者个人不得收购；开采者不得向非指定单位销售。

（十七）《中华人民共和国土地管理法》

《中华人民共和国土地管理法》1986 年 6 月 25 日颁布，1988 年 12 月 29 日修正，由中华人民共和国第九届全国人民代表大会常务委员会第四次会议于 1998 年 8 月 29 日修订，2004 年 8 月 28 日第二次修正。

1．国家土地用途管制制度的有关规定（了解）

我国实行土地的社会主义公有制，即全民所有制和劳动群众集体所有制。为了保证合理地使用土地，1998 年修改后的《中华人民共和国土地管理法》增加了关于“国家实行土地用途管制制度”的规定。

《中华人民共和国土地管理法》第四条规定：

“国家实行土地用途管制制度。国家编制土地利用总体规划，规定土地用途，将土地分为农用地、建设用地和未利用地。严格限制农用地转为建设用地，控制建设用地总量，对耕地实行特殊保护。

前款所称农用地是指直接用于农业生产的土地，包括耕地、林地、草地、农田水利用地、养殖水面等；建设用地是指建造建筑物、构筑物的土地，包括城乡住宅和公共设施用地、工矿用地、交通水利设施用地、旅游用地、军事设施用地等；未利用地是指农用地和建设用地以外的土地。

使用土地的单位和个人必须严格按照土地利用总体规划确定的用途使用土地。”

2．保护耕地和占用耕地补偿制度的有关规定（熟悉）

《中华人民共和国土地管理法》第三十一条规定：

“国家保护耕地，严格控制耕地转为非耕地。

国家实行占用耕地补偿制度。非农业建设经批准占用耕地的，按照‘占多少，垦多少’

的原则，由占用耕地的单位负责开垦与所占用耕地的数量和质量相当的耕地；没有条件开垦或者开垦的耕地不符合要求的，应当按照省、自治区、直辖市的规定缴纳耕地开垦费，专款用于开垦新的耕地。

省、自治区、直辖市人民政府应当制订开垦耕地计划，监督占用耕地的单位按照计划开垦耕地或者按照计划组织开垦耕地，并进行验收。”

3．国家实行基本农田保护制度的有关规定（掌握）

《中华人民共和国土地管理法》第三十四条规定：

“国家实行基本农田保护制度。下列耕地应当根据土地利用总体规划划入基本农田保护区，严格管理。

（1）经国务院有关主管部门或者县级以上地方人民政府批准确定的粮、棉、油生产基地内的耕地。

（2）有良好的水利与水土保持设施的耕地，正在实施改造计划以及可以改造的中、低产田。

（3）蔬菜生产基地。

（4）农业科研、教学试验田。

（5）国务院规定应当划入基本农田保护区的其他耕地。

各省、自治区、直辖市划定的基本农田应当占本行政区域内耕地的80%以上。

基本农田保护区以乡（镇）为单位进行划区定界，由县级人民政府土地行政主管部门会同同级农业行政主管部门组织实施。”

4．建设占用土地的有关规定（了解）

《中华人民共和国土地管理法》第四十三条和四十四条规定如下。

第四十三条：任何单位和个人进行建设，需要使用土地的，必须依法申请使用国有土地；但是，兴办乡镇企业和村民建设住宅经依法批准使用本集体经济组织农民集体所有的土地的，或者乡（镇）村公共设施和公益事业建设经依法批准使用农民集体所有的土地的除外。

前款所称依法申请使用的国有土地包括国家所有的土地和国家征用的原属于农民集体所有的土地。

第四十四条：建设占用土地，涉及农用地转为建设用地的，应当办理农用地转用审批手续。

省、自治区、直辖市人民政府批准的道路、管线工程和大型基础设施建设项目、国务院批准的建设项目占用土地，涉及农用地转为建设用地的，由国务院批准。

在土地利用总体规划确定的城市和村庄、集镇建设用地规模范围内，为实施该规划而将农用地转为建设用地的，按土地利用年度计划分批次由原批准土地利用总体规划的机关批准。在已批准的农用地转用范围内，具体建设项目用地可以由市、县人民政府批准。

本条第二款、第三款规定以外的建设项目占用土地，涉及农用地转为建设用地的，由省、自治区、直辖市人民政府批准。

5. 由国务院批准的征用土地的范围（了解）

《中华人民共和国土地管理法》第四十五条规定：

“征用下列土地的，由国务院批准。

（1）基本农田。

（2）基本农田以外的耕地超过35公顷的。

（3）其他土地超过70公顷的。

征用前款规定以外的土地的，由省、自治区、直辖市人民政府批准，并报国务院备案。

征用农用地的，应当依照本法第四十四条的规定先行办理农用地转用审批。其中，经国务院批准农用地转用的，同时办理征地审批手续，不再另行办理征地审批；经省、自治区、直辖市人民政府在征地批准权限内批准农用地转用的，同时办理征地审批手续，不再另行办理征地审批，超过征地批准权限的，应当依照本条第一款的规定另行办理征地审批。”

（十八）《中华人民共和国水土保持法》

《中华人民共和国水土保持法》于1991年6月29日经第七届全国人民代表大会常务委员会第二十次会议通过并颁布实施，2010年12月25日第十一届全国人民代表大会常务委员会第十八次会议修订。

1. 修建铁路、公路和水工程必须采取防止水土流失措施的有关规定（熟悉）

《中华人民共和国水土保持法》第十八条第一款规定：

“修建铁路、公路和水工程，应当尽量减少破坏植被；废弃的沙、石、土必须运至规定的专门存放地堆放，不得向江河、湖泊、水库和专门存放地以外的沟渠倾倒；在铁路、公路两侧地界以内的山坡地，必须修建护坡或者采取其他土地整治措施；工程竣工后，取土场、开挖面和废弃的砂、石、土存放地的裸露土地，必须植树种草，防止水土流失。”

2. 开办矿山企业、电力企业和其他企业必须采取防止水土流失措施的有关规定（熟悉）

《中华人民共和国水土保持法》第十八条第二款规定：

“开办矿山企业、电力企业和其他大中型工业企业，排弃的剥离表土、矸石、尾矿、废渣等必须堆放在规定的专门存放地，不得向江河、湖泊、水库和专门存放地以外的沟渠倾倒；因采矿和建设使植被受到破坏的，必须采取措施恢复表土层和植被，防止水土流失。”

3. 在山区、丘陵区、风沙区内的建设项目编制水土保持方案的有关规定（掌握）

《中华人民共和国水土保持法》第十九条规定：

“在山区、丘陵区、风沙区修建铁路、公路、水工程，开办矿山企业、电力企业和其他大中型工业企业，在建设项目环境影响报告书中，必须有水行政主管部门同意的水土保持方案。水土保持方案应当按照本法第十八条的规定制定。

在山区、丘陵区、风沙区依照矿产资源法的规定开办乡镇集体矿山企业和个体申请采矿，必须持有县级以上地方人民政府水行政主管部门同意的水土保持方案，方可申请办理采矿批准手续。

建设项目中的水土保持设施，必须与主体工程同时设计、同时施工、同时投产使用。建设工程竣工验收时，应当同时验收水土保持设施，并有水行政主管部门参加。”

（十九）《中华人民共和国野生动物保护法》

《中华人民共和国野生动物保护法》由中华人民共和国第七届全国人民代表大会常务委员会第四次会议于 1988 年 11 月 8 日通过，2004 年 8 月 28 日第十届全国人民代表大会常务委员会第十一次会议修订。

1．本法的适用范围（了解）

《中华人民共和国野生动物保护法》第二条规定：

“在中华人民共和国境内从事野生动物的保护、驯养繁殖、开发利用活动，必须遵守本法。

本法规定保护的野生动物，是指珍贵、濒危的陆生、水生野生动物和有益的或者有重要经济、科学研究价值的陆生野生动物。

本法各条款所提野生动物，均系指前款规定的受保护的野生动物。

珍贵、濒危的水生野生动物以外的其他水生野生动物的保护，适用渔业法的规定。”

2．野生动物保护的有关规定（熟悉）

《中华人民共和国野生动物保护法》第八条至第十四条规定如下。

第八条：国家保护野生动物及其生存环境，禁止任何单位和个人非法猎捕或者破坏。

第九条：国家对珍贵、濒危的野生动物实行重点保护。国家重点保护的野生动物分为一级保护野生动物和二级保护野生动物。国家重点保护的野生动物名录及其调整，由国务院野生动物行政主管部门制定，报国务院批准公布。

地方重点保护野生动物，是指国家重点保护野生动物以外，由省、自治区、直辖市重点保护的野生动物。地方重点保护的野生动物名录，由省、自治区、直辖市政府制定并公布，报国务院备案。

国家保护的有益的或者有重要经济、科学研究价值的陆生野生动物名录及其调整，由国务院野生动物行政主管部门制定并公布。

第十条：国务院野生动物行政主管部门和省、自治区、直辖市政府，应当在国家和地方重点保护野生动物的主要生息繁衍的地区和水域，划定自然保护区，加强对国家和地方重点保护野生动物及其生存环境的保护管理。

自然保护区的划定和管理，按照国务院有关规定办理。

第十一条：各级野生动物行政主管部门应当监视、监测环境对野生动物的影响。由于环境影响对野生动物造成危害时，野生动物行政主管部门应当会同有关部门进行调查处理。

第十二条：建设项目对国家或者地方重点保护野生动物的生存环境产生不利影响的，建设单位应当提交环境影响报告书；环境保护部门在审批时，应当征求同级野生动物行政主管部门的意见。

第十三条：国家和地方重点保护野生动物受到自然灾害威胁时，当地政府应当及时采取拯救措施。

第十四条：因保护国家和地方重点保护野生动物，造成农作物或者其他损失的，由当地政府给予补偿。补偿办法由省、自治区、直辖市政府制定。

（二十）《中华人民共和国防洪法》

1997年8月29日第八届全国人民代表大会常务委员会第二十七次会议通过，1997年8月29日中华人民共和国主席令第88号公布，自1998年1月1日起施行。

1．建设跨河、穿河、穿堤、临河工程设施防洪的有关规定（了解）

《中华人民共和国防洪法》第二十七条规定：

“建设跨河、穿河、穿堤、临河的桥梁、码头、道路、渡口、管道、缆线、取水、排水等工程设施，应当符合防洪标准、岸线规划、航运要求和其他技术要求，不得危害堤防安全，影响河势稳定、妨碍行洪畅通；其可行性研究报告按照国家规定的基本建设程序报请批准前，其中的工程建设方案应当经有关水行政主管部门根据前述防洪要求审查同意。

前款工程设施需要占用河道、湖泊管理范围内土地，跨越河道、湖泊空间或者穿越河床的，建设单位应当经有关水行政主管部门对该工程设施建设的位置和界限审查批准后，方可依法办理开工手续；安排施工时，应当按照水行政主管部门审查批准的位置和界限进行。”

2．防洪区、洪泛区、蓄滞洪区和防洪保护区的法律定义（了解）

《中华人民共和国防洪法》第二十九条规定：

“防洪区是指洪水泛滥可能淹及的地区，分为洪泛区、蓄滞洪区和防洪保护区。

洪泛区是指尚无工程设施保护的洪水泛滥所及的地区。

蓄滞洪区是指包括分洪口在内的河堤背水面以外临时贮存洪水的低洼地区及湖泊等。

防洪保护区是指在防洪标准内受防洪工程设施保护的地区。

洪泛区、蓄滞洪区和防洪保护区的范围，在防洪规划或者防御洪水方案中划定，并报请省级以上人民政府按照国务院规定的权限批准后予以公告。”

（二十一）《中华人民共和国城乡规划法》

《中华人民共和国城乡规划法》由中华人民共和国第十届全国人民代表大会常务委员会第三十次会议于2007年10月28日通过，自2008年1月1日施行，《中华人民共和国城市规划法》同时废止。

1．城乡规划和规划区的法律定义（了解）

《中华人民共和国城乡规划法》第二条规定：

“制定和实施城乡规划，在规划区内进行建设活动，必须遵守本法。

本法所称城乡规划，包括城镇体系规划、城市规划、镇规划、乡规划和村庄规划。城市规划、镇规划分为总体规划和详细规划。详细规划分为控制性详细规划和修建性详细规划。

本法所称规划区，是指城市、镇和村庄的建成区以及因城乡建设和发展需要，必须实行规划控制的区域。规划区的具体范围由有关人民政府在组织编制的城市总体规划、镇总体规划、乡规划和村庄规划中，根据城乡经济社会发展水平和统筹城乡发展的需要划定。”

2．省、自治区人民政府组织编制省域城镇体系规划的有关规定（了解）

《中华人民共和国城乡规划法》第十三条、十七条、十八条分别作了如下规定。

第十三条：省、自治区人民政府组织编制省域城镇体系规划，报国务院审批。

省域城镇体系规划的内容应当包括：城镇空间布局和规模控制，重大基础设施的布局，为保护生态环境、资源等需要严格控制的区域。

第十七条：城市总体规划、镇总体规划的内容应当包括：城市、镇的发展布局，功能分区，用地布局，综合交通体系，禁止、限制和适宜建设的地域范围，各类专项规划等。

规划区范围、规划区内建设用地规模、基础设施和公共服务设施用地、水源地和水系、基本农田和绿化用地、环境保护、自然与历史文化遗产保护以及防灾减灾等内容，应当作为城市总体规划、镇总体规划的强制性内容。

城市总体规划、镇总体规划的规划期限一般为二十年。城市总体规划还应当对城市更长远的发展作出预测性安排。

第十八条：乡规划、村庄规划应当从农村实际出发，尊重村民意愿，体现地方和农村特色。

乡规划、村庄规划的内容应当包括：规划区范围，住宅、道路、供水、排水、供电、垃圾收集、畜禽养殖场所等农村生产、生活服务设施、公益事业等各项建设的用地布局、建设要求，以及对耕地等自然资源和历史文化遗产保护、防灾减灾等的具体安排。乡规划还应当包括本行政区域内的村庄发展布局。

3．城市新区开发、建设和旧城区改建的有关规定（熟悉）

《中华人民共和国城乡规划法》第三十条和第三十一条的规定如下。

第三十条：城市新区的开发和建设，应当合理确定建设规模和时序，充分利用现有市政基础设施和公共服务设施，严格保护自然资源和生态环境，体现地方特色。

在城市总体规划、镇总体规划确定的建设用地范围以外，不得设立各类开发区和城市新区。

第三十一条：旧城区的改建，应当保护历史文化遗产和传统风貌，合理确定拆迁和建设规模，有计划地对危房集中、基础设施落后等地段进行改建。

历史文化名城、名镇、名村的保护以及受保护建筑物的维护和使用，应当遵守有关法律、行政法规和国务院的规定。

4．城乡建设和发展依法保护和合理利用风景名胜资源的有关规定（熟悉）

《中华人民共和国城乡规划法》第三十二条规定：

“城乡建设和发展，应当依法保护和合理利用风景名胜资源，统筹安排风景名胜区及周边乡、镇、村庄的建设。

风景名胜区的规划、建设和管理，应当遵守有关法律、行政法规和国务院的规定。”

（二十二）《中华人民共和国河道管理条例》

《中华人民共和国河道管理条例》于 1988 年 6 月 3 日国务院第七次常务会议通过，1988 年 6 月 10 日中华人民共和国国务院令第 3 号公布。

1．本条例的适用范围（了解）

《中华人民共和国河道管理条例》第二条规定：

“本条例适用于中华人民共和国领域内的河道（包括湖泊、人工水道、行洪区、蓄洪区，滞洪区）。

河道内的航道，同时适用《中华人民共和国航道管理条例》。”

2．修建桥梁、码头和其他设施须按照防洪和航运的标准、要求进行的有关规定（掌握）

《中华人民共和国河道管理条例》第十二条规定：

“修建桥梁、码头和其他设施，必须按照国家规定的防洪标准所确定的河宽进行，不得缩窄行洪通道。

桥梁和栈桥的梁底必须高于设计洪水位，并按照防洪和航运的要求，留有一定的超高。设计洪水位由河道主管机关根据防洪规划确定。

跨越河道的管道、线路的净空高度必须符合防洪和航运的要求。”

3．城镇建设和发展不得占用河道滩地的规定（掌握）

《中华人民共和国河道管理条例》第十六条规定：

“城镇建设和发展不得占用河道滩地。城镇规划的临河界限，由河道主管机关会同城镇规划等有关部门确定。沿河城镇在编制和审查城镇规划时，应当事先征求河道主管机关的意见。”

（二十三）《中华人民共和国自然保护区条例》

1994年9月2日国务院第二十四次常务会议讨论通过1994年10月9日中华人民共和国国务院令第167号发布，1994年12月1日起施行。

1．自然保护区的功能区划分及保护要求（掌握）

《中华人民共和国自然保护区条例》第十八条规定：

“自然保护区可以分为核心区、缓冲区和实验区。

自然保护区内保存完好的天然状态的生态系统以及珍稀、濒危动植物的集中分布地，应当划为核心区，禁止任何单位和个人进入；除依照本条例第二十七条的规定经批准外，也不允许进入从事科学研究活动。

核心区外围可以划定一定面积的缓冲区，只准进入从事科学研究观测活动。

缓冲区外围划为实验区，可以进入从事科学试验、教学实习、参观考察、旅游以及驯化、繁殖珍稀、濒危野生动植物等活动。

原批准建立自然保护区的人民政府认为必要时，可以在自然保护区的外围划定一定面积的外围保护地带。”

2．自然保护区内禁止行为的有关规定（掌握）

《中华人民共和国自然保护区条例》第二十六条、二十七条、二十八条分别作了如下规定。

第二十六条：禁止在自然保护区内进行砍伐、放牧、狩猎、捕捞、采药、开垦、烧荒、开矿、采石、挖沙等活动；但是，法律、行政法规另有规定的除外。

第二十七条：禁止任何人进入自然保护区的核心区。因科学研究的需要，必须进入核心区从事科学研究观测、调查活动的，应当事先向自然保护区管理机构提交申请和活动计划，并经省级以上人民政府有关自然保护区行政主管部门批准；其中，进入国家级自然保护区核心区的，必须经国务院有关自然保护区行政主管部门批准。

自然保护区核心区内原有居民确有必要迁出的，由自然保护区所在地的地方人民政府予以妥善安置。

第二十八条：禁止在自然保护区的缓冲区开展旅游和生产经营活动。因教学科研的目的，需要进入自然保护区的缓冲区从事非破坏性的科学研究、教学实习和标本采集活动的，应当事先向自然保护区管理机构提交申请和活动计划，经自然保护区管理机构批准。

从事前款活动的单位和个人，应当将其活动成果的副本提交自然保护区管理机构。

3．内部未分区的自然保护区按照核心区和缓冲区管理的规定（掌握）

《中华人民共和国自然保护区条例》第三十条规定：

“自然保护区的内部未分区的，依照本条例有关核心区和缓冲区的规定管理。”

（二十四）《风景名胜区管理暂行条例》（熟悉）

《风景名胜区条例》于2006年9月6日国务院第一百四十九次常务会议通过，自2006年12月1日起施行。

《风景名胜区条例》第二十四条至第三十一条规定如下。

第二十四条：风景名胜区内的景观和自然环境，应当根据可持续发展的原则，严格保护，不得破坏或者随意改变。

风景名胜区管理机构应当建立健全风景名胜资源保护的各项管理制度。

风景名胜区内的居民和游览者应当保护风景名胜区的景物、水体、林草植被、野生动物和各项设施。

第二十五条：风景名胜区管理机构应当对风景名胜区内的重要景观进行调查、鉴定，并制定相应的保护措施。

第二十六条：在风景名胜区内禁止进行下列活动：

（1）开山、采石、开矿、开荒、修坟立碑等破坏景观、植被和地形地貌的活动。

（2）修建储存爆炸性、易燃性、放射性、毒害性、腐蚀性物品的设施。

（3）在景物或者设施上刻划、涂污。

（4）乱扔垃圾。

第二十七条：禁止违反风景名胜区规划，在风景名胜区内设立各类开发区和在核心景区内建设宾馆、招待所、培训中心、疗养院以及与风景名胜资源保护无关的其他建筑物；已经建设的，应当按照风景名胜区规划，逐步迁出。

第二十八条：在风景名胜区内从事本条例第二十六条、第二十七条禁止范围以外的建设活动，应当经风景名胜区管理机构审核后，依照有关法律、法规的规定办理审批手续。

在国家级风景名胜区内修建缆车、索道等重大建设工程，项目的选址方案应当报国务院建设主管部门核准。

第二十九条：在风景名胜区内进行下列活动，应当经风景名胜区管理机构审核后，依照有关法律、法规的规定报有关主管部门批准。

（1）设置、张贴商业广告。

（2）举办大型游乐等活动。

（3）改变水资源、水环境自然状态的活动。

（4）其他影响生态和景观的活动。

第三十条：风景名胜区内的建设项目应当符合风景名胜区规划，并与景观相协调，不得破坏景观、污染环境、妨碍游览。

在风景名胜区内进行建设活动的，建设单位、施工单位应当制定污染防治和水土保持方案，并采取有效措施，保护好周围景物、水体、林草植被、野生动物资源和地形地貌。

第三十一条：国家建立风景名胜区管理信息系统，对风景名胜区规划实施和资源保护情况进行动态监测。

国家级风景名胜区所在地的风景名胜区管理机构应当每年向国务院建设主管部门报送风景名胜区规划实施和土地、森林等自然资源保护的情况；国务院建设主管部门应当将土地、森林等自然资源保护的情况，及时抄送国务院有关部门。

（二十五）《基本农田保护条例》

《基本农田保护条例》已经1998年12月24日国务院第十二次常务会议通过，1998年12月27日颁布，自1999年1月1日起施行。

1. 基本农田和基本农田保护区的法律定义（了解）

《基本农田保护条例》第二条规定：

“国家实行基本农田保护制度。

本条例所称基本农田，是指按照一定时期人口和社会经济发展对农产品的需求，依据土地利用总体规划确定的不得占用的耕地。

本条例所称基本农田保护区，是指为对基本农田实行特殊保护而依据土地利用总体规划和依照法定程序确定的特定保护区域。”

2. 与建设项目有关的基本农田保护措施（掌握）

《基本农田保护条例》第十五条至第十八条规定如下。

第十五条：基本农田保护区经依法划定后，任何单位和个人不得改变或者占用。国家能源、交通、水利、军事设施等重点建设项目选址确实无法避开基本农田保护区，需要占用基本农田，涉及农用地转用或者征用土地的，必须经国务院批准。

第十六条：经国务院批准占用基本农田的，当地人民政府应当按照国务院的批准文件修改土地利用总体规划，并补充划入数量和质量相当的基本农田。占用单位应当按照占多少、垦多少的原则，负责开垦与所占基本农田的数量与质量相当的耕地；没有条件开垦或者开垦的耕地不符合要求的，应当按照省、自治区、直辖市的规定缴纳耕地开垦费，专款用于开垦新的耕地。

占用基本农田的单位应当按照县级以上地方人民政府的要求，将所占用基本农田耕作层的土壤用于新开垦耕地、劣质地或者其他耕地的土壤改良。

第十七条：禁止任何单位和个人在基本农田保护区内建窑、建房、建坟、挖砂、采石、采矿、取土、堆放固体废弃物或者进行其他破坏基本农田的活动。

禁止任何单位和个人占用基本农田发展林果业和挖塘养鱼。

第十八条：禁止任何单位和个人闲置、荒芜基本农田。经国务院批准的重点建设项目占用基本农田的，满1年不使用而又可以耕种并收获的，应当由原耕种该幅基本农田的集体或者个人恢复耕种，也可以由用地单位组织耕种；1年以上未动工建设的，应当按照省、自治区、直辖市的规定缴纳闲置费；连续2年未使用的，经国务院批准，由县级以上人民政府无偿收回用地单位的土地使用权；该幅土地原为农民集体所有的，应当交由原农村集体经济组织恢复耕种，重新划入基本农田保护区。

承包经营基本农田的单位或者个人连续 2 年弃耕抛荒的，原发包单位应当终止承包合同，收回发包的基本农田。

（二十六）《土地复垦条例》

《土地复垦条例》经 2011 年 2 月 22 日国务院第一百四十五次常务会议通过，2011 年 3 月 5 日中华人民共和国国务院第 592 号令公布，自公布之日起施行。

《土地复垦条例》所称土地复垦，是指对生产建设活动和自然灾害损毁的土地，采取整治措施，使其达到可供利用状态的活动。

1. 生产建设活动损毁土地复垦的原则（熟悉）

《土地复垦条例》第三条和第四条规定如下。

第三条：生产建设活动损毁的土地，按照“谁损毁，谁复垦”的原则，由生产建设单位或者个人（以下称土地复垦义务人）负责复垦。但是，由于历史原因无法确定土地复垦义务人的生产建设活动损毁的土地（以下称历史遗留损毁土地），由县级以上人民政府负责组织复垦。

自然灾害损毁的土地，由县级以上人民政府负责组织复垦。

第四条：生产建设活动应当节约集约利用土地，不占或者少占耕地；对依法占用的土地应当采取有效措施，减少土地损毁面积，降低土地损毁程度。

土地复垦应当坚持科学规划、因地制宜、综合治理、经济可行、合理利用的原则。复垦的土地应当优先用于农业。

2. 土地复垦义务人负责复垦的损毁土地范围（了解）

《土地复垦条例》第十条规定：

“下列损毁土地由土地复垦义务人负责复垦。

（1）露天采矿、烧制砖瓦、挖沙取土等地表挖掘所损毁的土地。

（2）地下采矿等造成地表塌陷的土地。

（3）堆放采矿剥离物、废石、矿渣、粉煤灰等固体废弃物压占的土地。

（4）能源、交通、水利等基础设施建设和其他生产建设活动临时占用所损毁的土地。”

3. 掌握土地复垦义务人应当保护土壤质量与生态环境、避免污染土壤和地下水的有关规定。

《土地复垦条例》第十六条规定：

“土地复垦义务人应当建立土地复垦质量控制制度，遵守土地复垦标准和环境保护标准，保护土壤质量与生态环境，避免污染土壤和地下水。

土地复垦义务人应当首先对拟损毁的耕地、林地、牧草地进行表土剥离，剥离的表土用于被损毁土地的复垦。

禁止将重金属污染物或者其他有毒有害物质用作回填或者充填材料。受重金属污染物或者其他有毒有害物质污染的土地复垦后，达不到国家有关标准的，不得用于种植食用农作物。”

（二十七）《医疗废物管理条例》（熟悉）

《医疗废物管理条例》于 2003 年 6 月 4 日经国务院第十次常务会议通过，自 2003 年 6 月 16 日起施行。

《医疗废物管理条例》第二十四条规定：

“医疗废物集中处置单位的贮存、处置设施，应当远离居（村）民居住区、水源保护区和交通干道，与工厂、企业等工作场所有适当的安全防护距离，并符合国务院环境保护行政主管部门的规定。”

（二十八）《危险化学品安全管理条例》

《危险化学品安全管理条例》于 2002 年 1 月 9 日经国务院第五十二次常务会议通过，2002 年 1 月 26 日中华人民共和国国务院 344 号令公布。2011 年 2 月 16 日经国务院第一百四十四次常务会议修订通过，自 2011 年 12 月 1 日起施行。

1．危险化学品的法律定义（了解）

《危险化学品安全管理条例》第三条规定：

“本条例所称危险化学品，是指具有毒害、腐蚀、爆炸、燃烧、助燃等性质，对人体、设施、环境具有危害的剧毒化学品和其他化学品。

危险化学品目录，由国务院安全生产监督管理部门会同国务院工业和信息化、公安、环境保护、卫生、质量监督检验检疫、交通运输、铁路、民用航空、农业主管部门，根据化学品危险特性的鉴别和分类标准确定、公布，并适时调整。”

2．国家对危险化学品的生产、储存实行统筹规划、合理布局的有关规定（掌握）

《危险化学品安全管理条例》第十一条规定：

“国家对危险化学品的生产、储存实行统筹规划、合理布局。

国务院工业和信息化主管部门以及国务院其他有关部门依据各自职责，负责危险化学品生产、储存的行业规划和布局。

地方人民政府组织编制城乡规划，应当根据本地区的实际情况，按照确保安全的原则，规划适当区域专门用于危险化学品的生产、储存。”

3. 危险化学品生产装置和储存设施与有关场所、区域的距离必须符合国家标准或规定的有关规定（熟悉）

《危险化学品安全管理条例》第十条规定如下。

除运输工具加油站、加气站外，危险化学品的生产装置和储存数量构成重大危险源的储存设施，与下列场所、区域的距离必须符合国家标准或者国家有关规定：

（1）居民区、商业中心、公园等人口密集区域。

（2）学校、医院、影剧院、体育场（馆）等公共设施。

（3）供水水源、水厂及水源保护区。

（4）车站、码头（按照国家规定，经批准，专门从事危险化学品装卸作业的除外）、机场以及公路、铁路、水路交通干线、地铁风亭及出入口。

（5）基本农田保护区、畜牧区、渔业水域和种子、种畜、水产苗种生产基地。

（6）河流、湖泊、风景名胜区和自然保护区。

（7）军事禁区、军事管理区。

（8）法律、行政法规规定予以保护的其他区域。

已建危险化学品的生产装置和储存数量构成重大危险源的储存设施不符合前款规定的，由所在地设区的市级人民政府负责危险化学品安全监督管理综合工作的部门监督其在规定期限内进行整顿；需要转产、停产、搬迁、关闭的，报本级人民政府批准后实施。

本条例所称重大危险源，是指生产、运输、使用、储存危险化学品或者处置废弃危险化学品，且危险化学品的数量等于或者超过临界量的单元（包括场所和设施）。

（二十九）《中华人民共和国防治海岸工程建设项目污染损害海洋环境管理条例》

《中华人民共和国防治海岸工程建设项目污染损害海洋环境管理条例》于 1990 年 5 月 25 日经国务院第六十一次常务会议通过，1990 年 6 月 25 日中华人民共和国国务院令第 62 号发布，自 1990 年 8 月 1 日起施行；2007 年 9 月 25 日，国务院公布《国务院关于修改〈中华人民共和国防治海岸工程建设项目污染损害海洋环境管理条例〉的决定》，对该条例进行了修订，自 2008 年 1 月 1 日起施行。

1．海岸工程建设项目的法律定义及范围（熟悉）

《中华人民共和国防治海岸工程建设项目污染损害海洋环境管理条例》第二条规定：

“本条例所称海岸工程建设项目，是指位于海岸或者与海岸连接，工程主体位于海岸线向陆一侧，对海洋环境产生影响的新建、改建、扩建工程项目。具体包括以下项目。

（1）港口、码头、航道、滨海机场工程项目。

（2）造船厂、修船厂。

（3）滨海火电站、核电站、风电站。

（4）滨海物资存储设施工程项目。

（5）滨海矿山、化工、轻工、冶金等工业工程项目。

（6）固体废弃物、污水等污染物处理处置排海工程项目。

（7）滨海大型养殖场。

（8）海岸防护工程、砂石场和入海河口处的水利设施。

（9）滨海石油勘探开发工程项目。

（10）国务院环境保护主管部门会同国家海洋主管部门规定的其他海岸工程项目。”

2．建设各类海岸工程建设项目应采取的环境保护措施（熟悉）

《中华人民共和国防治海岸工程建设项目污染损害海洋环境管理条例》第十四条至第二十五条作了如下的规定。

第十四条：设置向海域排放废水设施的，应当合理利用海水自净能力，选择好排污口的位置。采用暗沟或者管道方式排放的，出水管口位置应当在低潮线以下。

第十五条：建设港口、码头，应当设置与其吞吐能力和货物种类相适应的防污设施。

港口、油码头、化学危险品码头，应当配备海上重大污染损害事故应急设备和器材。

现有港口、码头未达到前两款规定要求的，由环境保护主管部门会同港口、码头主管部门责令其限期设置或者配备。

第十六条：建设岸边造船厂、修船厂，应当设置与其性质、规模相适应的残油、废油接收处理设施，含油废水接收处理设施，拦油、收油、消油设施，工业废水接收处理设施，工业和船舶垃圾接收处理设施等。

第十七条：建设滨海核电站和其他核设施，应当严格遵守国家有关核环境保护和放射防护的规定及标准。

第十八条：建设岸边油库，应当设置含油废水接收处理设施，库场地面冲刷废水的集接、处理设施和事故应急设施；输油管线和储油设施应当符合国家关于防渗漏、防腐蚀的规定。

第十九条：建设滨海矿山，在开采、选矿、运输、贮存、冶炼和尾矿处理等过程中，应当按照有关规定采取防止污染损害海洋环境的措施。

第二十条：建设滨海垃圾场或者工业废渣填埋场，应当建造防护堤坝和场底封闭层，设置渗液收集、导出、处理系统和可燃性气体防爆装置。

第二十一条：修筑海岸防护工程，在入海河口处兴建水利设施、航道或者综合整治工程，应当采取措施，不得损害生态环境及水产资源。

第二十二条：兴建海岸工程建设项目，不得改变、破坏国家和地方重点保护的野生动植物的生存环境。不得兴建可能导致重点保护的野生动植物生存环境污染和破坏的海岸工程建设项目；确需兴建的，应当征得野生动植物行政主管部门同意，并由建设单位负责组织采取易地繁育等措施，保证物种延续。

在鱼、虾、蟹、贝类的洄游通道建闸、筑坝，对渔业资源有严重影响的，建设单位应当建造过鱼设施或者采取其他补救措施。

第二十三条：集体所有制单位或者个人在全民所有的水域、海涂，建设构不成基本建设项目的养殖工程的，应当在县级以上地方人民政府规划的区域内进行。

集体所有制单位或者个人零星经营性采挖砂石，应当在县级以上地方人民政府指定的区域内采挖。

第二十四条：禁止在红树林和珊瑚礁生长的地区，建设毁坏红树林和珊瑚礁生态系统的海岸工程建设项目。

第二十五条：兴建海岸工程建设项目，应当防止导致海岸非正常侵蚀。

禁止在海岸保护设施管理部门规定的海岸保护设施的保护范围内从事爆破、采挖砂石、取土等危害海岸保护设施安全的活动。非经国务院授权的有关主管部门批准，不得占用或者拆除海岸保护设施。

3．禁止兴建的海岸工程建设项目的有关规定（掌握）

《中华人民共和国防治海岸工程建设项目污染损害海洋环境管理条例》第九条、第十条、第二十四条、第二十五条作了如下之规定。

第九条：禁止兴建向中华人民共和国海域及海岸转嫁污染的中外合资经营企业、中外合作经营企业和外资企业；海岸工程建设项目引进技术和设备，应当有相应的防治污染措施，防止转嫁污染。

第十条：在海洋特别保护区、海上自然保护区、海滨风景游览区、盐场保护区、海水浴场、重要渔业水域和其他需要特殊保护的区域内不得建设污染环境、破坏景观的海岸工程建设项目；在其区域外建设海岸工程建设项目的，不得损害上述区域的环境质量。法律法规另有规定的除外。

第二十四条：禁止在红树林和珊瑚礁生长的地区，建设毁坏红树林和珊瑚礁生态系统的海岸工程建设项目。

第二十五条：兴建海岸工程建设项目，应当防止导致海岸非正常侵蚀。

禁止在海岸保护设施管理部门规定的海岸保护设施的保护范围内从事爆破、采挖砂石、取土等危害海岸保护设施安全的活动。非经国务院授权的有关主管部门批准，不得占用或者拆除海岸保护设施。

（三十）《防治海洋工程建设项目污染损害海洋环境管理条例》

《防治海洋工程建设项目污染损害海洋环境管理条例》经 2006 年 8 月 30 日国务院第一百四十八次常务会议通过，2006 年 9 月 9 日公布，自 2006 年 11 月 1 日起施行。为了防治和减轻海洋工程建设项目（以下简称海洋工程）污染损害海洋环境，维护海洋生态平衡，保护海洋资源，根据《中华人民共和国海洋环境保护法》，制定本条例。在中华人民共和国管辖海域内从事海洋工程污染损害海洋环境防治活动，适用本条例。

1．海洋工程建设项目的法律定义及范围（熟悉）

《防治海洋工程建设项目污染损害海洋环境管理条例》第三条规定。

“本条例所称海洋工程，是指以开发、利用、保护、恢复海洋资源为目的，并且工程主体位于海岸线向海一侧的新建、改建、扩建工程。具体包括以下内容。

（1）围填海、海上堤坝工程。

（2）人工岛、海上和海底物资储藏设施、跨海桥梁、海底隧道工程。

（3）海底管道、海底电（光）缆工程。

（4）海洋矿产资源勘探开发及其附属工程。

（5）海上潮汐电站、波浪电站、温差电站等海洋能源开发利用工程。

（6）大型海水养殖场、人工鱼礁工程。

（7）盐田、海水淡化等海水综合利用工程。

（8）海上娱乐及运动、景观开发工程。

（9）国家海洋主管部门会同国务院环境保护主管部门规定的其他海洋工程。”

2．严格控制围填海工程的有关规定（掌握）

《防治海洋工程建设项目污染损害海洋环境管理条例》第二十一条规定：

“严格控制围填海工程。禁止在经济生物的自然产卵场、繁殖场、索饵场和鸟类栖息地进行围填海活动。

围填海工程使用的填充材料应当符合有关环境保护标准。”

3．海洋工程拆除、弃置或者改作他用的环境保护有关规定（了解）

《防治海洋工程建设项目污染损害海洋环境管理条例》第二十九条规定：

“海洋工程需要拆除或者改作他用的，应当报原核准该工程环境影响报告书的海洋主管部门批准。拆除或者改变用途后可能产生重大环境影响的，应当进行环境影响评价。

海洋工程需要在海上弃置的，应当拆除可能造成海洋环境污染损害或者影响海洋资源开发利用的部分，并按照有关海洋倾倒废弃物管理的规定进行。

海洋工程拆除时，施工单位应当编制拆除的环境保护方案，采取必要的措施，防止对海洋环境造成污染和损害。”

4．海洋工程污染物排放管理的有关规定（熟悉）

《防治海洋工程建设项目污染损害海洋环境管理条例》第三十条至第三十六条作了以下规定。

第三十条：海洋油气矿产资源勘探开发作业中产生的污染物的处置，应当遵守下列规定。

（1）含油污水不得直接或者经稀释排放入海，应当经处理符合国家有关排放标准后再排放。

（2）塑料制品、残油、废油、油基泥浆、含油垃圾和其他有毒有害残液残渣，不得直接排放或者弃置入海，应当集中储存在专门容器中，运回陆地处理。

第三十一条：严格控制向水基泥浆中添加油类，确需添加的，应当如实记录并向原核准该工程环境影响报告书的海洋主管部门报告添加油的种类和数量。禁止向海域排放含油量超过国家规定标准的水基泥浆和钻屑。

第三十二条：建设单位在海洋工程试运行或者正式投入运行后，应当如实记录污染物排放设施、处理设备的运转情况及其污染物的排放、处置情况，并按照国家海洋主管部门的规定，定期向原核准该工程环境影响报告书的海洋主管部门报告。

第三十三条：县级以上人民政府海洋主管部门，应当按照各自的权限核定海洋工程排放污染物的种类、数量，根据国务院价格主管部门和财政部门制定的收费标准确定排污者应当缴纳的排污费数额。

排污者应当到指定的商业银行缴纳排污费。

第三十四条：海洋油气矿产资源勘探开发作业中应当安装污染物流量自动监控仪器，对生产污水、机舱污水和生活污水的排放进行计量。

第三十五条：禁止向海域排放油类、酸液、碱液、剧毒废液和高、中水平放射性废水；严格限制向海域排放低水平放射性废水，确需排放的，应当符合国家放射性污染防治标准。

严格限制向大气排放含有毒物质的气体，确需排放的，应当经过净化处理，并不得超过国家或者地方规定的排放标准；向大气排放含放射性物质的气体，应当符合国家放射性污染防治标准。

严格控制向海域排放含有不易降解的有机物和重金属的废水；其他污染物的排放应当符合国家或者地方标准。

第三十六条：海洋工程排污费全额纳入财政预算，实行“收支两条线”管理，并全部专项用于海洋环境污染防治。具体办法由国务院财政部门会同国家海洋主管部门制定。

三、例题分析

1．《中华人民共和国环境保护法》规定：在国务院、国务院有关部门和省、自治区、直辖市人民政府规定的风景名胜区、自然保护区和其他需要特别保护的区域内，不得建设污染环境的（ ）。

A．农业生产设施　　B．工业生产设施

C．第三产业生产设施　　D．建筑生产设施

【答案】B

【解析】掌握在风景名胜区、自然保护区和其他需要特别保护的区域内不得建设污染环境的工业生产设施及其他设施的有关规定（《中华人民共和国环境保护法》第十八条）。

2.《中华人民共和国环境保护法》规定：开发利用自然资源，必须采取措施保护（ ）。

A．生活环境　　B．资源环境

C．生境环境　　D．生态环境

【答案】D

【解析】掌握开发利用自然资源必须采取措施保护生态环境的有关规定（《中华人民共和国环境保护法》第十九条）。

3.《中华人民共和国环境保护法》中规定：产生环境污染和其他公害的单位，必须把环境保护工作纳入计划，建立（ ）。

A．环境保护责任制度　　B．环境污染治理制度

C．环境污染防治制度　　D．绿色管理责任制度

【答案】A

【解析】掌握产生环境污染和公害的单位必须采取有效措施防治污染和公害的有关规定（《中华人民共和国环境保护法》第二十四条）。

4．违反《中华人民共和国环境保护法》规定，有下列哪些行为，环境保护行政主管部门或者其他依照法律规定行使环境监督管理权的部门可以根据不同情节，给予警告或者处以罚款。（ ）

A．拒绝环境保护行政主管部门或者其他依照法律规定行使环境监督管理权的部门现场检查或者中被检查时弄虚作假的

B．将产生严重污染的生产设备转移给没有污染防治能力的单位使用的

C．引进不符合我国环境保护规定要求的技术和设备的

D．不按国家规定缴纳超标准排污费的

E．拒报或者谎报国务院环境保护行政主管部门规定的有关污染物排放申报事项的

【答案】ABCDE

【解析】熟悉违反有关法律规定应承担的法律责任（《中华人民共和国环境保护法》第五章）。

5．违反《中华人民共和国环境保护法》规定的，责令停业、关闭，由作出限期治理决定的（ ）决定。

A．人民政府或环境保护行政主管部门　　B．人民政府

C．当地人民法院　　D．环境保护行政主管部门

【答案】B

【解析】熟悉违反有关法律规定应承担的法律责任（《中华人民共和国环境保护法》第五章）。

6.（　　）对尚未达到规定的大气环境环境环境标准的区域和国务院批准划定的酸雨控制区、二氧化硫污染控制区，可以划定为主要大气污染物排放总量控制区。

A．国务院环境保护行政主管部门

B．当地人民政府

C．人民政府或环境保护行政主管部门

D．国务院和省、自治区、直辖市人民政府

【答案】D

【解析】《中华人民共和国大气污染防治法》第十五条规定："国务院和省、自治区、直辖市人民政府对尚未达到规定的大气环境质量标准的区域和国务院批准划定的酸雨控制区、二氧化硫污染控制区，可以划定为主要大气污染物排放总量控制区。主要大气污染物排放总量控制的具体办法由国务院规定。"

7.《中华人民共和国大气污染防治法》规定：企业应当优先采用（　　）的清洁生产工艺，减少大气污染物的产生。

A．能源利用效率高、污染物排放量少　B．能源消耗量少、污染物排放量少

C．能源利用效率高　D．污染物排放量少

【答案】A

【解析】《中华人民共和国大气污染防治法》第十九条规定："企业应当优先采用能源利用效率高、污染物排放量少的清洁生产工艺，减少大气污染物的产生。国家对严重污染大气环境的落后生产工艺和严重污染大气环境的落后设备实行淘汰制度。"

8.《中华人民共和国大气污染防治法》规定："新建的所采煤炭属于高硫份、高灰份的煤矿，必须建设配套的（　　）设施，使煤炭中的含硫份、含灰份达到规定的标准。"

A．除硫　B．脱氮除硫　C．煤炭洗选　D．脱硫

【答案】A

【解析】《中华人民共和国大气污染防治法》烟尘防治主要的措施：推行煤炭洗选加工，推广洁净煤技术。国家推行煤炭洗选加工，降低煤的硫份和灰份，限制高硫份、高灰份煤炭的开采。新建的所采煤炭属于高硫份、高灰份的煤矿，必须建设配套的煤炭洗选设施，使煤炭中的含硫份、含灰份达到规定的标准。对已建成的所采煤炭属于高硫份、高灰份的煤矿，应当按照国务院批准的规划，限期建成配套的煤炭洗选设施。

9．城市建设应当统筹规划，在燃煤供热地区，统一解决热源，发展集中供热。在集中供热管网覆盖的地区，不得新建（　　）供热锅炉。

A．燃油　B．燃煤　C．生物质能　D．燃气

【答案】B

【解析】《中华人民共和国大气污染防治法》烟尘防治主要的措施：相应限制措施。禁止开采含放射性和砷等有毒有害物质超过规定标准的煤炭。城市建设应当统筹规划，在燃煤供热地区，统一解决热源，发展集中供热。在集中供热管网覆盖的地区，不得新建燃煤供热锅炉。新建、扩建排放二氧化硫的火电厂和其他大中型企业，超过规定的污染物排放标准或者总量控制指标的，必须建设配套脱硫、除尘装置或者采取其他控制二氧化硫排放、除尘的措施。在酸雨控制区和二氧化硫污染控制区内，属于已建企业超过规定的污染物排放标准排放大气污染物的，应限期治理。在人口集中地区存放煤炭、煤矸石、煤渣、煤灰、

砂石、灰土等物料，必须采取防燃、防尘措施，防止污染大气。

10．防治污染的设施不得擅自拆除或者闲置，确有必要拆除或者闲置的，必须征得（　）同意。

A．国务院环境保护行政主管部门

B．所在地的上一级环境保护行政主管部门

C．所在地的人民政府

D．所在地的环境保护行政主管部门

【答案】D

【解析】《中华人民共和国环境保护法》第二十六条规定："防治污染的设施不得擅自拆除或者闲置，确有必要拆除或者闲置的，必须征得所在地的环境保护行政主管部门同意。"

11．在运河、渠道、水库等水利工程内设置排污口，应当经过有关（　）同意。

A．水源保护机构　　B．卫生行政部门

C．水利管理部门　　D．市政管理部门

【答案】C

【解析】《中华人民共和国水污染防治法》第十三条规定："建设项目的环境影响报告书，必须对建设项目可能产生的水污染和对生态环境的影响作出评价，规定防治的措施，按照规定的程序报经有关环境保护部门审查批准。在运河、渠道、水库等水利工程内设置排污口，应当经过有关水利管理部门同意。"

12．在生活饮用水地表水源取水口附近可以划定一定的（　）为一级保护区。

A．面积　　B．区域　　C．地表　　D．水域和陆域

【答案】D

【解析】《中华人民共和国水污染防治法》第二十条第一款规定："省级以上人民政府可以依法划定生活饮用水地表水源保护区。生活饮用水地表水源保护区分为一级保护区和其他等级保护区。在生活饮用水地表水源取水口附近可以划定一定的水域和陆域为一级保护区。在生活饮用水地表水源一级保护区外，可以划定一定的水域和陆域为其他等级保护区。各级保护区应当有明确的地理界线。"

13．（　）可以依法划定生活饮用水地表水源保护区。

A．省级以上人民政府　　B．地市级以上人民政府

C．省级以上环境保护行政主管部门　　D．地市级以上环境保护行政主管部门

【答案】A

【解析】《中华人民共和国水污染防治法》第二十条第一款规定："省级以上人民政府可以依法划定生活饮用水地表水源保护区。生活饮用水地表水源保护区分为一级保护区和其他等级保护区。在生活饮用水地表水源取水口附近可以划定一定的水域和陆域为一级保护区。在生活饮用水地表水源一级保护区外，可以划定一定的水域和陆域为其他等级保护区。各级保护区应当有明确的地理界线。"

14．生活饮用水地表水源一级保护区内的水质，适用国家《地面水环境质量标准》（　）标准。

A．Ⅰ类　　B．Ⅱ类　　C．Ⅲ类　　D．Ⅳ类

【答案】A

【解析】《中华人民共和国水污染防治法实施细则》第二十一条规定："生活饮用水地表水源一级保护区内的水质，适用国家《地面水环境质量标准》Ⅰ类标准；二级保护区内的水质，适用国家《地面水环境质量标准》Ⅱ类标准。"

15.《中华人民共和国水污染防治法》禁止向生活饮用水地表水源一级保护区的水体排放（　　）。

A．生产污水　　B．生活污水　　C．工业废水　　D．污水

【答案】D

【解析】《中华人民共和国水污染防治法》第二十条规定："禁止向生活饮用水地表水源一级保护区的水体排放污水；禁止在生活饮用水地表水源一级保护区内从事旅游、游泳和其他可能污染生活饮用水水体的活动；禁止在生活饮用水地表水源一级保护区内新建、扩建与供水设施和保护水源。"

16．在生活饮用水地表水源一级保护区内已设置的排污口，由县级以上人民政府按照国务院规定的权限责令（　　）。

A．立即拆除　　B．限期拆除或者限期治理

C．强行拆除　　D．立即治理

【答案】B

【解析】《中华人民共和国水污染防治法》第二十条规定："禁止向生活饮用水地表水源一级保护区的水体排放污水；禁止在生活饮用水地表水源一级保护区内从事旅游、游泳和其他可能污染生活饮用水水体的活动；禁止在生活饮用水地表水源一级保护区内新建、扩建与供水设施和保护水源无关的建设项目。在生活饮用水地表水源一级保护区内已设置的排污口，由县级以上人民政府按照国务院规定的权限责令限期拆除或者限期治理。"

17．在开采多层地下水的时候，如果各（　　）的水质差异大，应当分层开采。对已受污染的潜水和承压水，不得混合开采。

A.上层滞水　　B．潜水层　　C．承压水层　　D．含水层

【答案】D

【解析】《中华人民共和国水污染防治法》第四十三条规定："在开采多层地下水的时候，如果各含水层的水质差异大，应当分层开采；对已受污染的潜水和承压水，不得混合开采。"

18．环境噪声污染，是指所产生的环境噪声（　　）的现象。

A．超过人体所能承受的环境噪声排放标准

B.超过国家规定的环境噪声排放标准，并干扰他人正常生活、工作和学习

C．超过地方规定的环境噪声排放标准

D．干扰他人生活、工作和学习

【答案】B

【解析】《中华人民共和国环境噪声污染防治法》第二条规定："本法所称环境噪声，是指在工业生产、建筑施工、交通运输和社会生活中所产生的干扰周围生活环境的声音。本法所称环境噪声污染，是指所产生的环境噪声超过国家规定的环境噪声排放标准，并干扰他人正常生活、工作和学习的现象。"

19. 建设项目可能产生环境噪声污染的，建设单位必须提出（ ），规定环境噪声污染的防治措施，并按照国家规定的程序报环境保护行政主管部门批准。

A. 环境影响报告书　　B. 环境影响报告表

C. 环境影响登记表　　D. 环境影响评价表

【答案】A

【解析】《中华人民共和国环境噪声污染防治法》第十三条规定："新建、改建、扩建的建设项目，必须遵守国家有关建设项目环境保护管理的规定。建设项目可能产生环境噪声污染的，建设单位必须提出环境影响报告书，规定环境噪声污染的防治措施，并按照国家规定的程序报环境保护行政主管部门批准。"

20. 在城市范围内向周围生活环境排放工业噪声的，应当符合国家规定的（ ）。

A. 住宅区域环境噪声排放标准　　B. 文教科研区环境噪声排放标准

C. 建筑施工场界环境噪声排放标准　　D. 工业企业厂界环境噪声排放标准

【答案】D

【解析】《中华人民共和国环境噪声污染防治法》第二十三条规定："在城市范围内向周围生活环境排放工业噪声的，应当符合国家规定的工业企业厂界环境噪声排放标准。"

21. 在城市市区范围内向周围生活环境排放建筑施工噪声的，应当符合国家规定的（ ）环境噪声排放标准。

A. 住宅区域环境噪声排放标准　　B. 建筑施工场界环境噪声排放标准

C. 文教科研区环境噪声排放标准　　D. 工业企业厂界环境噪声排放标准

【答案】B

【解析】《中华人民共和国环境噪声污染防治法》第二十八条规定："在城市市区范围内向周围生活环境排放建筑施工噪声的，应当符合国家规定的建筑施工场界环境噪声排放标准。"

22. 在已有的城市交通干线的两侧建设噪声敏感建筑物的，建设单位应当按照国家规定（ ），并采取减轻、避免交通噪声影响的措施。

A. 间隔一定距离　　B. 设置声屏障

C. 设置隔离带　　D. 设置绿化带

【答案】A

【解析】《中华人民共和国环境噪声污染防治法》第三十七条规定："在已有的城市交通干线的两侧建设噪声敏感建筑物的，建设单位应当按照国家规定间隔一定距离，并采取减轻、避免交通噪声影响的措施。"

23. 新建营业性文化娱乐场所的边界噪声必须符合国家规定的环境噪声排放标准，不符合国家规定的环境噪声排放标准的，（ ）不得核发营业执照。

A. 工商行政主管部门　　B. 文化行政主管部门

C. 当地人民政府　　D. 城管部门

【答案】B

【解析】《中华人民共和国环境噪声污染防治法》第四十三条规定："新建营业性文化娱乐场所的边界噪声必须符合国家规定的环境噪声排放标准；不符合国家规定的环境噪声排放标准的，文化行政主管部门不得核发文化经营许可证，工商行政管理部门不得核发营业执照。”

24．固体废物是指在生产、生活和其他活动中产生的（　）的固态、半固态和置于容器中的气态的物品、物质以及法律、行政法规规定纳入固体废物管理的物品、物质。

A．丧失原有利用价值后被抛弃

B．未丧失原有利用价值而被抛弃

C．丧失原有利用价值或者虽未丧失利用价值但被抛弃或者放弃

D．基本不具备利用价值

【答案】C

【解析】《中华人民共和国固体废物污染环境防治法》第八十八条：“固体废物是指在生产、生活和其他活动中产生的丧失原有利用价值或者虽未丧失利用价值但被抛弃或者放弃的固态、半固态和置于容器中的气态的物品、物质以及法律、行政法规规定纳入固体废物管理的物品、物质。该法所要控制和防治的产生污染的固体废物，主要包括上述分类中的工业固体废物、生活垃圾以及有关的危险废物。我国固体废物的产生量和历年累计堆存量呈增加趋势，造成严重的环境污染和经济损失。”

25．固体废物处置，是指将固体废物焚烧和用其他改变固体废物的物理、化学、生物特性的方法，达到减少已产生的固体废物数量、缩小固体废物体积、减少或者消除其危险成分的活动，或者将固体废物最终置于符合环境保护规定要求的（　　）的活动。

A．垃圾场　　B．填埋场　　C．地下垃圾站　　D．焚烧场

【答案】B

【解析】《中华人民共和国固体废物污染环境防治法》第八十八条：“处置，是指将固体废物焚烧和用其他改变固体废物的物理、化学、生物特性的方法，达到减少已产生的固体废物数量、缩小固体废物体积、减少或者消除其危险成分的活动，或者将固体废物最终置于符合环境保护规定要求的填埋场的活动。”

26．国家鼓励、支持采取有利于保护环境的（　　）处置固体废物的措施，促进固体废物污染环境防治产业发展。

A．有条件的个人　　B．集中

C．分散　　D．各单位

【答案】B

【解析】《中华人民共和国固体废物污染环境防治法》第三条规定：“国家对固体废物污染环境的防治，实行减少固体废物的产生量和危害性、充分合理利用固体废物和无害化处置固体废物的原则，促进清洁生产和循环经济发展。国家采取有利于固体废物综合利用活动的经济、技术政策和措施，对固体废物实行充分回收和合理利用。国家鼓励、支持采取有利于保护环境的集中处置固体废物的措施，促进固体废物污染环境防治产业发展。”

27．企业事业单位应当根据（　）对其产生的工业固体废物加以利用。

A．固体废物的可利用率　　B．经济、技术条件

C．政府要求　　D．国家的有关规定

【答案】B

【解析】《中华人民共和国固体废物污染环境防治法》第三十三条规定：“企业事业单位应当根据经济、技术条件对其产生的工业固体废物加以利用；对暂时不利用或者不能利

用的，必须按照国务院环境保护行政主管部门的规定建设贮存设施、场所，安全分类存放，或者采取无害化处置措施。建设工业固体废物贮存、处置的设施、场所，必须符合国家环境保护标准。”

28.《中华人民共和国固体废物污染环境防治法》规定：“禁止擅自关闭、闲置或者拆除（ ）污染环境防治设施、场所。”

A. 生活固体废物　　B. 工业固体废物

C. 农业固体废物　　D. 采矿固体废物

【答案】B

【解析】《中华人民共和国固体废物污染环境防治法》第三十四条规定：“条禁止擅自关闭、闲置或者拆除工业固体废物污染环境防治设施、场所；确有必要关闭、闲置或者拆除的，必须经所在地县级以上地方人民政府环境保护行政主管部门核准，并采取措施，防止污染环境。”

29. 尾矿、矸石、废石等矿业固体废物贮存设施停止使用后，矿山企业应当按照国家有关环境保护规定进行封场，防止造成（ ）。

A. 环境污染和生态破坏　　B. 地下水污染

C. 大气污染　　D. 人类的居住环境

【答案】A

【解析】《中华人民共和国固体废物污染环境防治法》第三十六条规定：“矿山企业应当采取科学的开采方法和选矿工艺，减少尾矿、矸石、废石等矿业固体废物的产生量和贮存量。尾矿、矸石、废石等矿业固体废物贮存设施停止使用后，矿山企业应当按照国家有关环境保护规定进行封场，防止造成环境污染和生态破坏。”

30. 建设生活垃圾处置的设施、场所，必须符合国务院环境保护行政主管部门和国务院建设行政主管部门规定的（ ）标准。

A. 环境评价　　B. 环境保护

C. 环境卫生　　D. 环境保护和环境卫生

【答案】D

【解析】《中华人民共和国固体废物污染环境防治法》第四十四条规定：“建设生活垃圾处置的设施、场所，必须符合国务院环境保护行政主管部门和国务院建设行政主管部门规定的环境保护和环境卫生标准。禁止擅自关闭、闲置或者拆除生活垃圾处置的设施、场所；确有必要关闭、闲置或者拆除的，必须经所在地县级以上地方人民政府环境卫生行政主管部门和环境保护行政主管部门核准，并采取措施，防止污染环境。生活垃圾处置的设施、场所建设，必须同时符合国务院环境保护行政主管部门和国务院建设行政主管部门规定的环境保护和环境卫生标准。禁止擅自关闭、闲置或者拆除生活垃圾处置的设施、场所；确有必要关闭、闲置或者拆除的，必须经所在地县级以上地方人民政府环境卫生行政主管部门和环境保护行政主管部门核准，并采取措施，防止污染环境。”

31. 产生危险废物的单位，必须按照国家有关规定制订危险废物管理计划，并向所在地（ ）申报危险废物的种类、产生量、流向、贮存、处置等有关资料。

A. 上一级环境保护行政主管部门

B. 上一级人民政府环境保护行政主管部门

C. 县级以上地方人民政府环境保护行政主管部门

D. 地市级以上地方人民政府环境保护行政主管部门

【答案】C

【解析】《中华人民共和国固体废物污染环境防治法》第五十三条规定："产生危险废物的单位，必须按照国家有关规定制订危险废物管理计划，并向所在地县级以上地方人民政府环境保护行政主管部门申报危险废物的种类、产生量、流向、贮存、处置等有关资料。前款所称危险废物管理计划应当包括减少危险废物产生量和危害性的措施以及危险废物贮存、利用、处置措施。危险废物管理计划应当报产生危险废物的单位所在地县级以上地方人民政府环境保护行政主管部门备案。本条规定的申报事项或者危险废物管理计划内容有重大改变的，应当及时申报。"

32. 入海排污口位置的选择，应当根据海洋功能区划、海水动力条件和有关规定，经科学论证后，报（　　）审查批准。

A. 所在地上一级环境保护行政主管部门

B. 省级以上人民政府环境保护行政主管部门

C. 设区的市级以上人民政府环境保护行政主管部门

D. 县级以上人民政府环境保护行政主管部门

【答案】C

【解析】《中华人民共和国海洋环境保护法》第三十条规定："入海排污口位置的选择，应当根据海洋功能区划、海水动力条件和有关规定，经科学论证后，报设区的市级以上人民政府环境保护行政主管部门审查批准。"

33. 下列选项中，（　　）是《中华人民共和国海洋环境保护法》规定禁止排放的废水。

A. 生活污水　　　　B. 工业废水

C. 雨水　　　　D. 高、中水平放射性废水

【答案】D

【解析】《中华人民共和国海洋环境保护法》第三十三条规定："禁止向海域排放油类、酸液、碱液、剧毒废液和高、中水平放射性废水。"

34. 海岸工程建设项目的单位，必须在建设项目的可行性研究阶段，对海洋环境进行科学调查，根据自然条件和社会条件，合理选址，编报（　　）。

A. 环境影响登记表　　　　B. 环境影响报告表

C. 环境影响报告书　　　　D. 环境影响评价表

【答案】C

【解析】《中华人民共和国海洋环境保护法》第四十三条规定："海岸工程建设项目的单位，必须在建设项目可行性研究阶段，对海洋环境进行科学调查，根据自然条件和社会条件，合理选址，编报环境影响报告书。环境影响报告书经海洋行政主管部门提出审核意见后，报环境保护行政主管部门审查批准。"

35.《中华人民共和国海洋环境保护法》规定："禁止在沿海陆域内（　　）不具备有效治理措施的化学制浆造纸、化工、印染、制革、电镀、酿造、炼油、岸边冲滩拆船以及其他严重污染海洋环境的工业生产项目。"

A. 新建　　　　B. 改建　　　　C. 扩建　　　　D. 易地重建

【答案】A

【解析】《中华人民共和国海洋环境保护法》第四十五条规定："禁止在沿海陆域内新建不具备有效治理措施的化学制浆造纸、化工、印染、制革、电镀、酿造、炼油、岸边冲滩拆船以及其他严重污染海洋环境的工业生产项目。"

36. 在办理核设施选址审批手续前，应当编制环境影响报告书，报（　）审查批准；未经批准，有关部门不得办理核设施选址批准文件。

A. 国务院环境保护行政主管部门　　B. 当地人民政府

C. 省级环境保护行政主管部门　　D. 当地的环境保护行政主管部门

【答案】A

【解析】《中华人民共和国放射性污染防治法》第十八条规定："核设施选址，应当进行科学论证，并按照国家有关规定办理审批手续。在办理核设施选址审批手续前，应当编制环境影响报告书，报国务院环境保护行政主管部门审查批准；未经批准，有关部门不得办理核设施选址批准文件。"

37. 产生放射性废液的单位，必须按照国家放射性污染防治标准的要求，对不得向环境排放的放射性废液进行（　）。

A. 消除放射性后排放　　B. 稀释后排放

C. 处理或者贮存　　D. 深埋地下

【答案】C

【解析】《中华人民共和国放射性污染防治法》第四十二条规定："产生放射性废液的单位，必须按照国家放射性污染防治标准的要求，对不得向环境排放的放射性废液进行处理或者贮存。"

38. 产生放射性固体废物的单位，应当按照国务院环境保护行政主管部门的规定，对其产生的放射性固体废物进行处理后，（　）。

A. 送交放射性固体废物处置单位处置，并承担处置费用

B. 送交放射性固体废物处置单位处置，并由国家承接处置费用

C. 深埋地下即可

D. 城市垃圾填埋场进行填埋处理

【答案】A

【解析】《中华人民共和国放射性污染防治法》第四十五条规定："产生放射性固体废物的单位，应当按照国务院环境保护行政主管部门的规定，对其产生的放射性固体废物进行处理后，送交放射性固体废物处置单位处置，并承担处置费用。"

39. 国家对浪费资源和严重污染环境的落后生产技术、工艺、设备和产品实行（　）制度。

A. 立即关闭　　B. 限期淘汰

C. 定期申报　　D. 拨款整改

【答案】B

【解析】《中华人民共和国清洁生产促进法》第十二条规定："国家对浪费资源和严重污染环境的落后生产技术、工艺、设备和产品实行限期淘汰制度。国务院经济贸易行政主管部门会同国务院有关行政主管部门制定并发布限期淘汰的生产技术、工艺、设备以及产品的名录。"

40.《中华人民共和国水法》规定：开发、利用水资源，应当首先满足（　）。

A. 重工业用水　　B. 城乡居民生活用水

C. 渔业用水　　D. 农业用水

【答案】B

【解析】《中华人民共和国水法》第二十一条规定："开发、利用水资源，应当首先满足城乡居民生活用水，并兼顾农业、工业、生态环境用水以及航运等需要。"

41.《中华人民共和国水法》规定：工业用水应当采用先进技术、工艺和设备，增加（　　），提高水的重复利用率。

A. 污水利用率　B. 污水处理量　C. 循环用水次数　D. 污水处理的深度

【答案】C

【解析】《中华人民共和国水法》第五十一条规定："工业用水应当采用先进技术、工艺和设备，增加循环用水次数，提高水的重复利用率。"

42. 下列选项中，（　　）不属于《节约能源法》所定义的能源范畴。

A. 焦炭　B. 热力　C. 生物质能　D. 废纸

【答案】D

【解析】《中华人民共和国节约能源法》第二条规定："本法所称能源，是指煤炭、原油、天然气、电力、焦炭、煤气、热力、成品油、液化石油气、生物质能和其他直接或者通过加工、转换而取得有用能的各种资源。"

43.《中华人民共和国节约能源法》规定："禁止（　　）的工业项目。"

A. 新建技术落后、耗能过高、严重浪费能源'

B. 扩建技术落后、耗能过高、严重浪费能源

C. 改建技术落后、耗能过高、严重浪费能源

D. 新建技术中等、耗能一般、严重浪费能源

【答案】A

【解析】《中华人民共和国节约能源法》第十三条规定："禁止新建技术落后、耗能过高、严重浪费能源的工业项目。禁止新建的耗能过高的工业项目的名录和具体实施办法，由国务院管理节能工作的部门会同国务院有关部门制定。"

44. 已经沙化的土地范围内的铁路、公路、河流和水渠两侧，城镇、村庄、厂矿和水库周围，实行（　）责任制。

A. 单位治理　B. 国家拨款治理　C. 政府出资治理　D. 个人集资治理

【答案】: A

【解析】《中华人民共和国防沙治沙法》第三十条规定："已经沙化的土地范围内的铁路、公路、河流和水渠两侧，城镇、村庄、厂矿和水库周围，实行单位治理责任制，由县级以上地方人民政府下达治理责任书，由责任单位负责组织造林种草或者采取其他治理措施。"

45.《中华人民共和国文物保护法》规定："建设工程选址，应当尽可能避开不可移动文物；因特殊情况不能避开的，对文物保护单位应当尽可能实施（　　）。"

A. 整体迁移易地重建保护　　B. 拆除并由文物保护单位收藏保护

C. 原址保护　　D. 拆除并由文物收藏者收藏保护

【答案】C

【解析】《中华人民共和国文物保护法》第二十条规定："建设工程选址，应当尽可能避开不可移动文物；因特殊情况不能避开的，对文物保护单位应当尽可能实施原址保护。"

46. 以生产木材为主要目的的森林和林木属（　）。

A．国防林　　B．用材林　　C．经济林　　D．薪炭林

【答案】B

【解析】《森林法》第四条规定：森林分为以下五类。

（1）防护林：以防护为主要目的的森林、林木和灌木丛，包括水源涵养林，水土保持林，防风固沙林，农田、牧场防护林，护岸林，护路林。

（2）用材林：以生产木材为主要目的的森林和林木，包括以生产竹材为主要目的的竹林。

（3）经济林：以生产果品，食用油料、饮料、调料，工业原料和药材等为主要目的的林木。

（4）薪炭林：以生产燃料为主要目的的林木。

（5）特种用途林：以国防、环境保护、科学实验等为主要目的的森林和林木，包括国防林、实验林、母树林、环境保护林、风景林，名胜古迹和革命纪念地的林木，自然保护区的森林。

47.《中华人民共和国森林法》规定："进行勘查、开采矿藏和各项建设工程，应当（　）林地；必须占用或者征用的，经县级以上人民政府林业主管部门审核同意后，依照有关土地管理的法律、行政法规办理建设用地审批手续，并由用地单位依照国务院有关规定缴纳森林植被恢复费。"

A．按工程最大需求占用　　B．在其他地方重建相应面积的

C．不占或者少占　　D．不占

【答案】C

【解析】《中华人民共和国森林法》第十八条规定："进行勘查、开采矿藏和各项建设工程，应当不占或者少占林地；必须占用或者征用林地的，经县级以上人民政府林业主管部门审核同意后，依照有关土地管理的法律、行政法规办理建设用地审批手续，并由用地单位依照国务院有关规定缴纳森林植被恢复费。森林植被恢复费专款专用，由林业主管部门依照有关规定统一安排植树造林，恢复森林植被，植树造林面积不得少于因占用、征用林地而减少的森林植被面积。上级林业主管部门应当定期督促、检查下级林业主管部门组织植树造林、恢复森林植被的情况。"

48. 成熟的用材林应当根据不同情况，分别采取择伐、皆伐和渐伐方式，（　）应当严格控制，并在采伐的当年或者次年内完成更新造林。

A．择伐　　B．皆伐　　C．渐伐　　D．渐伐及择伐

【答案】B

【解析】《中华人民共和国森林法》第三十一条规定采伐森林和林木必须遵守下列规定。

（1）成熟的用材林应当根据不同情况，分别采取择伐、皆伐和渐伐方式，皆伐应当严格控制，并在采伐的当年或者次年内完成更新造林。

（2）防护林和特种用途林中的国防林、母树林、环境保护林、风景林，只准进行抚育和更新性质的采伐。

（3）特种用途林中的名胜古迹和革命纪念地的林木、自然保护区的森林，严禁采伐。

49．关闭矿山，必须提出矿山闭坑报告及有关采掘工程、安全隐患、土地复垦利用、（　　）的资料，并按照国家规定报请审查批准。

A．环境影响评价　B．土地整治　C．环境保护　D．后期评价

【答案】C

【解析】《中华人民共和国矿产资源法》第二十一条规定："关闭矿山，必须提出矿山闭坑报告及有关采掘工程、安全隐患、土地复垦利用、环境保护的资料，并按照国家规定报请审查批准。"

50．国家编制土地利用总体规划，规定土地用途，将土地分为农用地、建设用地和未利用地。严格限制（　　），控制建设用地总量，对耕地实行特殊保护。

A．农用地转为建设用地　　B．农用地转为非利用地

C．未利用地转为农用地　　D．未利用地转为建设用地

【答案】A

【解析】《中华人民共和国土地管理法》第四条规定："国家实行土地用途管制制度。国家编制土地利用总体规划，规定土地用途，将土地分为农用地、建设用地和未利用地。严格限制农用地转为建设用地，控制建设用地总量，对耕地实行特殊保护。"

51．基本农田保护区以（　　）为单位进行划区定界，由县级人民政府土地行政主管部门会同同级农业行政主管部门组织实施。

A．农村　B．乡（镇）　C．流域　D．地界

【答案】B

【解析】《中华人民共和国土地管理法》第三十四条规定如下。

国家实行基本农田保护制度。下列耕地应当根据土地利用总体规划划入基本农田保护区，严格管理。

（1）经国务院有关主管部门或者县级以上地方人民政府批准确定的粮、棉、油生产基地内的耕地。

（2）有良好的水利与水土保持设施的耕地，正在实施改造计划以及可以改造的中、低产田。

（3）蔬菜生产基地。

（4）农业科研、教学试验田。

（5）国务院规定应当划入基本农田保护区的其他耕地。

各省、自治区、直辖市划定的基本农田应当占本行政区域内耕地的百分之八十以上。

基本农田保护区以乡（镇）为单位进行划区定界，由县级人民政府土地行政主管部门会同同级农业行政主管部门组织实施。

52．修建铁路、公路和水工程应当尽量减少破坏植被，在铁路、公路两侧地界以内的山坡地，必须（　　）或者采取其他土地整治措施。

A．植树种草　B．防风固沙　C．修建护坡　D．夯实

【答案】C

【解析】《中华人民共和国水土保持法》第十八条第一款规定："修建铁路、公路和水工程，应当尽量减少破坏植被；废弃的砂、石、土必须运至规定的专门存放地堆放，不得

向江河、湖泊、水库和专门存放地以外的沟渠倾倒；在铁路、公路两侧地界以内的山坡地，必须修建护坡或者采取其他土地整治措施；工程竣工后，取土场、开挖面和废弃的砂、石、土存放地的裸露土地，必须植树种草，防止水土流失。”

53．在山区、丘陵区、风沙区依法开办乡镇集体矿山企业和个体申请采矿，必须填写（　　），经县级以上人民政府水行政主管部门批准后，方可申请办理采矿批准手续。

A．环境影响登记表　　　　　　　B．环境影响报告表

C．环境影响报告书　　　　　　　D．水土保持方案报告表

【答案】D

【解析】《中华人民共和国水土保持法》第十九条规定：“在山区、丘陵区、风沙区修建铁路、公路、水工程，开办矿山企业、电力企业和其他大中型工业企业，在建设项目环境影响报告书中，必须有水行政主管部门同意的水土保持方案。水土保持方案应当按照本法第十八条的规定制定。

在山区、丘陵区、风沙区依照矿产资源法的规定开办乡镇集体矿山企业和个体申请采矿，必须持有县级以上地方人民政府水行政主管部门同意的水土保持方案，方可申请办理采矿批准手续。

建设项目中的水土保持设施，必须与主体工程同时设计、同时施工、同时投产使用。建设工程竣工验收时，应当同时验收水土保持设施，并有水行政主管部门参加。”

54．建设项目对国家或者地方重点保护野生动物的生存环境产生不利影响的，建设单位应当提交（　　）；环境保护部门在审批时，应当征求同级野生动物行政主管部门的意见。

A．野生动物生存环境变化表　　　B．环境影响报告表

C．环境影响报告书　　　　　　　D．环境影响登记表

【答案】C

【解析】《中华人民共和国野生动物保护法》第十二条规定：“建设项目对国家或者地方重点保护野生动物的生存环境产生不利影响的，建设单位应当提交环境影响报告书；环境保护部门在审批时，应当征求同级野生动物行政主管部门的意见。”

55．国家对珍贵、濒危的野生动物实行重点保护。国家重点保护的野生动物分为（　　）。

A．一类保护野生动物和二类保护野生动物

B．国家级和省级保护野生动物

C．一级保护野生动物和二级保护野生动物

D．国家级和地方级保护野生动物

【答案】C

【解析】《中华人民共和国野生动物保护法》第九条规定：“国家对珍贵、濒危的野生动物实行重点保护。国家重点保护的野生动物分为一级保护野生动物和二级保护野生动物。”

56．包括分洪口在内的河堤背水面以外临时贮存洪水的低洼地区及湖泊等地区称（　　）。

A．溢洪区　　　B．防洪保护区　　　C．洪泛区　　　D．蓄滞洪区

【答案】D

【解析】《中华人民共和国防洪法》第二十九条规定：“防洪区是指洪水泛滥可能淹及

的地区，分为洪泛区、蓄滞洪区和防洪保护区。

洪泛区是指尚无工程设施保护的洪水泛滥所及的地区。

蓄滞洪区是指包括分洪口在内的河堤背水面以外临时贮存洪水的低洼地区及湖泊等。

防洪保护区是指在防洪标准内受防洪工程设施保护的地区。

洪泛区、蓄滞洪区和防洪保护区的范围，在防洪规划或者防御洪水方案中划定，并报请省级以上人民政府按照国务院规定的权限批准后予以公告。”

57.《中华人民共和国城乡规划法》所称城市，是指国家按行政建制设立的（　　）。

A．直辖市、镇　　B．直辖市、市、镇

C．直辖市、省会、市　　D．直辖市、市、乡

【答案】B

【解析】《中华人民共和国城乡规划法》第三条规定：“本法所称城市，是指国家按行政建制设立的直辖市、市、镇。”

58．城市新区开发应当具备水资源、能源、交通、防灾等建设条件，并应当避开（　　）。

A．地下水资源、地下文物古迹　　B．地下矿藏、地下文物古迹

C．地下矿藏、地下管道设施　　D．地下溶洞、地下文物古迹

【答案】B

【解析】《中华人民共和国城乡规划法》第二十五条规定：“城市新区开发应当具备水资源、能源、交通、防灾等建设条件，并应当避开地下矿藏、地下文物古迹。”

59．桥梁和栈桥的（　　）必须高于设计洪水位，并按照防洪和航运的要求，留有一定的超高。

A．梁面　　B．梁的中间　　C．梁底　　D．梁身

【答案】C

【解析】《中华人民共和国城乡规划法》第十二条规定：“修建桥梁、码头和其他设施，必须按照国家规定的防洪标准所确定的河宽进行，不得缩窄行洪通道。

桥梁和栈桥的梁底必须高于设计洪水位，并按照防洪和航运的要求，留有一定的超高。设计洪水位由河道主管机关根据防洪规划确定。

跨越河道的管道、线路的净空高度必须符合防洪和航运的要求。”

60．自然保护区可以分为（　　）。

A．核心区、缓冲区和科学研究区　　B．核心区、缓冲区和教学实习区

C．核心区、缓冲区和实验区　　D．核心区、实验区和教学实习区

【答案】C

【解析】《中华人民共和国自然保护区条例》第十八条规定：“自然保护区可以分为核心区、缓冲区和实验区。

自然保护区内保存完好的天然状态的生态系统以及珍稀、濒危动植物的集中分布地，应当划为核心区，禁止任何单位和个人进入；除依照本条例第二十七条的规定经批准外，也不允许进入从事科学研究活动。

核心区外围可以划定一定面积的缓冲区，只准进入从事科学研究观测活动。

缓冲区外围划为实验区，可以进入从事科学试验、教学实习、参观考察、旅游以及驯

化、繁殖珍稀、濒危野生动植物等活动。

原批准建立自然保护区的人民政府认为必要时，可以在自然保护区的外围划定一定面积的外围保护地带。”

61．下列关于自然保护区的说法，错误的是（ ）。

A．由于国家级科研工作的特殊需要，研究人员可以进入国家级的核心区进行科研工作，但是必须经国务院有关自然保护区行政主管部门批准

B．在自然保护区的缓冲区内，可以建设不产生污染物的生产设施

C．在自然保护区的实验区内已经建成的设施，其污染物排放超过国家和地方规定的排放标准的，应当限期治理

D．在自然保护区的实验区内，不得建设污染环境、破坏资源或者景观的生产设施

【答案】B

【解析】《中华人民共和国自然保护区条例》第二十七条规定：“禁止任何人进入自然保护区的核心区。因科学研究的需要，必须进入核心区从事科学研究观测、调查活动的，应当事先向自然保护区管理机构提交申请和活动计划，并经省级以上人民政府有关自然保护区行政主管部门批准；其中，进入国家级自然保护区核心区的，必须经国务院有关自然保护区行政主管部门批准。”

《中华人民共和国自然保护区条例》第三十二条规定：“在自然保护区的核心区和缓冲区内，不得建设任何生产设施。在自然保护区的实验区内，不得建设污染环境、破坏资源或者景观的生产设施；建设其他项目，其污染物排放不得超过国家和地方规定的污染物排放标准。在自然保护区的实验区内已经建成的设施，其污染物排放超过国家和地方规定的排放标准的，应当限期治理；造成损害的，必须采取补救措施。

在自然保护区的外围保护地带建设的项目，不得损害自然保护区内的环境质量；已造成损害的，应当限期治理。

限期治理决定由法律、法规规定的机关作出，被限期治理的企业事业单位必须按期完成治理任务。”

62.《中华人民共和国基本农田保护条例》所称基本农田，是指按照一定时期人口和社会经济发展对农产品的需求，依据土地利用总体规划确定的不得占用的（ ）。

A．耕地　　B．规划用地　　C．自留地　　D．特殊用地

【答案】A

【解析】《中华人民共和国基本农田保护条例》第二条规定：“国家实行基本农田保护制度。

本条例所称基本农田，是指按照一定时期人口和社会经济发展对农产品的需求，依据土地利用总体规划确定的不得占用的耕地。

本条例所称基本农田保护区，是指为对基本农田实行特殊保护而依据土地利用总体规划和依照法定程序确定的特定保护区域。”

63．关于基本农田保护区，下列说法错误的是（ ）。

A．禁止任何单位和个人在基本农田保护区内建窑、建房、建坟、挖砂等或者进行其他破坏基本农田的活动

B．禁止任何单位和个人闲置、荒芜基本农田

C．禁止任何单位和个人占用基本农田发展种植业

D．禁止任何单位和个人占用基本农田发展林果业和挖塘养鱼

【答案】C

【解析】《中华人民共和国基本农田保护条例》第十七条规定：“禁止任何单位和个人在基本农田保护区内建窑、建房、建坟、挖砂、采石、采矿、取土、堆放固体废弃物或者进行其他破坏基本农田的活动。

禁止任何单位和个人占用基本农田发展林果业和挖塘养鱼。”

第十八条规定：“禁止任何单位和个人闲置、荒芜基本农田。经国务院批准的重点建设项目占用基本农田的，满1年不使用而又可以耕种并收获的，应当由原耕种该幅基本农田的集体或者个人恢复耕种，也可以由用地单位组织耕种1年以上未动工建设的，应当按照省、自治区、直辖市的规定缴纳闲置费；连续2年未使用的，经国务院批准，由县级以上人民政府无偿收回用地单位的土地使用权该幅土地原为农民集体所有的，应当交由原农村集体经济组织恢复耕种，重新划入基本农田保护区。

承包经营基本农田的单位或者个人连续2年弃耕抛荒的，原发包单位应当终止承包合同，收回发包的基本农田。”

64．除（　　）外，危险化学品的生产装置和储存数量构成重大危险源的储存设施，与居民区、学校、供水水源、基本农田保护区、军事禁区等场所、区域的距离必须符合国家标准或者国家有关规定。

A．易燃品　　B．运输工具、加油站、加气站

C．易爆品　　D．易挥发气体

【答案】B

【解析】《中华人民共和国危险化学品安全管理条例》第十条规定：除运输工具、加油站、加气站外，危险化学品的生产装置和储存数量构成重大危险源的储存设施，与下列场所、区域的距离必须符合国家标准或者国家有关规定：①居民区、商业中心、公园等人口密集区域；②学校、医院、影剧院、体育场（馆）等公共设施；③供水水源、水厂及水源保护区；④车站、码头（按照国家规定，经批准，专门从事危险化学品装卸作业的除外）、机场以及公路、铁路、水路交通干线、地铁风亭及出入口；⑤基本农田保护区、畜牧区、渔业水域和种子、种畜、水产苗种生产基地；⑥河流、湖泊、风景名胜区和自然保护区；⑦军事禁区、军事管理区；⑧法律、行政法规规定予以保护的其他区域。

65．海岸工程建设项目，是指位于海岸或者与海岸连接，为控制海水或者利用海洋完成部分或者全部功能，并对（　　）有影响的基本建设项目、技术改造项目和区域开发工程建设项目。

A．浅海环境　　B．深海环境

C．海洋环境　　D．滨海环境

【答案】C

【解析】《中华人民共和国防治海岸工程建设项目污染损害海洋环境管理条例》第二条规定：“本条例所称海岸工程建设项目，是指位于海岸或者与海岸连接，为控制海水或者利用海洋完成部分或者全部功能，并对海洋环境有影响的基本建设项目、技术改造项目和区域开发工程建设项目。主要包括：港口、码头，造船厂、修船厂，滨海火电站、核电站，

岸边油库，滨海矿山、化工、造纸和钢铁企业，固体废弃物处理处置工程，城市废水排海工程和其他向海域排放污染物的建设工程，入海河口处的水利、航道工程，潮汐发电工程，围海工程，渔业工程，跨海桥梁及隧道工程，海堤工程，海岸保护工程以及其他一切改变海岸、海涂自然性状的开发工程建设项目。”

66. 建设滨海矿山，在开采、选矿、运输、贮存、冶炼和尾矿处理等过程中，必须按照有关规定采取防止污染损害（　　）的措施。

A. 海洋环境　　B. 大陆架环境

C. 浅海环境　　D. 深海环境

【答案】 A

【解析】《中华人民共和国防治海岸工程建设项目污染损害海洋环境管理条例》第十九条规定：“建设滨海矿山，在开采、选矿、运输、贮存、冶炼和尾矿处理等过程中，必须按照有关规定采取防止污染损害海洋环境的措施。”

四、练习题

（一）单项选择题

1. 各级人民政府对具有代表性的各种类型的自然生态系统区域，珍稀、濒危的野生动植物自然分布区域，重要的水源涵养区域，具有重大科学文化价值的地质构造、著名溶洞和化石分布区、冰川、火山、温泉等自然遗迹，以及人文遗迹、古树名木，应当采取措施（　　），严禁破坏。

A. 加以爱护　　B. 加以保护　　C. 妥善管理　　D. 合理开发

2.《中华人民共和国环境保护法》规定：“各级人民政府应当加强对农业环境的保护，防治土壤污染、土地沙化、盐渍化、贫瘠化、沼泽化、地面沉降化和防治植被破坏、水土流失、水源枯竭、种源灭绝以及其他生态失调现象的发生和发展，推广植物病虫害的综合防治，合理使用化肥、农药及（　　）。”

A. 转基因药物　　B. 转基因植物　　C. 动物生产激素　　D. 植物生产激素

3.《中华人民共和国环境保护法》规定：“新建工业企业和现有工业企业的技术改造，应当采用资源利用率高、污染物排放量少的设备和工艺，采用经济合理的（　　）综合利用技术和污染物处理技术。”

A. 废弃物　　B. 噪声　　C. 大气　　D. 水资源

4.《中华人民共和国环境保护法》规定：“在国务院、国务院有关部门和省、自治区、直辖市人民政府规定的风景名胜区、自然保护区和其他需要特别保护的区域内，不得建设污染环境的工业生产设施。建设其他设施，其污染物排放（　　）。已建成的设施，其污染物排放超过规定排放标准的，（　　）。”

A. 不得超过规定的排放标准，限期治理

B. 不得超过规定的排放标准，关闭或迁移

C. 应严于规定的排放标准，限期治理

D. 应严于规定的排放标准，关闭或迁移

5.《中华人民共和国环境保护法》规定："禁止引进不符合我国环境保护规定要求的（ ）。"

A. 硬件和软件　B. 技术　C. 设备　D. 技术和设备

6. 因发生事故或者其他突然性事件，（ ）污染事故的单位，必须立即采取措施处理，及时通报可能受到污染危害的单位和居民，并向当地环境保护行政主管部门和有关部门报告，接受调查处理。

A. 造成　B. 可能造成

C. 造成或者可能造成　D. 有

7.《中华人民共和国环境保护法》规定："可能发生重大污染事故的企业事业单位，应当采取措施，加强（ ）。"

A. 管理　B. 监理　C. 监督　D. 防范

8. 因发生事故或者其他突然性事件，造成或者可能造成污染事故的单位，必须（ ）采取措施处理，及时通报可能受到污染危害的单位和居民，并向当地环境保护行政主管部门和有关部门报告，接受调查处理。

A. 立即　B. 及时　C. 在3天之内　D. 在5天之内

9. 建设项目的防治污染设施没有建成或者没有达到国家规定的要求，投入生产或者使用的，由批准该建设项目的环境影响报告书的环境保护行政主管部门（ ）。

A. 责令停止生产或者使用，可以并处罚款

B. 责令停止生产或者使用或罚款

C. 责令停止生产或者使用

D. 罚款

10. 未经环境保护行政主管部门同意，擅自拆除或者闲置防治污染的设施，污染物排放超过规定的排放标准的，由环境保护行政主管部门（ ）。

A. 责令限期治理，并处罚款　B. 责令重新安装使用或处于罚款

C. 责令重新安装使用，并处罚款　D. 责令重新安装使用，并处行政处分

11. 因发生事故或者其他突然性事件，造成或者可能造成污染事故的单位，必须立即采取措施处理，及时通报可能受到污染危害的单位和居民，并向（ ）和有关部门报告，接受调查处理。

A. 上级环境保护行政主管部门　B. 当地安全保护行政主管部门

C. 县级以上环境保护行政主管部门　D. 当地环境保护行政主管部门

12.《中华人民共和国环境保护法》规定：造成环境污染事故的企业事业单位，由环境保护行政主管部门或者其他依照法律规定行使环境监督管理权的部门根据所造成的危害后果（ ）。

A. 处以罚款，并给予行政处分　B. 处以罚款

C. 责令停业、关闭，并处罚款　D. 责令停业、关闭，并处行政处分

13. 对经限期治理逾期未完成治理任务的企业事业单位，除依照国家规定加收超标准排污费外，可以根据所造成的危害后果（ ）。

A. 处以罚款，并给予行政处分　B. 处以罚款，或者责令停业、关闭

C. 责令停业、关闭，并处罚款　D. 责令停业、关闭，并处行政处分

14．违反《中华人民共和国环境保护法》规定的，罚款由（　　）决定。

A．人民政府或环境保护行政主管部门 B．人民政府

C．当地人民法院　　　　　　　　D．环境保护行政主管部门

15．违反《中华人民共和国环境保护法》规定的，造成重大环境污染事故，导致公私财产重大损失或者人身伤亡的严重后果的，对直接责任人员（　　）。

A．依法追究刑事责任　　　　　　B．给予行政处分

C．处予巨大罚款　　　　　　　　D．给予降级处分

16．向大气排放恶臭气体的单位，必须采取措施防止（　　）。

A．向低空排放　　　　　　　　　B．超过国家规定的标准排放

C．周围居民区受到污染　　　　　D．大气质量下降

17．城市饮食服务业的经营者，必须采取措施，防治（　　）对附近居民的居住环境造成污染。

A．噪声　　　　　　　　　　　　B．油烟

C．排污　　　　　　　　　　　　D．油污

18．有大气污染物总量控制任务的企业事业单位，必须按照（　　）排放污染物。

A．核定的主要大气污染物排放总量和许可证规定的排放条件

B．国家环境总局规定的排放条件

C．当地环境保护行政主管部门规定的排放条件

D．主要大气污染物排放总量

19．国家对严重污染大气环境的落后生产工艺和严重污染大气环境的落后设备实行（　　）。

A．淘汰制度　　　　　　　　　　B．限期改造制度

C．禁止使用制度　　　　　　　　D．禁止销售制度

20．国务院经济综合主管部门会同国务院有关部门公布规定被淘汰的设备，（　　）给他人使用。

A．可以限期转让　B．可以无偿　　C．不得转让　　D．可以租赁

21．大、中城市人民政府环境保护行政主管部门应当（　　）发布大气环境质量状况公报，并逐步开展大气环境质量预报工作。

A．每日　　　　B．每月　　　　C．定期　　　　D．经常

22．《中华人民共和国大气污染防治法》规定："禁止开采含（　　）等有毒有害物质超过规定标准的煤炭。"

A．高硫份　　　B．放射性和砷　　C．强放射性　　D．高价砷

23．在酸雨控制区和二氧化硫污染控制区内，属于（　　）超过规定的污染物排放标准排放大气污染物的，应按规定限期治理。

A．在建企业　　B．扩建企业　　C．合资企业　　D．已建企业

24．《中华人民共和国大气污染防治法》规定："国家推行（　　），降低煤的硫份和灰份，限制高硫份、高灰份煤炭的开采。"

A．煤炭洗选加工 B．煤炭机选　　C．煤炭脱硫加工　D．煤炭脱灰份加工

25．国家采取有利于煤炭清洁利用的经济、技术政策和措施，鼓励和支持使用（　　）的优质煤炭，鼓励和支持洁净煤技术的开发和推广。

A．低硫份、无灰份　　B．低硫份、高灰份
C．低硫份、中灰份　　D．低硫份、低灰份

26．对未划定为禁止使用高污染燃料区域的大、中城市市区内的其他民用炉灶，限期改用（　　）或者使用其他清洁能源。

A．沼气　　B．天然气
C．低硫份、低灰份煤　　D．固硫型煤

27．炼制石油、生产合成氨、煤气和燃煤焦化、有色金属冶炼过程中排放含有硫化物气体的，应当配备（　　）或者采取其他脱硫措施。

A．固硫装置　　B．脱氨装置
C．脱硫装置　　D．有毒有害物质脱除装置

28．国务院和省、自治区、直辖市人民政府对尚未达到规定的大气环境质量标准的区域和国务院批准划定的（　　），可以划定为主要大气污染物排放总量控制区。

A．二氧化碳污染控制区　　B．酸雨控制区、二氧化硫污染控制区
C．一氧化碳污染控制区　　D．三氧化硫污染控制区

29．《中华人民共和国水污染防治法》规定："建设项目的环境影响报告书，必须对建设项目可能产生的水污染和对（　　）的影响作出评价，规定防治的措施，按照规定的程序报经有关环境保护部门审查批准。"

A．居住环境　　B．生态环境　　C．生态平衡　　D．植被

30．（　　）可以依法划定生活饮用水地表水源保护区。

A．省级以上人民政府　　B．县级以上人民政府
C．地市级以上人民政府　　D．省级以上水利管理部门

31．《中华人民共和国水污染防治法》禁止向生活饮用水地表水源（　　）的水体排放污水。

A．一级保护区　　B．二级保护区
C．发源地　　D．其他级别保护区

32．人工回灌补给地下水，不得（　　）。

A．恶化地下水质　　B．影响地下水量
C．影响地下水循环　　D．改变地下水质

33．禁止在生活饮用水地表水源（　　）新建、扩建与供水设施和保护水源无关的建设项目。

A．一级保护区　　B．二级保护区
C．发源地　　D．其他级别保护区

34．在开采多层地下水的时候，如果各含水层的水质差异大，应当（　　）开采。

A．混合　　B．分层　　C．隔层　　D．禁止

35．禁止在江河、湖泊、运河、渠道、水库（　　）的滩地和岸坡堆放、存贮固体废弃物和其他污染物。

A．附近　　B．最高水位线以上
C．最高水位线以下　　D．最低水位线以下

36. 在生活饮用水地表水源一级保护区内已设置的排污口，由（ ）按照国务院；规定的权限责令限期拆除或者限期治理。

A. 省级以上人民政府　　B. 省级以上环境保护行政主管部门

C. 县级以上人民政府　　D. 县级以上环境保护行政主管部门

37. 人工回灌补给地下饮用水的水质，应当符合生活饮用水水源的水质标准并经（ ）批准。

A. 地市级以上地方人民政府卫生行政主管部门

B. 省级以上卫生行政主管部门

C. 县级以上地方人民政府环境保护行政主管部门

D. 县级以上地方人民政府卫生行政主管部门

38. 在工业生产、建筑施工、交通运输和社会生活中所产生的干扰周围生活环境的声音称为（ ）。

A. 噪声源　　B. 环境噪声　　C. 噪声　　D. 工业噪声

39. 地方各级人民政府在制定城乡建设规划时，应当充分考虑建设项目和区域开发、改造所产生的噪声对周围生活环境的影响，统筹规划，合理安排功能区和建设布局，（ ）环境噪声污染。

A. 防治　　B. 防止或者减轻　　C. 杜绝　　D. 减轻

40. 建设项目在投入生产或者使用之前，其环境噪声污染防治设施必须经（ ）的环境保护行政主管部门验收。

A. 当地　　B. 县级以上

C. 市级　　D. 原审批环境影响报告书

41. 产生环境噪声污染的企业事业单位，（ ）环境噪声污染防治设施的，必须事先报经所在地的县级以上地方人民政府环境保护行政主管部门批准。

A. 拆除　　B. 闲置　　C. 拆除或者闲置　　D. 维修

42. 产生环境噪声污染的工业企业，应当采取有效措施，（ ）噪声对周围生活环境的影响。

A. 防治　　B. 杜绝　　C. 预防　　D. 减轻

43. 在城市市区噪声敏感建筑物集中区域内，禁止（ ）进行产生环境噪声污染的建筑施工作业，但抢修、抢险作业和因生产工艺上要求或者特殊需要必须连续作业的除外。

A. 参观时　　B. 夜间　　C. 白天　　D. 中午

44. 下列选项中，（ ）不属于《中华人民共和国水污染防治法》的适用范围。

A. 江河　　B. 湖泊　　C. 水库　　D. 海洋

45. 下列选项中，（ ）不是企业事业单位被禁止排放、倾倒含有毒污染物的废水、废病原体的污水和其他废弃物的利用方式。

A. 溶洞　　B. 渗井　　C. 裂隙　　D. 污水处理厂

46. 建设经过已有的噪声敏感建筑物集中区域的高速公路和城市高架、轻轨道路，有可能造成环境噪声污染的，应当设置（ ）或者采取其他有效的控制环境噪声污染的措施。

A. 间隔一定距离　　B. 设置声屏障

C. 设置隔离带　　D. 设置绿化带

47. 除起飞、降落或者依法规定的情形以外，民用航空器不得飞越（　　）上空。

A. 大型工业企业　　B. 超高层建筑

C. 城市市区　　D. 人口较多的农村

48. 城市人民政府应当在航空器起飞、降落的（　　）划定限制建设噪声敏感建筑物的区域。

A. 下方　　B. 净空周围

C. 附近　　D. 跑道两侧

49. 新建营业性文化娱乐场所的（　　）噪声必须符合国家规定的环境噪声排放标准，不符合国家规定的环境噪声排放标准的，文化行政主管部门不得核发营业执照。

A. 夜间产生的　　B. 白天产生的

C. 边界　　D. 内部

50. 在商业经营活动中（　　）高音广播喇叭或者采用其他发出高噪声的方法招揽顾客。

A. 可以适当使用　　B. 可以在规定时间内使用

C. 禁止使用　　D. 不限制使用

51. 国家对固体废物污染环境防治实行污染者依法（　　）的原则。

A. 负责　　B. 教育　　C. 拘留　　D. 判刑

52. 固体废物贮存，是指将固体废物（　　）置于特定设施或者场所中的活动。

A. 长时间　　B. 临时　　C. 永久　　D. 用特殊的方法

53. 尾矿、矸石、废石等矿业固体废物贮存设施停止使用后，矿山企业应当按照国家有关环境保护规定进行（　　），防止造成环境污染和生态破坏。

A. 封场　　B. 废物综合利用

C. 拆除或运走　　D. 植树造林

54. 国家建立并实施（　　）排污总量控制制度，确定主要污染物排海总量控制指标，并对主要污染源分配排放控制数量。

A. 内水　　B. 领海　　C. 重点海域　　D. 大陆架

55.《中华人民共和国海洋环境保护法》规定："严格限制向海域排放（　　），确需排放的，必须严格执行国家辐射防护规定。"

A. 低水平放射性废水

B. 含有机物和营养物质的工业废水、生活污水

C. 油类、酸液、碱液、剧毒废液

D. 中水平放射性废水

56.《中华人民共和国海洋环境保护法》规定："严格控制向海域排放（　　）。"

A. 中水平放射性废水

B. 含有机物和营养物质的工业废水、生活污水

C. 油类、酸液、碱液、剧毒废液

D. 不易降解的有机物和重金属的废水

57.《中华人民共和国海洋环境保护法》规定："（　　）、生活污水和工业废水必须经过处理，符合国家有关排放标准后，方能排入海域。"

A．低水平放射性废水
B．含有机物和营养物质的工业废水、生活污水
C．油类、酸液、碱液、剧毒废液
D．含病原体的医疗污水

58．海岸工程建设项目的单位，必须在建设项目可行性研究阶段，对海洋环境进行科学调查，根据自然条件和社会条件，合理选址，编报（　　）。

A．环境影响报告表　　B．环境影响报告书
C．环境影响登记表　　D．环境影响评价表

59．海岸工程建设项目的单位，必须在建设项目可行性研究阶段，对海洋环境进行科学调查，根据自然条件和社会条件，合理选址，编报（　　）。

A．环境影响报告表　　B．环境影响报告书
C．环境影响登记表　　D．环境影响评价表

60．开发利用伴生放射性矿的单位，应当在申请领取采矿许可证前编制环境影响报告书，报（　　）审查批准。

A．国务院环境保护行政主管部门
B．省级以上人民政府环境保护行政主管部门
C．所在地的上一级环境保护行政主管部门
D．当地人民政府环境保护行政主管部门

61．国务院核设施主管部门会同国务院环境保护行政主管部门根据（　　），在环境影响评价的基础上编制放射性固体废物处置场所选址规划，报国务院批准后实施。

A．地形条件
B．地质条件和放射性固体废物处置的需要
C．地形地貌
D．放射性固体废物处置的可能性

62．产生放射性固体废物的单位，应当按照（　　）的规定，对其产生的放射性固体废物进行处理后，送交放射性固体废物处置单位处置，并承担处置费用。

A．国务院环境保护行政主管部门
B．省级以上人民政府环境保护行政主管部门
C．所在地的上一级环境保护行政主管部门
D．当地人民政府环境保护行政主管部门

63．在干旱和半干旱地区开发、利用水资源，应当充分考虑（　　）需要。

A．生活用水　　B．消防用水
C．生态环境用水　　D．重工业用水

64．跨流域调水、应当进行全面规划和科学论证，统筹兼顾调出和调入流域的用水需要，防止对（　　）造成破坏。

A．生存环境　　B．地表水循环
C．地下水循环　　D．生态环境

65．《中华人民共和国节约能源法》规定："禁止（　　）的工业项目。"

A．新建技术落后、耗能过高、严重浪费能源

B. 扩建技术落后、耗能过高、严重浪费能源

C. 改建技术落后、耗能过高、严重浪费能源

D. 新建技术中等、耗能一般、严重浪费能源

66.《中华人民共和国节约能源法》规定："国家对落后的耗能过高的用能产品、设备实行（ ）。"

A. 区域使用制度　　B. 淘汰制度

C. 关闭制度　　D. 限期改造制度

67.《中华人民共和国防沙治沙法》所称土地沙化，是指主要因（ ）所导致的天然沙漠扩张和沙质土壤上植被及覆盖物被破坏，形成流沙及沙土裸露的过程。

A. 气候变化　　B. 人类不合理活动

C. 食草动物数量过多　　D. 干旱

68. 在沙化土地范围内从事开发建设活动的，必须事先就该项目可能对当地及相关地区（ ）产生的影响进行环境影响评价，依法提交环境影响报告。

A. 生态　　B. 地表水　　C. 地下水　　D. 大气

69. 对水土流失严重、有沙化趋势、需要改善生态环境的已垦草原，应当有计划、有步骤地（ ）；已造成沙化、盐碱化、石漠化的，应当限期治理。

A. 退耕还林　　B. 退耕还草　　C. 植树种草　　D. 退耕还牧

70.《中华人民共和国文物保护法》规定："在文物保护单位的建设控制地带内进行建设工程，不得（ ）。"

A. 破坏文物　　B. 移动文物

C. 破坏文物保护单位的历史风貌　　D. 拆除文物

71. 对于文物实施原址保护的，建设单位应当确定保护措施，根据文物保护单位的级别报（ ）批准，并将保护措施列入可行性研究报告或者设计任务书。

A. 省级文物行政部门　　B. 国务院文物行政部门

C. 当地文物行政部门　　D. 相应的文物行政部门

72.《中华人民共和国文物保护法》规定："建设工程选址时，（ ）不得拆除。"

A. 所有重点文物保护单位　　B. 省级重点文物保护单位

C. 全国重点文物保护单位　　D. 不可移动文物保护单位

73. 具有科学价值的古脊椎动物化石和古人类化石同文物一样受（ ）保护。

A. 社会　　B. 地方　　C. 国家　　D. 文物保护单位

74. 以生产果品，食用油料、饮料、调料，工业原料和药材等为主要目的的林木属（ ）。

A. 防护林　　B. 实验林　　C. 经济林　　D. 薪炭林

75.《中华人民共和国森林法》规定："进行勘查、开采矿藏和各项建设工程，应当（ ）林地；必须占用或者征用的，经县级以上人民政府林业主管部门审核同意后，依照有关土地管理的法律、行政法规办理建设用地审批手续，并由用地单位依照国务院有关规定缴纳森林植被恢复费。"

A. 避开　　B. 不占

C. 可以根据需要适当地多占　　D. 不占或者少占

76. 以下选项中不属于特种用途林的是（ ）。

A．红树林　　B．实验林　　C．母树林　　D．风景林

77．成熟的（　　）应当根据不同情况，分别采取择伐、皆伐和渐伐方式，皆伐应当严格控制，并在采伐的当年或者次年内完成更新造林。

A．风景林　　B．用材林　　C．特种用途林　　D．经济林

78．采矿时对暂时不能综合开采或者必须同时采出而暂时还不能综合利用的矿产以及含有有用组分的（　　），应当采取有效的保护措施，防止损失破坏。

A．矿产资源　　B．贫矿　　C．低品位矿　　D．尾矿

79．在山区、丘陵区、风沙区修建铁路、公路、水工程，开办矿山企业、电力企业和其他大中型工业企业，在建设项目环境影响报告书中，必须有水行政主管部门同意的（　　）。

A．水土保持方案　　B．循环用水办法

C．排水方案　　D．水质保护方案

80．《中华人民共和国野生动物保护法》规定："国家保护野生动物及其（　　），禁止任何单位和个人非法猎捕或者破坏。"

A．生存环境　　B．生活环境

C．生存自然环境　　D．生活自然环境

81．国务院野生动物行政主管部门和省、自治区、直辖市政府，应当在国家和地方重点保护野生动物的主要生息繁衍的地区和水域，划定（　　），加强对国家和地方重点保护野生动物及其生存环境的保护管理。

A．陆水野生动物保护区　　B．生存环境保护区

C．生态保护区　　D．栖息地

82．建设项目对国家或者地方重点保护野生动物的生存环境产生不利影响的，建设单位应当提交环境影响报告书；环境保护部门在审批时，应当征求（　　）的意见。

A．国务院野生动物行政主管部门　　B．上一级野生动物行政主管部门

C．同级野生动物行政主管部门　　D．省级野生动物行政主管部门

83．下列选项中不属于防洪区的分类的是（　　）。

A．洪泛区　　B．蓄滞洪区　　C．防洪保护区　　D．溢洪区

84．（　　）是指包括分洪口在内的河堤背水面以外临时贮存洪水的低洼地区及湖泊等。

A．洪泛区　　B．蓄滞洪区　　C．防洪保护区　　D．溢洪区

85．旧城区的改建，应当保护（　　），合理确定拆迁和建设规模，有计划地对危房集中、基础设施落后等地段进行改建。

A．原貌　　B．历史文化遗产和传统风貌

C．历史风貌　　D．传统文化遗产

86．《中华人民共和国城乡规划法》所称的城市规划区，是指城市（　　）以及城市行政区域内因城市建设和发展需要实行规划控制的区域。

A．市区　　B．市区、近郊区

C．市区、城乡结合区　　D．中心城区、郊区

87．城市新区开发和旧区改建必须坚持（　　）、合理布局、因地制宜、综合开发、配套建设的原则。

A．统一规划　　B．统一安排　　C．统一行动　　D．统一设计

88．《中华人民共和国河道管理条例》规定："城镇建设和发展不得占用（　　）。"

A．修建排水用地　　B．蓄水工程用地

C．河道滩地　　D．沙洲

89．自然保护区的内部未分区的，依照《中华人民共和国自然保护区条例》有关（　　）的规定管理。

A．缓冲区　　B．实验区

C．核心区和缓冲区　　D．外围保护地带

90．为对基本农田实行特殊保护而依据土地利用总体规划和依照法定程序确定的特定保护区域是指（　　）。

A．基本农田保护区　　B．基本农业保护区

C．基本生态保护区　　D．基本耕地保护区

91．经国务院批准的重点建设项目占用基本农田的，连续（　　）年未使用的，经国务院批准，由县级以上人民政府无偿收回用地单位的土地使用权。

A．1　　B．2　　C．3　　D．4

92．承包经营基本农田的单位或者个人连续（　　）年弃耕抛荒的，原发包单位应当终止承包合同，收回发包的基本农田。

A．1　　B．2　　C．3　　D．4

93．海岸工程建设项目，是指位于（　　），为控制海水或者利用海洋完成部分或者全部功能，并对海洋环境有影响的基本建设项目、技术改造项目和区域开发工程建设项目。

A．海岸或者与海岸连接　　B．海岸

C．与海岸连接　　D．大陆架

94．建设港口、码头，应当设置与其吞吐能力和货物种类相适应的防污设施。港口、油码头、化学危险品码头，应当配备海上（　　）损害事故应急设备和器材。

A．一般污染　　B．重大污染　　C．中度污染　　D．重大台风

95．建设岸边造船厂、修船厂，应当设置与其（　　）相适应的残油、废油接收处理设施，含油废水接收处理设施，拦油、收油、消油设施，工业废水接收处理设施，工业和船舶垃圾接收处理设施等。

A．性质、规模　　B．性质　　C．规模　　D．十分

96．兴建海岸工程建设项目，不得改变、破坏国家和地方重点保护的野生动植物的（　　）。

A．生活环境　　B．生存环境　　C．自然环境　　D．社会环境

97．经国务院批准占用基本农田兴建国家重点建设项目的，在建设项目环境影响报告书中，应当有（　　）方案。

A．基本农田环境保护　　B．基本农业环境保护

C．基本生态环境保护　　D．基本耕地环境保护

98．下列关于损毁土地的选项中不应由土地复垦义务人负责复垦的是（　　）。

A．露天采矿地表挖掘所损毁的土地　　B．堆放粉煤灰压占的土地
C．自然灾害损毁的土地　　D．挖沙取土所损毁的土地

（二）多项选择题

1．国务院和省、自治区、直辖市人民政府对尚未达到规定的大气环境质量标准的区域和国务院批准划定的（　　）可以划定为主要大气污染物排放总量控制区。

A．二氧化碳污染控制区　　B．二氧化硫污染控制区
C．二氧化氮污染控制区　　D．酸雨控制区
E．一氧化碳污染控制区

2．有大气污染物总量控制任务的企业事业单位，必须按照（　　）排放污染物。

A．核定的主要大气污染物排放总量　　B．核定的主要大气污染物产生总量
C．国家环保总局认定的排放条件　　D．许可证规定的排放条件
E．当地政府规定的排放条件

3．向大气排放含放射性物质的（　　），必须符合国家有关放射性防护的规定，不得超过规定的排放标准。

A．气体　　B．液体　　C．固体　　D．气溶胶
E．水溶胶

4．下列描述属于国家对严重污染大气环境的落后生产工艺和设备实行淘汰制度的有（　　）。

A．国务院有关部门公布限期禁止采用的严重污染大气环境的工艺名录和限期禁止生产、禁止销售、禁止进口、禁止使用的严重污染大气环境的设备名录
B．生产者、销售者、进口者或者使用者必须在规定的期限内分别停止生产、销售、进口或者使用列入名录中的设备
C．生产工艺的采用者必须在规定的期限内停止采用列入名录中的工艺
D．被淘汰的设备，不得转让给他人使用
E．在落后工艺淘汰前，可将其转让给相对落后的国家和地区，这样也可以为国家赚取一些外汇

5．以下行为中属于环保部门或环境监督管理部门责令限期改正，并可处五万元以下罚款的有（　　）。

A．向大气排放粉尘、恶臭气体或者其他含有有毒物质气体，未采取有效污染防治措施的
B．向大气排放转炉气、电石气、电炉法黄磷尾气、有机烃类尾气，未经当地环境保护行政主管部门批准的
C．运输、装卸或者贮存能够散发有毒有害气体或者粉尘物质，未采取密闭措施或者其他防护措施的
D．城市饮食服务业的经营者未采取有效污染防治措施，致使排放的油烟对附近居民的居住环境造成污染的
E．在人口集中地区或者其他依法特殊保护的区域内，焚烧沥青、油毡、橡胶等产生有毒有害烟尘和恶臭气体的物质的

6. 国家为防治燃煤产生的大气污染采取了一系列的措施，以下说法正确的有（　　）。

A. 国家禁止开采高硫份、高灰份的煤炭

B. 国家限制开采高硫份、高灰份的煤炭

C. 国家禁止开采含放射性和砷等有毒有害物质超过规定标准的煤炭

D. 在燃煤供热地区，国家鼓励发展集中供热，但在集中供热管网覆盖的地区，也允许新建燃煤供热锅炉

E. 在两控区内，已建企业超过规定的污染物排放标准排放大气污染物的，必须在规定的期限内限期治理

7. 以下对防治废气、尘和恶臭污染的措施中，说法错误的有（　　）。

A. 国家禁止排污单位向大气中排放含有有毒有害物质的废气和粉尘

B. 向大气排放转炉气、电石气，有机烃类尾气等废气的，必须报当地人民政府批准

C. 向大气排放含放射性物质的气体和气溶胶，须符合国家有关放射性防护的规定，不得超过规定的排放标准

D. 生产、进口消耗臭氧层物质的单位，必须在国家规定的期限内，按照国务院有关行政主管部门核定的配额进行生产、进口

E. 向大气排放粉尘的排污单位，可以采取除尘措施

8. 以下关于水环境保护环境影响评价的说法正确的有（　　）。

A. 新建、扩建、改建直接或者间接向水体排放污染物的建设项目和其他水上设施，必须遵守国家有关建设项目环境保护管理的规定

B. 建设项目的环境影响报告书，必须对建设项目可能产生的水污染和对生态环境的影响作出评价，规定防治的措施，按照规定的程序报经有关环境保护部门审查批准

C. 建设项目中防治水污染的设施，必须与主体工程同时设计、同时施工、同时投产使用

D. 防治水污染的设施必须经过环境保护部门检验，达不到规定要求的，该建设项目不准投入生产或者使用

E. 环境影响报告书中，应当有该建设项目所在地单位和居民的意见

9. 在生活饮用水源地、风景名胜区水体、重要渔业水体等水体保护区内设置排污口，以下说法正确的有（　　）。

A. 在水体保护区内不得新建排污口

B. 在水体保护区内新建的排污口，排放污染物浓度必须符合国家或者地方标准

C. 在水体保护区内已有的排污口，必须全部搬迁

D. 在水体保护区内，《中华人民共和国水污染防治法》公布前已有的排污口，排放污染物超过国家或者地方标准的，应当治理

E. 在水体保护区内，《中华人民共和国水污染防治法》公布前已有的、危害饮用水源的排污口，应当搬迁

10. 我国《中华人民共和国水污染防治法》规定，禁止向水体排放、倾倒（　　）。

A. 油类　　B. 含热废水　　C. 工业废渣　　D. 城市垃圾

E. 放射性固体废物

11．以下关于生活饮用水地表水源保护区的说法正确的有（ ）。

A．省级以上人民政府可以依法划定生活饮用水地表水源保护区

B．生活饮用水地表水源保护区分为一级保护区和其他等级保护区

C．在生活饮用水地表水源取水口附近可以划定一定的水域和陆域为一级保护区

D．在生活饮用水地表水源一级保护区外，可以划定一定的水域和陆域为其他等级保护区

E．各级保护区无需明确的地理界线

12．以下关于生活饮用水地表水源一级保护区水体保护的说法正确的有（ ）。

A．禁止向生活饮用水地表水源一级保护区的水体排放污水

B．禁止在生活饮用水地表水源一级保护区内从事旅游、游泳和其他可能污染生活饮用水水体的活动

C．禁止在生活饮用水地表水源一级保护区内新建、扩建与供水设施和保护水源无关的建设项目

D．在生活饮用水地表水源一级保护区内已设置的排污口，由省级以上人民政府按照国务院规定的权限责令限期拆除或者限期治理

E．在生活饮用水地表水源一级保护区内已设置的排污口，由省级以上环境保护行政主管部门按照国务院规定的权限责令限期拆除或者限期治理

13．以下关于生活饮用水地表水源二级保护区水体保护的说法正确的有（ ）。

A．禁止在生活饮用水地表水源二级保护区内新建、扩建向水体排放污染物的建设项目

B．在生活饮用水地表水源二级保护区内新建、扩建向水体排放污染物的建设项目必须严格按照法律规定进行环境影响评价

C．禁止在生活饮用水地表水源二级保护区内超过国家规定的或者地方规定的污染物排放标准排放污染物

D．禁止在生活饮用水地表水源二级保护区内设立装卸垃圾、油类及其他有毒有害物品的码头

E．禁止向生活饮用水地表水源二级保护区的水体排放污水

14．以下关于防治环境噪声污染的措施，说法正确的有（ ）。

A．在城市范围内向周围生活环境排放工业噪声的，应当符合国家规定的工业企业厂界环境噪声排放标准

B．在城市市区噪声敏感建筑物集中区域内，禁止在夜间进行一切环境噪声污染的建筑施工作业

C．在城市市区噪声敏感建筑物集中区域内，禁止任何单位、个人使用高音广播喇叭

D．在噪声敏感建筑物集中区域内，造成严重环境噪声污染的企业事业单位，一律停产或搬迁

E．在噪声敏感建筑物集中区域内，造成严重环境噪声污染的企业事业单位，当地县级以上人民政府应责令其限期治理

15．对违反环境噪声污染防治法的有关规定的行为进行处罚，以下说法错误的有（ ）。

A．对经限期治理的逾期未完成治理任务的企事业单位，环境保护行政主管部门可以根据其所造成的危害后果处以罚款，或者责令停产、搬迁、关闭

B．在商业经营活动中，使用高音广播喇叭招揽顾客发出高噪声，造成环境噪声污染的，由环境保护行政主管部门责令改正，可以并处罚款

C．在城市市区噪声敏感建筑物集中区域内，夜间进行禁止进行的产生环境噪声污染的建筑施工作业的，由工程所在地县级以上地方人民政府环境保护行政主管部门责令其改正，并可处罚款

D．受到环境噪声污染危害的单位和个人，有权要求加害人排除危害，并要依法赔偿造成的损失

E．在城市市区噪声敏感建筑物集中区域内，使用高音广播喇叭招揽顾客发出高噪声，造成环境噪声污染的，由公安机关责令改正，可以并处罚款

16．以下关于噪声污染防治法定措施的说法正确的有（　　）。

A．建设经过已有的噪声敏感建筑物集中区域的城市高架、轻轨道路，应当设置声屏障或者采取其他有效的控制环境噪声污染的措施

B．在已有的城市交通干线的两侧建设噪声敏感建筑物的，建设单位应当按照国家规定间隔一定距离，并采取减轻、避免交通噪声影响的措施

C．穿越城市居民区、文教区的铁路，因铁路机车运行造成环境噪声污染的，当地城市人民政府应当组织铁路部门和其他有关部门，制定减轻环境噪声的规划

D．民用航空器不得飞越城市市区上空

E．产生环境噪声污染的企业事业单位，经改造已明显降低噪声的，可自行拆除或者闲置环境噪声污染防治设施

17．以下关于固体废物管理的说法正确的有（　　）。

A．《中华人民共和国固体废物污染环境防治法》适用于固体废物污染环境防治，这里的固体废物不包括气态和液态的废物

B．我国对固体废物管理实行“三化”原则，即减量化、资源化和无害化

C．因固体废物的成分、性质和危险性存在较大差异，所以对固体废物的管理必须采取分类管理

D．所谓“从摇篮到坟墓”是指产品的生产者、销售者、进口者和使用者对其产生的固体废物依法承担污染防治责任

E．气态或液态废物的污染防治属于《中华人民共和国固体废物污染环境防治法》的适用范围

18．收集、贮存、运输、利用、处置固体废物的单位和个人，必须采取（　　）或者其他防止污染环境的措施。

A．防扬散　　B．防扩散　　C．防流失　　D．防渗漏

E．防挥发

19．下列选项中错误的有（　　）。

A．建设工业固体废物贮存、处置的设施、场所，必须符合国家环境保护标准

B．国家对固体废物污染环境防治实行污染者负责原则

C．企业事业单位应当对其产生的所有工业固体废物加以利用

D．尾矿、矸石、废石等矿业固体废物贮存设施停止使用后，矿山企业应当按照国家有关环境保护规定进行封场，防止造成环境污染和生态破坏

E．经环卫部门批准，社区管理部门可关闭、闲置或者拆除生活垃圾处置的设施、场所

20．以下关于危险废物管理的说法正确的有（　　）。

A．对危险废物的容器和包装物以及收集、贮存、运输、处置危险废物的设施、场所，必须设置危险废物识别标志

B．收集、贮存危险废物，必须按照危险废物特性分类进行

C．无论以何种方式处置危险废物，都必须缴纳危险废物排污费

D．禁止将危险废物混入非危险废物中贮存

E．产生危险废物的单位，必须按照国家有关规定处置危险废物，不得擅自倾倒、堆放

21．下列选项中，属于国家规定的禁止向海域排放的有（　　）。

A．油类、酸液、碱液、剧毒废液

B．低水平放射性废水

C．高、中水平放射性废水

D．含有不易降解的有机物和重金属的废水

E．含病原体的医疗污水、生活污水和工业废水

22．（　　）可根据保护海洋生态的需要，建立海洋自然保护区。

A．国务院有关部门　　B．沿海地方各级人民政府

C．沿海省级人民政府　　D．沿海省级环境保护行政主管部门

E．沿海地方环保局

23．为防治陆源污染物污染海洋环境，以下控制措施正确的有（　　）。

A．排污单位设置人海排污口，应当根据海洋功能区划、海洋动力条件和有关规定等情况确定

B．排污单位设置入海排污口，应当报请县级以上人民政府环境保护行政主管部门审批

C．禁止向海域排放任何放射性废水

D．向海域排放含病原体的医疗废水时，必须经过处理，符合国家有关排放标准后，方能排入海域

E．在有条件的地区，应当将排污口深海设置，实行离岸排放

24．下列关于防治海岸工程建设项目对海洋环境的污染损害的说法符合《中华人民共和国海洋环境保护法》规定的有（　　）。

A．海洋保护区、海滨风景名胜区、重要渔业水域及其他需要特别保护的区域，不得从事任何建设活动

B．海岸工程建设项目的环境影响评价报告书，只需经环境保护行政主管部门审查批准即可

C．海岸工程建设项目的环境保护设施，必须与主体工程同时设计、同时施工、

同时投产使用

D．禁止在沿海陆域内新建严重污染海洋环境的工业生产项目

E．兴建海岸工程建设项目，必须采取有效措施，保护国家和地方重点保护的野生动植物及其生存环境和海洋水产资源

25．以下关于放射性污染防治的环境影响评价的说法与《中华人民共和国放射性污染防治法》的规定相一致的有（　　）。

A．核设施营运单位应当在申请领取核设施建造、运行许可证和办理退役审批手续前编制环境影响报告书

B．核设施的环境影响报告书须报国务院环境保护行政主管部门审查批准

C．开发利用或者关闭铀（钍）矿的单位，应当在申请领取采矿许可证或者办理退役审批手续前编制环境影响报告书

D．开发利用或者关闭铀（钍）矿的环境影响报告书须报经当地县级以上环境保护行政主管部门审批

E．以开发利用铀（钍）矿为主营业务的单位，其所编制的环境影响报告书未经环境保护部门批准的，工商行政主管部门不得颁发营业执照

26．关于核设施的环境影响评价书的审批，以下说法正确的有（　　）。

A．核设施选址的环境影响报告书由国务院环境保护行政主管部门审查批准

B．核设施选址的环境影响报告书由省级以上人民政府环境保护行政主管部门审查批准

C．开发利用铀矿的环境影响报告书由国务院环境保护行政主管部门审查批准

D．开发利用伴生放射性矿的环境影响报告书由国务院环境保护行政主管部门审查批准

E．开发利用伴生放射性矿的环境影响报告书由省级以上人民政府环境保护行政主管部门审查批准

27．下列关于清洁生产的说法中，错误的有（　　）。

A．清洁生产的基本要求是清洁能源和原料、清洁的生产过程、清洁的产品

B．国家对浪费资源和严重污染环境的落后生产技术、工艺、设备和产品实行限期淘汰制度

C．国务院环境保护行政主管部门会同国务院有关行政主管部门制定并发布限期淘汰的生产技术、工艺、设备以及产品的名录

D．国务院环境保护行政主管部门制定强制回收的产品和包装物的目录和具体回收办法

E．国务院经济贸易行政主管部门会同国务院有关行政主管部门定期发布清洁生产技术、工艺、设备和产品导向目录

28．以下关于企业技术改造时应采取的清洁生产措施的说法，符合《中华人民共和国清洁生产促进法》的有（　　）。

A．采用无毒、无害或者低毒、低害的原料，替代毒性大、危害严重的原料

B．采用资源利用率高、污染物产生量少的工艺，替代资源利用率低、污染物产

生量多的工艺

C．对生产过程中产生的废物、废水和余热等进行综合利用或者循环使用

D．采用能够达到国家规定的污染物排放标准和污染物排放总量控制指标的污染防治技术

E．淘汰所有原有设备，采用全套符合清洁生产机制的设备

29．在水资源开发利用和河道管理中，以下做法错误的有（　　）。

A．在不通航的河流或者人工水道上修建闸坝后可以通航的，闸坝建设单位应当同时修建船设施或者预留过船设施位置

B．禁止在饮用水水源保护区内设置排污口

C．沿河居民都可在河道采砂

D．在水工程保护范围内，可从事采石、取土等稍微影响水工程运行的活动

E．农村集体经济组织修建水库应当经县级以上地方人民政府水行政主管部门批准

30．以下关于水资源开发及管理的说法符合《中华人民共和国水法》的相关规定的有（　　）。

A．禁止围湖造地

B．在干旱和半干旱地区开发、利用水资源，应当充分考虑生态环境用水需要

C．在水资源不足的地区，应当对城市规模和建设耗水量大的工业、农业和服务业项目加以限制

D．在水生生物洄游通道上修建永久性拦河闸坝，建设单位应当同时修建过鱼设施

E．禁止围垦河道

31．下列关于节约能源的说法符合《中华人民共和国节约能源法》规定的有（　　）。

A．节能是指加强用能管理，采取一切措施，减少从能源生产到消费各个环节中的损失和浪费，更加有效、合理地利用能源

B．新建技术落后、耗能过高、严重浪费能源的工业项目必须经过国务院相关主管部门的审批

C．国家对落后的耗能过高的用能产品、设备实行淘汰制度

D．推广热电联产、集中供热，提高热电机组的利用率，发展热能梯级利用技术，热、电、冷联产技术和热、电、煤气三联供技术，提高热能综合利用率

E．发展和推广适合国内煤种的流化床燃烧、无烟燃烧和气化、液化等洁净煤技术，提高煤炭利用效率

32．下列属沙化土地封禁保护区范围内明确禁止的行为有（　　）。

A．一切破坏植被的活动　　B．安置移民

C．农牧民进行生产生活　　D．修建铁路

E．种植植物

33．下列关于草原使用管理的说法，错误的有（　　）。

A．进行矿藏开采和工程建设确需征用草原的，必须经省级以上人民政府草原行政主管部门审核同意，才可依照有关规定办理建设用地审批手续

B．经县级以上地方人民政府草原行政主管部门审核同意后临时占用草原的，期

限不得超过 1 年

C．省级人民政府的环境保护行政主管部门可以在珍贵濒危野生动植物分布区建立草原自然保护区

D．对严重退化、沙化、盐碱化的草原和生态脆弱区的草原，要实行禁牧、休牧制度

E．在草原上修建直接为草原保护和畜牧业生产服务的工程设施，需要使用草原的，由县级以上人民政府草原行政主管部门批准

34．下列选项中，应当划为基本草原，实施严格管理的有（　　）。

A．重要放牧场　　B．割草地

C．退耕还草地　　D．草原科研、教学试验基地

E．草种基地

35．我国的森林分为（　　）。

A．防护林　　B．用材林　　C．经济林　　D．薪炭林

E．特种用途林

36．根据《中华人民共和国森林法》，下列选项中属于采伐森林和林木必须遵守的规定的有（　　）。

A．成熟的用材林应当根据不同情况，分别采取择伐、皆伐和渐伐方式

B．防护林只准进行抚育和更新性质的采伐

C．特种用途林严禁采伐

D．只要伐林木就必须申请采伐许可证，按许可证的规定进行采伐

E．农村居民采伐自留地和房前屋后个人所有的零星林木也须申请采伐许可证

37．以下选项中，符合《中华人民共和国矿产资源法》的规定的有（　　）。

A．开采矿产资源，必须遵守有关环境保护的法律规定，防止污染环境

B．开采矿产资源，应当节约用地

C．关闭矿山，必须提出矿山闭坑报告

D．耕地、草原、林地因采矿受到破坏的，矿山企业应当采取复垦利用措施

E．开采矿山资源，应当效率优先，兼顾环境

38．以下关于土地管理的说法中错误的有（　　）。

A．国家实行土地用途管制制度，通过土地利用总体规划，将土地分为农用地、建设用地和未利用地，对不同种类的用地实行分类管理

B．国家实行基本农田保护制度，各省、自治区、直辖市划定的基本农田应当占本行政区内耕地的 90%以上

C．省级人民政府批准的道路、管线工程建设项目占用农用地的审批手续，由省级人民政府批准

D．征收基本农田必须由国务院审批

E．禁止占用基本农田发展林果业和挖塘养鱼

39．建设用地征用以下土地，必须经国务院批准的有（　　）。

A．基本农田　　B．基本农田以外的耕地 40 公顷的

C．基本农田以外的耕地 30 公顷的　　D．其他土地 80 公顷的

E. 其他土地 60 公顷的

40. 以下关于水土保持的说法，符合现有相关法律规定的有（　　）。

A. 修建铁路、公路和水工程，应当尽量减少破坏植被

B. 开办矿山企业、电力企业和其他大中型工业企业，排弃的剥离表土、矸石、尾矿、废渣经当地环保部门批准可以向江河、湖泊、水库倾倒

C. 在山区、丘陵区、风沙区修建铁路、公路、水工程，开办矿山企业、电力企业和其他大中型工业企业，在建设项目环境影响报告书中，必须有水行政主管部门同意的水土保持方案

D. 建设工程竣工验收时，应当同时验收水土保持设施，并有水行政主管部门参加并签署意见

E. 水土保持设施经验收不合格的，限期治理

41. 以下关于野生动物保护的说法，正确的有（　　）。

A. 国家保护野生动物及其生存环境，禁止任何单位和个人非法猎捕或者破坏

B. 国家对珍贵、濒危的野生动物实行重点保护

C. 省、自治区、直辖市政府也可根据当地的实际情况确定地方重点保护的野生动物

D. 在重点保护野生动物的主要生息繁衍的地区和水域应当划定自然保护区

E. 建设项目对国家或者地方重点保护野生动物的生存环境产生不利影响的，建设单位应当提交环境影响报告书

42. 防洪区分为（　　）。

A. 洪泛区　B. 蓄滞洪区　C. 泄洪区　D. 洪水防御区 E. 防洪保护区

43. 城市新区开发和旧区改建必须坚持（　　）的原则，各项建设工程的选址、定点，不得妨碍城市的发展，危害城市的安全，污染和破坏城市环境，影响城市各项功能的协调。

A. 统一规划　B. 合理布局　C. 因地制宜　D. 综合开发 E. 配套建设

44. 按照《中华人民共和国河道管理条例》的规定，河道应当包括（　　）。

A. 湖泊　B. 行洪区　C. 人工水道　D. 蓄洪区

E. 滞洪区

45. 以下说法符合法律法规相关规定的是（　　）。

A. 修建桥梁、码头和其他设施，应按照当地环保机构确定的河宽进行

B. 桥梁和栈桥的梁底必须高于设计洪水位

C. 跨越河道的管道、线路的净空高度必须符合防洪和航运的要求

D. 城镇建设和发展不得占用河道滩地

E. 沿河城镇在编制和审查城镇规划时，应先经河道主管机关批准

46. 依照《中华人民共和国自然保护区条例》的规定，自然保护区可以分为（　　）。

A. 核心区　B. 缓冲区　C. 实验区　D. 旅游区

E. 外围保护地带

47．以下关于对自然保护区内的人为活动进行禁限规定的说法，错误的有（　　）。

A．自然保护区的核心区内，禁止任何单位和个人进入，也绝不允许进入从事科学研究活动

B．自然保护区的缓冲区内，可进入从事科学研究观测活动

C．自然保护区的缓冲区内，可以进入从事驯化、繁殖珍惜、濒危野生动植物的活动

D．自然保护区的实验区内，可以进入从事科学试验、教学实习、参观考察、旅游等活动

E．自然保护区的缓冲区内，只准进入从事科学研究观测活动

48．以下属于在风景名胜区内禁止进行的活动的有（　　）。

A．修建采石场　　B．开办煤矿

C．在设施上刻字留念　　D．乱扔垃圾

E．修建疗养院

49．下列选项中，应当划入基本农田保护区的有（　　）。

A．粮、棉、油生产基地内的耕地

B．蔬菜生产基地

C．农业科研、教学试验田

D．城市和村庄、集镇建设用地区周边的耕地

E．需要退耕还林、还牧、还湖的耕地

50．医疗废物集中处置单位的贮存、处置设施，应当（　　）。

A．远离村庄　　B．远离城市

C．远离水源保护区　　D．远离交通干道

E．与工作场所有适当的安全防护距离

51．下列选项中，与危险化学品的生产装置和储存设施之间的距离须符合国家标准或者国家有关规定的有（　　）。

A．商业中心　　B．学校

C．供水水源　　D．军事管理区

E．车站

52．以下属于海岸工程的有（　　）。

A．港口　　B．造船厂　　C．电站　　D．潮汐发电工程

E．跨海桥梁

53．为防止海岸工程项目污染海洋环境应采取的措施包括（　　）。

A．建设港口、码头，可以设置防污设施

B．建设岸边造船厂、修船厂，可以设置残油、废油接收处理设施

C．修筑海堤，必须采用措施，不得损害生态环境及水产资源

D．不得兴建可能导致重点保护的野生动植物生存环境污染和破坏的海岸工程

E．建设滨海核电站和其他核设施，必须严格遵守国家有关核环境保护和放射防护的规定及标准

54．以下属于禁止兴建的海岸工程建设项目的有（　　）。

A．兴建向中华人民共和国海域及海岸转嫁污染的外资企业

B．在海洋特别保护区建设造船厂

C．在海水渔场外围修建修船厂

D．在红树林生长的地区修建港口

E．在海滨风景游览区修建宾馆

55．在自然保护区的试验区可以从事的行为包括（　　）。

A．科学试验　　B．教学实习　　C．参观考察　　D．旅游

E．驯化东北虎

56．《中华人民共和国环境保护法》规定："各级人民政府应当加强对农业环境的保护，防治（　　）、沼泽化、地面沉降和防治植被破坏、水土流失、水源枯竭、种源灭绝以及其他生态失调现象的发生和发展，推广植物病虫害的综合防治，合理利用化肥、农药及植物生长激素。"

A．土壤污染　　B．土地沙化　　C．贫瘠化　　D．盐渍化

E．城市化

57．《中华人民共和国环境保护法》中规定："产生环境污染和其他公害的单位，必须采取有效措施，防治在生产建设或者其他活动中产生的废气、废水、废渣、粉尘、（　　）等对环境的污染和危害。"

A．放射性物质　　B．噪声　　C．振动　　D．电磁波辐射

E．恶臭气体

58．《中华人民共和国环境保护法》中规定："新建设企业和现有工业企业的技术改造，应当采用（　　）的设备和工艺，采用经济合理的废弃物综合利用技术和污染物处理技术。"

A．资源利用率高　　B．能源消耗中等

C．污染物排放量少　　D．能源利用率低

E．先进

59．《中华人民共和国环境保护法》规定："禁止引进不符合我国环境保护规定要求的（　　）。"

A．硬件　　B．技术　　C．设备　　D．文化

E．软件

60．下列违反《中华人民共和国环境保护法》规定的行为中，环境保护行政主管部门或者其他依照法律规定行使环境监督管理权的部门可以根据不同情节，给予警告或者处以罚款的有（　　）

A．建设项目的防治污染设施没有建成或者没有达到国家规定的要求，投入生产或者使用的

B．将产生严重污染的生产设备转移给没有污染防治能力的单位使用的

C．造成重大环境污染事故，导致公私财产重大损失或者人身伤亡的严重后果的

D．不按国家规定缴纳超标准排污费的

E．未经环境保护行政主管部门同意，擅自拆除或者闲置防治污染的设施，污染

物排放超过规定的排放标准的

61．下列关于损毁土地的选项中，应由土地复垦义务人负责复垦的有（　　）。

A．露天采矿地表挖掘所损毁的土地　　B．堆放粉煤灰压占的土地

C．自然灾害损毁的土地　　D．挖沙取土所损毁的土地

E．泥石流损毁的土地

参考答案

（一）单项选择题

1.【答案】B

【解析】：掌握保护自然生态系统区域、野生动植物自然分布区域、水源涵养区域、自然遗迹、人文遗迹、古树名木的有关规定（《中华人民共和国环境保护法》第十七条）。

2.【答案】D

【解析】：掌握加强对农业环境保护的有关规定（《中华人民共和国环境保护法》第二十条）。

3.【答案】A

【解析】：掌握新建和技术改造企业防治环境污染和其他公害的有关规定（《中华人民共和国环境保护法》第二十五条）。

4.【答案】A

【解析】：掌握在风景名胜区、自然保护区和其他需要特别保护的区域内不得建设污染环境的工业生产设施及其他设施的有关规定（《中华人民共和国环境保护法》第十八条）。

5.【答案】D

【解析】：熟悉禁止引进不符合我国环境保护规定要求的技术和设备的有关规定（《中华人民共和国环境保护法》第三十条）。

6.【答案】C

【解析】：熟悉因发生事故或者其他突发性事件，造成或者可能造成污染事故的单位应当加强防范的有关规定（《中华人民共和国环境保护法》第三十一条）。

7.【答案】D

8.【答案】A

【解析】：熟悉因发生事故或者其他突发性事件，造成或者可能造成污染事故的单位应当加强防范的有关规定（《中华人民共和国环境保护法》第三十一条）。

9.【答案】A

【解析】：熟悉违反有关法律规定应承担的法律责任（《中华人民共和国环境保护法》第五章）。

10.【答案】C

【解析】：熟悉违反有关法律规定应承担的法律责任（《中华人民共和国环境保护法》第五章）。

11.【答案】D

【解析】：熟悉因发生事故或者其他突发性事件，造成或者可能造成污染事故的单位应当加强防范的有关规定（《中华人民共和国环境保护法》第三十一条）。

12.【答案】B

【解析】：熟悉违反有关法律规定应承担的法律责任（《中华人民共和国环境保护法》第五章）。

13.【答案】B

【解析】：熟悉违反有关法律规定应承担的法律责任（《中华人民共和国环境保护法》第五章）。

14.【答案】D

【解析】：熟悉违反有关法律规定应承担的法律责任（《中华人民共和国环境保护法》第五章）。

15.【答案】A

【解析】：熟悉违反有关法律规定应承担的法律责任（《中华人民共和国环境保护法》第五章）。

16.【答案】C

【解析】：《中华人民共和国大气污染防治法》第四十条规定："向大气排放恶臭气体的单位，必须采取措施防止周围居民区受到污染。"

17.【答案】B

【解析】：《中华人民共和国大气污染防治法》第四十四条规定："城市饮食服务业的经营者，必须采取措施，防治油烟对附近居民的居住环境造成污染。"

18.【答案】A

【解析】：《中华人民共和国大气污染防治法》第十五条规定："有大气污染物总量控制任务的企业事业单位，必须按照核定的主要大气污染物排放总量和许可证规定的排放条件排放污染物。"

19.【答案】A

20.【答案】C

21.【答案】C

22.【答案】B

【解析】：《中华人民共和国大气污染防治法》第二十四条规定："禁止开采含放射性和砷等有毒有害物质超过规定标准的煤炭。"

23.【答案】D

【解析】：《中华人民共和国大气污染防治法》第三十条规定："在酸雨控制区和二氧化硫污染控制区内，属于已建企业超过规定的污染物排放标准排放大气污染物的，依照本法第四十八条的有关规定限期治理。"

24.【答案】A

【解析】：《中华人民共和国大气污染防治法》第二十四条规定："国家推行煤炭洗选加工，降低煤的硫份和灰份，限制高硫份、高灰份煤炭的开采。新建的所采煤炭属于高硫份、高灰份的煤矿，必须建设配套的煤炭洗选设施，使煤炭中的含硫份、含灰份达到规定的标准。"

25.【答案】D

【解析】：《中华人民共和国大气污染防治法》第二十六条规定："国家采取有利于煤炭

清洁利用的经济、技术政策和措施，鼓励和支持使用低硫份、低灰份的优质煤炭，鼓励和支持洁净煤技术的开发和推广。”

26.【答案】D

【解析】:《中华人民共和国大气污染防治法》第二十九条规定:“对未划定为禁止使用高污染燃料区域的大、中城市市区内的其他民用炉灶，限期使用固硫型煤或者使用其他清洁能源。”

27.【答案】C

【解析】:《中华人民共和国大气污染防治法》第三十八条规定:“炼制石油、生产合成氨、煤气和燃煤焦化、有色金属冶炼过程中排放含有硫化物气体的，应当配备脱硫装置或者采取其他脱硫措施。”

28.【答案】B

【解析】:《中华人民共和国大气污染防治法》第十五条规定:“国务院和省、自治区、直辖市人民政府对尚未达到规定的大气环境质量标准的区域和国务院批准划定的酸雨控制区、二氧化硫污染控制区，可以划定为主要大气污染物排放总量控制区。主要大气污染物排放总控制的具体办法由国务院规定。”

29.【答案】B

【解析】:《中华人民共和国水污染防治法》第十三条规定:“建设项目的环境影响报告书，必须对建设项目可能产生的水污染和对生态环境的影响作出评价，规定防治的措施，按照规定的程序报经有关部门审查批准。在运河、渠道、水库等水利工程内设置排污口，应当经过有关水利工程管理部门同意。”

30.【答案】A

【解析】:《中华人民共和国水污染防治法》第二十条规定:“省级以上人民政府可以依法划定生活饮用水地表水源保护区。”

31.【答案】A

【解析】:《中华人民共和国水污染防治法》第二十条规定:“禁止在生活饮用水地表水源一级保护区的水体排放污水。”

32.【答案】A

【解析】:《中华人民共和国水污染防治法》第四十五条规定:“人工回灌补给地下水，不得恶化地下水质。”

33.【答案】A

【解析】:《中华人民共和国水污染防治法》第二十条规定:“禁止在生活饮用水地表水源一级保护区内新建、扩建与供水设施和保护水源无关的建设项目。”

34.【答案】B

【解析】:《中华人民共和国水污染防治法》第四十三条规定:“在开采多层地下水的时候，如果各含水层的水质差异大，应当分层开采；对已受污染的潜水和承压水，不得混合开采。”

35.【答案】C

【解析】:《中华人民共和国水污染防治法》第三十三条规定:“禁止在江河、湖泊、运河、渠道、水库最高水位线以下的滩地和岸坡堆放、存贮固体废弃物和其他污染物。”

36.【答案】C

【解析】:《中华人民共和国水污染防治法》第二十条规定:“在生活饮用水地表水源一

级保护区内已设置的排污口，由县级以上人民政府按照国务院规定的权限责令限期拆除或者限期治理。”

37.【答案】D

【解析】:《中华人民共和国水污染防治法》第三十七条规定:“人工回灌补给地下饮用水的水质，应当符合生活饮用水水源的水质标准并经县级以上地方人民政府卫生行政主管部门批准。”

38.【答案】B

【解析】:《中华人民共和国环境噪声污染防治法》第二条规定:“本法所称的环境噪声，是指在工业生产、建筑施工、交通运输和社会生活中所产生的干扰周围生活环境的声音。”

39.【答案】B

【解析】:《中华人民共和国环境噪声污染防治法》第五条规定:“地方各级人民政府在制定城乡建设规划时，应当充分考虑建设项目和区域开发、改造所产生的噪声对周围生活环境的影响，统筹规划，合理安排功能区和建设布局，防止或者减轻环境噪声污染。”

40.【答案】D

41.【答案】C

42.【答案】D

【解析】:《中华人民共和国环境噪声污染防治法》第二十五条规定:“产生环境噪声污染的工业企业，应当采取有效措施，减轻噪声对周围生活环境的影响。”

43.【答案】B

【解析】:《中华人民共和国环境噪声污染防治法》第三十条规定:“在城市市区噪声敏感建筑物集中区域内，禁止夜间进行产生环境噪声污染的建筑施工作业，但抢修、抢险作业和因生产工艺上要求或者特殊需要必须连续作业的除外。”

44.【答案】D

【解析】:《中华人民共和国水污染防治法》第二条规定:“本法适用于中华人民共和国领域内的江河、湖泊、运河、渠道、水库等地表水体以及地下水体的污染防治。

海洋污染防治不适用于本法，另有相关的法律法规。”

45.【答案】D

【解析】:《中华人民共和国水污染防治法》第四十一条规定:“禁止企业事业单位利用渗井、渗坑、裂隙和溶洞排放、倾倒含有毒污染物的废水、废病原体的污水和其他废弃物。”

46.【答案】B

【解析】:《中华人民共和国环境噪声污染防治法》第三十六条规定:“建设经过已有噪声敏感建筑物集中区域的高速公路和城市高架、轻轨道路，有可能造成环境噪声污染的，应当设置声屏障或者采取其他有效的控制环境噪声污染的措施。”

47.【答案】C

【解析】:《中华人民共和国环境噪声污染防治法》第四十条规定:“除起飞、降落或者依法规定的情形以外，民用航空器不得飞越城市市区上空。”

48.【答案】B

【解析】:《中华人民共和国环境噪声污染防治法》第四十条规定:“城市人民政府应当在航空器起飞、降落的净空周围划定限制建设噪声敏感建筑物的区域。”

49.【答案】C

【解析】:《中华人民共和国环境噪声污染防治法》第四十三条规定:“新建营业性文化娱乐场所的边界噪声必须符合国家规定的环境噪声排放标准;不符合国家规定的环境噪声排放标准的,文化行政主管部门不得核发营业执照。”

50.【答案】C

【解析】:《中华人民共和国环境噪声污染防治法》第四十四条规定:“禁止在商业经营活动中使用高音广播喇叭或者采用其他发出高噪声的方法招揽顾客。”

51.【答案】A

【解析】:《中华人民共和国固体废物污染环境防治法》第五条规定:“国家对固体废物污染环境防治实行污染者依法负责的原则。产品的生产者、销售者、进口者、使用者对其产生的固体废物依法承担污染防治责任。”

52.【答案】B

【解析】:《中华人民共和国固体废物污染环境防治法》第八十八条规定:“固体废物贮存,是指将固体废物临时置于特定设施或者场所中的活动。”

53.【答案】A

【解析】:《中华人民共和国固体废物污染环境防治法》第三十六条规定:“尾矿、矸石、废石等矿业固体废物贮存设施停止使用后,矿山企业应当按照国家有关环境保护规定进行封场,防止造成环境污染和生态破坏。”

54.【答案】C

55.【答案】A

【解析】:《中华人民共和国海洋环境保护法》第三十三条规定:“禁止向海域排放油类、酸液、碱液、剧毒废液和高、中水平放射性废水。严格限制向海域排放低水平放射性废水;确需排放的,必须严格执行国家辐射防护规定。严格控制向海域排放含有不易降解的有机物和重金属的废水。”

56.【答案】D

【解析】:《中华人民共和国海洋环境保护法》第三十三条规定:“禁止向海域排放油类、酸液、碱液、剧毒废液和高、中水平放射性废水。严格限制向海域排放低水平放射性废水;确需排放的,必须严格执行国家辐射防护规定。严格控制向海域排放含有不易降解的有机物和重金属的废水。”

57.【答案】D

【解析】:《中华人民共和国海洋环境保护法》第三十四条规定:“含病原体的医疗污水、生活污水和工业废水必须经过处理,符合国家有关排放标准后,放能排入海域。”

58.【答案】B

【解析】:《中华人民共和国海洋环境保护法》第四十三条规定:“海岸工程建设项目的单位,必须在建设项目可行性研究阶段,对海洋环境进行科学调查,根据自然条件和社会条件,合理选址,编报环境影响报告书。环境影响报告经海洋行政主管部门提出审核意见后,报环境保护行政主管部门审查批准。”

59.【答案】B

【解析】:《中华人民共和国海洋环境保护法》第四十三条规定:“海岸工程建设项目的

单位，必须在建设项目可行性研究阶段，对海洋环境进行科学调查，根据自然条件和社会条件，合理选址，编报环境影响报告书。环境影响报告经海洋行政主管部门提出审核意见后，报环境保护行政主管部门审查批准。”

60.【答案】B

【解析】:《中华人民共和国放射性污染防治法》第二十条规定:“开发利用伴生放射性矿的单位，应当在申请领取采矿许可证前编制环境影响报告书，报省级以上人民政府环境保护行政主管部门审查批准。”

61.【答案】B

【解析】:《中华人民共和国放射性污染防治法》第四十四条规定:“国务院核设施主管部门会同国务院环境保护行政主管部门根据地质条件和放射性固体废物处置的需要，在环境影响评价的基础上编制放射性固体废物处置场所选址规划，报国务院批准后实施。”

62.【答案】A

【解析】:《中华人民共和国放射性污染防治法》第四十五条规定:“产生放射性固体废物的单位，应当按照国务院环境保护行政主管部门的规定，对其产生的放射性固体废物进行处理后，送交放射性固体废物处置单位处置，并承处置费用。”

63.【答案】C

【解析】:《中华人民共和国水法》第二十一条规定:“在干旱和半干旱地区开发、利用水资源，应当充分考虑生态环境用水需要。”

64.【答案】D

【解析】:《中华人民共和国水法》第二十二条规定:“跨流域调水，应当进行全面规划和科学论证，统筹兼顾调出和调入流域的用水需要，防止对生态环境造成破坏。”

65.【答案】A

66.【答案】B

67.【答案】B

【解析】:《中华人民共和国防沙治沙法》第二条规定:“本法所称土地沙化，是指主要因人类不合理活动所导致的天然沙漠扩张和沙质土壤上植被及覆盖物被破坏，形成流沙及沙土裸露的过程。”

68.【答案】A

【解析】:《中华人民共和国防沙治沙法》第二十一条规定:“在沙化土地范围内从事开发建设活动的，必须事先就该项目可能对当地及相关地区生态产生的影响进行环境影响评价，依法提交环境影响报告；环境影响报告应当包括有关防沙治沙的内容。”

69.【答案】B

【解析】:《中华人民共和国草原法》第四十六条规定:“禁止开垦草原。对水土流失严重、有沙化趋势、需要改善生态环境的已垦草原，应当有计划、有步骤地退耕还草；已造成沙化、盐碱化、石漠化的，应当限期治理。”

70.【答案】C

【解析】:《中华人民共和国文物保护法》第十八条规定:“在文物保护单位的建设控制地带内进行建设工程，不得破坏文物保护单位的历史风貌；工程设计方案应当根据文物保

护单位的级别，经相应的文物行政部门同意后，报城乡建设规划部门批准。”

71.【答案】D

【解析】:《中华人民共和国文物保护法》第二十条规定:“建设工程选址，应当尽可能避开不可移动文物；因特殊情况不能避开的，对文物保护单位应当尽可能实施原址保护。实施原址保护的，建设单位应当确定保护措施，根据文物保护单位的级别报相应的文物行政部门批准，并将保护措施列入可行性研究报告或者设计任务书。”

72.【答案】C

【解析】:《中华人民共和国文物保护法》第二十条规定:“全国重点文物保护单位不得拆除；需要迁移的，须由省、自治区、直辖市人民政府报国务院批准。”

73.【答案】C

【解析】:《中华人民共和国文物保护法》第二条规定:“具有科学价值的古脊椎动物化石和古人类化石同文物一样受国家保护。”

74.【答案】C

【解析】:《中华人民共和国森林法》第四条规定:“经济林是指以生产果品、食用油料、饮料、调料、工业原料和药材等为主要目的的林木。”

75.【答案】D

【解析】:《中华人民共和国森林法》第十八条规定:“进行勘查、开采矿藏和各项建设工程，应当不占或者少占林地；必须占用或者征用林地的，经县级以上人民政府林业主管部门审核同意后，依照有关土地管理的法律、行政法规办理用地审批手续，并由用地单位依照国务院有关规定缴纳森林植被恢复费。”

76.【答案】A

【解析】:《中华人民共和国森林法》第四条规定:“特种用途林是指以国防、环境保护、科学实验等为主要目的的森林和林木，包括国防林、实验林、母树林、环境保护林、风景林，名胜古迹和革命纪念地的林木，自然保护区的森林。”

77.【答案】B

【解析】:《中华人民共和国森林法》第三十一条规定:“采伐森林和林木必须遵守下列规定:①成熟的用材林应当根据不同情况，分别采取择伐、皆伐和渐伐方式，皆伐应当严格控制，并在采伐的当年或者次年内完成更新造林；②防护林和特种用途林中的国防林、母树林、环境保护林、风景林，只准进行抚育和更新性质的采伐；③特种用途林中的名胜古迹和革命纪念地的林木、自然保护区的森林，严禁采伐。”

78.【答案】D

【解析】:《中华人民共和国矿产资源法》第三十条规定:“在开采主要矿产的同时，对具有工业价值的共和伴生矿产应当统一规划，综合开采、综合利用、防止浪费；对暂时不能综合开采或者必须同时采出而暂时还不能综合利用的矿产以及含有有用组分的尾矿，应当采取有效的保护措施，防止损失破坏。”

79.【答案】A

【解析】:《中华人民共和国水土保持法》第十九条规定:“在山区、丘陵区、风沙区修建铁路、公路、水工程，开办矿山、电力企业和其他大中型工业企业，在建设项目环境影响报告书中，必须有水行政主管部门同意的水土保持方案。”

80.【答案】A

81.【答案】C

【解析】:《中华人民共和国野生动物保护法》第十条规定:“国务院野生动物行政主管部门和省、自治区、直辖市政府,应当在国家和地方重点保护野生动物的主要生息繁衍的地区和水域,划定自然保护区。加强对国家和地方重点保护野生动物及其生存环境的保护管理。”

82.【答案】C

【解析】:《中华人民共和国野生动物保护法》第十二条规定:“建设项目对国家或者地方重点保护野生动物的生存环境产生不利影响的,建设单位应当提交环境影响报告书;环境保护部门在审批时,应当征求同级野生动物行政主管部门的意见。”

83.【答案】D

【解析】:《中华人民共和国防洪法》第十九条规定:“防洪区是指洪水泛滥可能淹及的地区,分为洪泛区、蓄洪区和防洪保护区。”

84.【答案】B

【解析】:蓄滞洪区是指包括分洪口在内的河堤背水面以外临时贮存洪水的低洼地区及湖泊等。

85.【答案】B

【解析】:《中华人民共和国城乡规划法》第三十一条规定:“旧城区的改建,应当保护历史文化遗产和传统风貌,合理确定拆迁和建设规模,有计划地对危房集中、基础设施落后地段进行改建。”

86.【答案】A

87.【答案】C

88.【答案】C

89.【答案】C

90.【答案】A

91.【答案】C

92.【答案】B

93.【答案】A

94.【答案】B

95.【答案】A

96.【答案】B

97.【答案】A

98.【答案】C

二、多项选择题

1.【答案】BD

2.【答案】AD

【解析】:《中华人民共和国大气污染防治法》规定:“大气污染物总量控制区内,有关地方人民政府依照国务院规定的条件和程序,按照公开、公平、公正的原则,核定企业事业单位的主要大气污染物排放总量，核发主要大气污染物排放许可证。有大气污染物总量控制任务的企业事业单位，必须按照核定的主要大气污染物排放总量和许可证规定的排放条件排放污染物。”故应选 AD。

3. **【答案】AD**

4. **【答案】ABCD**

【解析】:《中华人民共和国大气污染防治法》明确规定：“我国对严重污染大气环境的落后工艺及设备实施淘汰制度，由国务院相关部门制定名录，设备的生产者、销售者、进口者、使用者及工艺的采用者均需在规定期限内分别停止生产、销售、进口或者使用名录中的设备及停止采用名录中的工艺，淘汰的设备不得转让给他人使用。”故只有 E 项不符合题意。

5. **【答案】ABCD**

【解析】:《中华人民共和国大气污染防治法》第五十六条规定如下。

有下列行为之一的，限期改正，可以处五万元以下罚款：①未采取有效污染防治措施，向大气排放粉尘、恶臭气体或者其他含有有毒物质气体的；②未经当地环境保护行政主管部门批准，向大气排放转炉气、电石气、电炉法黄磷尾气、有机烃类尾气的；③未采取密闭措施或者其他防护措施，运输、装卸或者贮存能够散发有毒有害气体或者粉尘物质的；④城市饮食服务业的经营者未采取有效污染防治措施，致使排放的油烟对附近居民的居住环境造成污染的。

而“在人口集中地区或者其他依法特殊保护的区域内，焚烧沥青、油毡、橡胶等产生有毒有害烟尘和恶臭气体的物质的行为”的处罚为：责令停止违法行为，处两万元以下罚款，故 E 项不能入选。

6. **【答案】BCE**

【解析】:《中华人民共和国大气污染防治法》规定：“国家限制高硫份、高灰份煤炭的开采；禁止开采含放射性和砷等有毒有害物质超过规定标准的煤炭；在燃煤供热地区，发展集中供热，但在集中供热管网覆盖的地区，不得新建燃煤供热锅炉；在酸雨控制区和二氧化硫污染控制区内，属于已建企业超过规定的污染物排放标准排放大气污染物的，限期治理。”故 AD 不能入选。

7. **【答案】ABE**

【解析】:《中华人民共和国大气污染防治法》规定：“向大气排放粉尘的排污单位，必须采取除尘措施；严格限制向大气排放含有毒物质的废气和粉尘；工业生产中向大气排放转炉气、电石气、电炉法黄磷尾气、有机烃类尾气的，须报经当地环境保护行政主管部门批准；向大气排放含放射性物质的气体和气溶胶，必须符合国家有关放射性防护的规定，不得超过规定的排放标准；在国家规定的期限内，生产、进口消耗臭氧层物质的单位必须按照国务院有关行政主管部门核定的配额进行生产、进口。”故 ABE 三个选项的描述是错误的，应当入选。

8. **【答案】ABCDE**

9. **【答案】ADE**

【解析】:《中华人民共和国水污染防治法》规定：“在水体保护区内，禁止新建排污口。《水污染防治法》公布前已有的排污口，若排放污染物超过国家或者地方标准的，须治理；

若排放污染物危害到饮用水源须搬迁。”故应选 ADE 三项。

10. 【答案】ACDE

【解析】:《中华人民共和国水污染防治法》规定:“油类、工业废渣、城市垃圾、放射性固体废物属于禁止向水体排放或倾倒的，而向水体排放含热废水时，需采取措施，保证水体的水温符合水环境质量标准，防止热污染危害。”故 B 项不能入选。

11. 【答案】ABCD

【解析】:《中华人民共和国水污染防治法》规定:“省级以上人民政府可以依法划定生活饮用水地表水源保护区；生活饮用水地表水源保护区分为一级保护区和其他等级保护区；在生活饮用水地表水源取水口附近可以划定一定的水域和陆域为一级保护区；在生活饮用水地表水源一级保护区外，可以划定一定的水域和陆域为其他等级保护区；各级保护区应当有明确的地理界线。”故 ABCD 均为正确选项。

12. 【答案】ABC

【解析】:《中华人民共和国水污染防治法》规定:“禁止向生活饮用水地表水源一级保护区的水体排放污水。禁止在生活饮用水地表水源一级保护区内从事旅游、游泳和其他可能污染生活饮用水水体的活动。禁止在生活饮用水地表水源一级保护区内新建、扩建与供水设施和保护水源无关的建设项目。在生活饮用水地表水源一级保护区内已设置的排污口，由县级以上人民政府按照国务院规定的权限责令限期拆除或者限期治理。”故 ABC 三项为正确选项。

13. 【答案】ACD

【解析】:《中华人民共和国水污染防治法实施细则》规定:“禁止在生活饮用水地表水源二级保护区内新建、扩建向水体排放污染物的建设项目。禁止在生活饮用水地表水源二级保护区内超过国家规定的或者地方规定的污染物排放标准排放污染物。禁止在生活饮用水地表水源二级保护区内设立装卸垃圾、油类及其他有毒有害物品的码头。”

而现有法律只对向生活饮用水地表水源一级保护区的水体排放污水的行为进行了严格禁止，故 BE 项不能入选。

14. 【答案】ACE

【解析】:《中华人民共和国环境噪声污染防治法》规定:“在城市市区噪声敏感建筑物集中区域内，禁止夜间进行产生环境噪声污染的建筑施工作业，但抢修、抢险作业和因生产工艺上要求或者特殊需要必须连续作业的除外。对于在噪声敏感建筑物集中区域内，造成严重环境污染的企业事业单位，当地县级以上人民政府应责令其限期治理。在城市范围内向周围生活环境排放工业噪声的，应当符合国家规定的工、企业厂界环境噪声排放标准。禁止任何单位、个人在城市市区噪声敏感建设物集中区域内使用高音广播喇叭。”故只有 ACE 的说法是正确的。

15. 【答案】AB

【解析】:《中华人民共和国环境噪声污染防治法》规定:“对经限期治理逾期未完成治理任务的企业事业单位，环境保护行政主管部门可以根据其所造成的危害后果处以罚款，或者由县级以上人民政府责令停产、搬迁、关闭；在城市市区噪声敏感建筑物集中区域内使用高音广播喇叭，由公安机关给予警告，可以并处罚款。”故 AB 两项的说法是错误的，应当入选。

16. 【答案】ABC

【解析】:《环境噪声污染防治法》规定:“产生环境噪声污染的企业事业单位,必须保持防治环境噪声污染的设施的正常使用;拆除或者闲置环境噪声污染防治设施的,必须事先报经所在地的县级以上地方人民政府环境保护行政主管部门批准。建设经过已有的噪声敏感建筑物集中区域的高速公路和城市高架、轻轨道路,有可能造成环境噪声污染的,应当设置声屏障或者采取其他有效的控制环境噪声污染的措施。在已有的城市交通干线的两侧建设噪声敏感建筑物的,建设单位应当按照国家规定间隔一定距离,并采取减轻、避免交通噪声影响的措施。穿越城市居民区、文教区的铁路,因铁路机车运行造成环境噪声污染的,当地城市人民政府应当组织铁路部门和其他有关部门,制定减轻环境噪声的规划。除起飞、降落或者依法规定的情形以外,民用航空器不得飞越城市市区上空。”故只有 ABC 三个选项的说法是正确的。

17. 【答案】BC

【解析】:《固体废物污染环境防治法》规定:“固体废物是指在生产、生活和其他活动中产生的丧失原有利用价值或者虽未丧失利用价值但被抛弃或者放弃的固态、半固态和置于容器中的气态的物品、物质以及法律、行政法规规定纳入固体废物管理的物品、物质。我国对固体废物实行减量化、资源化和无害化管理。因固体废物的成分、性质和危险性存在较大差异,所以对固体废物的管理必须采取分类管理;所谓“从摇篮到坟墓”的管理是指全过程管理,即对固体废物从产生、收集、贮存、运输、利用直到最终处置的全部过程实行一体化的管理;而产品的生产者、销售者、进口者和使用者对其产生的固体废物依法承担污染防治责任为污染者负责原则。”故题中 ADE 三项的描述是错误的,故应选 BC。

18. 【答案】ACD

【解析】:《中华人民共和国固体废物污染环境防治法》第十六条规定:“收集、贮存、运输、利用、处置固体废物的单位和个人,必须采取防扬散、防流失、防渗漏或者其他防止污染环境的措施。”故选 ACD。

19. 【答案】CE

【解析】:《固体废物污染环境防治法》规定:“建设工业固体废物贮存、处置的设施、场所,必须符合国家环境保护标准。国家对固体废物污染环境防治实行污染者负责原则。企业事业单位应当根据经济、技术条件对其产生的工业固体废物加以利用;对暂时不利用或者不能利用的,必须按照国务院环境保护行政主管部门的规定建设贮存设施、场所,安全分类存放,或者采取无害化处置措施。尾矿、矸石、废石等矿业固体废物贮存设施停止使用后,矿山企业应当按照国家有关环境保护规定进行封场,防止造成环境污染和生态破坏。禁止擅自关闭、闲置或者拆除生活垃圾处置的设施、场所;确有必要关闭、闲置或者拆除的,必须经所在地县级以上地方人民政府环境卫生行政主管部门和环境保护行政主管部门核准,并采取措施,防止污染环境。”故 CE 两项的说法是错误的,应当入选。

20. 【答案】ABDE

【解析】:《中华人民共和国固体废物污染环境防治法》规定:“对危险废物的容器和包装物以及收集、贮存、运输、处置危险废物的设施、场所,必须设置危险废物识别标志。产生危险废物的单位,必须按照国家有关规定处置危险废物,不得擅自倾倒、堆放;不处置的,由所在地县级以上地方人民政府环境保护行政主管部门责令限期改正;逾期不处置或者处置不符合国家有关规定的，由所在地县级以上地方人民政府环境保护行政主管部门指定单位按照国家有关规定代为处置，处置费用由产生危险废物的单位承担。以填埋方式处置危险废物不符合国务院环境保护行政主管部门规定的，应当缴纳危险废物排污费。收集、贮存危险废物，必须按照危险废物特性分类进行。禁止混合收集、贮存、运输、处置性质不相容而未经安全性处置的危险废物。禁止将危险废物混入非危险废物中贮存。”故C项的说法是错误的，本题应当选ABDE。

21.【答案】AC

【解析】:《中华人民共和国海洋环境保护法》规定:“禁止向海域排放油类、酸液、碱液、剧毒废液和高、中水平放射性废水。严格限制向海域排放低水平放射性废水；确需排放的，必须严格执行国家辐射防护规定。严格控制向海域排放含有不易降解的有机物和重金属的废水。含病原体的医疗污水、生活污水和工业废水必须经过处理，符合国家有关排放标准后，方能排入海域。”故只有油类、酸液、碱液、剧毒废液和高、中水平放射性废水属禁止排放范围，本题应选AC。

22.【答案】AC

【解析】:《中华人民共和国海洋环境保护法》规定:“国务院有关部门和沿海省级人民政府应当根据保护海洋生态的需要，选划、建立海洋自然保护区。国家级海洋自然保护区的建立，须经国务院批准。”

23.【答案】ADE

【解析】:《中华人民共和国海洋环境保护法》规定:“入海排污口位置的选择，应当根据海洋功能区划、海水动力条件和有关规定，经科学论证后，报设区的市级以上人民政府环境保护行政主管部门审查批准。在有条件的地区，应当将排污口深海设置，实行离岸排放。禁止向海域排放高、中水平放射性废水。含病原体的医疗污水、生活污水和工业废水必须经过处理，符合国家有关排放标准后，方能排入海域。”故本题应选 ADE三项。

24.【答案】CDE

【解析】:《中华人民共和国海洋环境保护法》规定:“依法划定的海洋保护区、海滨风景名胜区、重要渔业水域及其他需要特别保护的区域，不得从事污染环境、破坏景观的海岸工程项目建设或者其他活动。编写环境影响评价报告书，经海洋行政主管部门提出审核意见后，报环境保护行政主管部门审查批准。海岸工程建设项目的环境保护设施，必须与主体工程同时设计、同时施工、同时投产使用。禁止在沿海陆域内新建严重污染海洋环境的工业生产项目。兴建海岸工程建设项目，必须采取有效措施，保护国家和地方重点保护的野生动植物及其生存环境和海洋水产资源。”故应选 CDE。

25.【答案】ABCE

【解析】:《中华人民共和国放射性污染防治法》规定:“在办理核设施选址审批手续及申请领取核设施建造、运行许可证和办理装料、退役等审批手续之前编制环境影响报告书，报国务院环境保护行政主管部门审查批准；未经批准，有关部门不得颁发许可证和办理批准文件。开发利用或者关闭铀（钍）矿的单位，应当在申请领取采矿许可证或者办理退役审批手续前编制环境影响报告书，报国务院环境保护行政主管部门审查批准。”故D选项的说法是错误的，不应入选。

26. 【答案】ACE

【解析】:《中华人民共和国放射性污染防治法》第十八条规定:“核设施选址，应当进行科学论证，并按照国家有关规定办理审批手续:在办理核设施选址审批手续前，应当编制环境影响报告书，报国务院环境保护行政主管部门审查批准;未经批准，有关部门不得办理核设施选址批准文件。”

第三十四条规定:“开发利用或者关闭铀(钍)矿的单位，应当在申请领取采矿许可证或者办理退役审批手续前编制环境影响报告书，报国务院环境保护行政主管部门审查批准。开发利用伴生放射性矿的单位，应当在申请领取采矿许可证前编制环境影响报告书，报省级以上人民政府环境保护行政主管部门审查批准。”

27. 【答案】CD

【解析】:《中华人民共和国清洁生产促进法》规定:“清洁生产，是指不断采取改进设计、使用清洁的能源和原料、采用先进的工艺技术与设备、改善管理、综合利用等措施，从源头削减污染，提高资源利用效率，减少或者避免生产、服务和产品使用过程中污染物的产生和排放，以减轻或者消除对人类健康和环境的危害。”从此概念可看出，清洁生产的基本要求是清洁能源和原料、清洁的生产过程、清洁的产品。

第十一条规定:“国务院经济贸易行政主管部门会同国务院有关行政主管部门定期发布清洁生产技术、工艺、设备和产品导向目录。”

第十二条规定:“国家对浪费资源和严重污染环境的落后生产技术、工艺、设备和产品实行限期淘汰制度。国务院经济贸易行政主管部门会同国务院有关行政主管部门制定并发布限期淘汰的生产技术、工艺、设备以及产品的名录。而非环境保护行政主管部门制定淘汰目录。”

第二十七条规定:“生产、销售被列入强制回收目录的产品和包装物的企业，必须在产品报废和包装物使用后对该产品和包装物进行回收。强制回收的产品和包装物的目录和具体回收办法，由国务院经济贸易行政主管部门制定。而非环境保护行政主管部门制定。”

故只有CD项可以入选。

28. 【答案】ABCD

【解析】:《中华人民共和国清洁生产促进法》规定:“企业在进行技术改造过程中，应当采取以下清洁生产措施:①采用无毒、无害或者低毒、低害的原料，替代毒性大、危害严重的原料;②采用资源利用率高、污染物产生量少的工艺和设备，替代资源利用率低、污染物产生量多的工艺和设备;③对生产过程中产生的废物、废水和余热等进行综合利用或者循环使用;④采用能够达到国家或者地方规定的污染物排放标准和污染物排放总量控制指标的污染防治技术。”

29. 【答案】CD

【解析】:《中华人民共和国水法》规定:“国家实行河道采砂许可制度，必须获得采砂许可证的单位或个人方可在河道内采砂。在水工程保护范围内，禁止从事影响水工程运行和危害水工程安全的爆破、打井、采石、取土等活动。禁止在饮用水水源保护区内设置排污口。在不通航的河流或者人工水道上修建闸坝后可以通航的，闸坝建设单位应当同时修建过船设施或者预留过船设施位置。农村集体经济组织修建水库应当经县级以上地方人民政府水行政主管部门批准。”故只有CD项可以入选。

30. 【答案】ABCDE

31. 【答案】CDE

【解析】:《中华人民共和国节约能源法》规定:“节能是指加强用能管理，采取技术上可行、经济上合理以及环境和社会可以承受的措施，减少从能源生产到消费各个环节中的损失和浪费，更加有效、合理地利用能源。禁止新建技术落后、耗能过高、严重浪费能源的工业项目。国家对落后的耗能过高的用能产品、设备实行淘汰制度。国家鼓励发展下列通用节能技术：①推广热电联产、集中供热，提高热电机组的利用率，发展热能梯级利用技术，热、电、冷联产技术和热、电、煤气三联供技术，提高热能综合利用率；②发展和推广适合国内煤种的流化床燃烧、无烟燃烧和气化、液化等洁净煤技术，提高煤炭利用效率。”故AB项不能入选。

32. 【答案】ABD

【解析】:根据《中华人民共和国防沙治沙法》第二十二条的规定:“在沙化土地封禁保护区范围内，禁止一切破坏植被的活动。禁止在沙化土地封禁保护区范围内安置移民。对沙化土地封禁保护区范围内的农牧民，县级以上地方人民政府应当有计划地组织迁出，并妥善安置。沙化土地封禁保护区范围内尚未迁出的农牧民的生产生活，由沙化土地封禁保护区主管部门妥善安排。未经国务院或者国务院指定的部门同意，不得在沙化土地封禁保护区范围内进行修建铁路、公路等建设活动。”故ABD三项可以入选。

33. 【答案】BC

【解析】:《中华人民共和国草原法》规定:“进行矿藏开采和工程建设，应当不占或者少占草原；确需征用或者使用草原的，必须经省级以上人民政府草原行政主管部门审核同意后，依照有关土地管理的法律、行政法规办理建设用地审批手续。需要临时占用草原的，应当经县级以上地方人民政府草原行政主管部门审核同意。临时占用草原的期限不得超过2年，并不得在临时占用的草原上修建永久性建筑物、构筑物。国务院草原行政主管部门或者省、自治区、直辖市人民政府可以按照自然保护区管理的有关规定在下列地区建立草原自然保护区：①具有代表性的草原类型；②珍稀濒危野生动植物分布区；③具有重要生态功能和经济科研价值的草原。由此可见，环保部门无权建立草原自然保护区。对严重退化、沙化、盐碱化、石漠化的草原和生态脆弱区的草原，实行禁牧、休牧制度。在草原上修建直接为草原保护和畜牧业生产服务的工程设施，需要使用草原的，由县级以上人民政府草原行政主管部门批准。”

34. 【答案】ABCDE

【解析】:《中华人民共和国草原法》第四十二条规定:“国家实行基本草原保护制度。下列草原应当划为基本草原，实施严格管理：①重要放牧场；②割草地；③用于畜牧业生产的人工草地、退耕还草地以及改良草地、草种基地；④对调节气候、涵养水源、保持水土、防风固沙具有特殊作用的草原；⑤作为国家重点保护野生动植物生存环境的草原；⑥草原科研、教学试验基地；⑦国务院规定应当划为基本草原的其他草原。题中选项全部符合题意。”

35. 【答案】ABCDE

36. 【答案】AB

【解析】:根据《中华人民共和国森林法》，采伐森林和林木必须遵守如下规定：①成熟的用材林应当根据不同情况，分别采取择伐、皆伐和渐伐方式，皆伐应当严格控制，并在采伐的当年或者次年内完成更新造林；②防护林和特种用途林中的国防林、母树林、环境保护林、风景林，只准进行抚育和更新性质的采伐；③特种用途林中的名胜古迹和革命纪念地的林木、自然保护区的森林，严禁采伐；④采伐林木必须申请采伐许可证，按许可证的规定进行采伐；农村居民采伐自留地和房前屋后个人所有的零星林木除外。故只有 AB 项正确。

37. **【答案】ABC**

【解析】:《中华人民共和国矿产资源法》第三十二条规定:“开采矿产资源，必须遵守有关环境保护的法律规定，防止污染环境。开采矿产资源，应当节约用地。关闭矿山，必须提出矿山闭坑报告及有关采掘工程、安全隐患、土地复垦利用、环境保护的资料，并按照国家规定报请审查批准。耕地、草原、林地因采矿受到破坏的，矿山企业应当因地制宜地采取复垦利用、植树种草或者其他利用措施，而不是一味的采取复垦利用措施。”故 DE 两项是错误的。

38. **【答案】BC**

【解析】:《中华人民共和国土地管理法》规定:“国家实行基本农田保护制度。各省、自治区、直辖市划定的基本农田应当占本行政区域内耕地的百分之八十以上。建设占用土地，涉及农用地转为建设用地的，应当办理农用地转用审批手续。省、自治区、直辖市人民政府批准的道路、管线工程和大型基础设施建设项目、国务院批准的建设项目占用土地，涉及农用地转为建设用地的，由国务院批准。禁止占用基本农田发展林果业和挖塘养鱼。征收基本农田的，由国务院批准。”故应选 BC。

39. **【答案】ABD**

【解析】: 根据《中华人民共和国土地管理法》第四十五条规定，征用下列土地的，由国务院批准：①基本农田；②基本农田以外的耕地超过 35 公顷的；③其他土地超过 70 公顷的。征用前款规定以外的土地的，由省、自治区、直辖市人民政府批准，并报国务院备案。征用农用地的，应当依照本法第四十四条的规定先行办理农用地转用审批。其中，经国务院批准农用地转用的，同时办理征地审批手续。不再另行办理征地审批；经省、自治区、直辖市人民政府在征地批准权限内批准农用地转用的，同时办理征地审批手续，不再另行办理征地审批，超过征地批准权限的，应当依照本条第一款的规定另行办理征地审批。故应选 ABD。

40. **【答案】ACD**

【解析】:《中华人民共和国水土保持法》规定:“修建铁路、公路和水工程，应当尽量减少破坏植被。开办矿山企业、电力企业和其他大中型工业企业，排弃的剥离表土、矸石、尾矿、废渣等必须堆放在规定的专门存放地，不得向江河、湖泊、水库和专门存放地以外的沟渠倾倒。在山区、丘陵区、风沙区修建铁路、公路、水工程，开办矿山企业、电力企业和其他大中型工业企业，在建设项目环境影响报告书中，必须有水行政主管部门同意的水土保持方案。建设项目中的水土保持设施，必须与主体工程同时设计、同时施工、同时投产使用。建设工程竣工验收时，应当同时验收水土保持设施，并有水行政主管部门参加并签署意见。水土保持设施经验收不合格的，建设工程不得投产使用。”故本题应选 ACD。

41. **【答案】ABCDE**

【解析】:《中华人民共和国野生动物保护法》规定:“国家保护野生动物及其生存环境，

禁止任何单位和个人非法猎捕或者破坏。地方重点保护野生动物，是指国家重点保护野生动物以外，由省、自治区、直辖市重点保护的野生动物。国务院野生动物行政主管部门和省、自治区、直辖市政府，应当在国家和地方重点保护野生动物的主要生息繁衍的地区和水域，划定自然保护区，加强对国家和地方重点保护野生动物及其生存环境的保护管理。自然保护区的划定和管理，按照国务院有关规定办理建设项目对国家或者地方重点保护野生动物的生存环境产生不利影响的，建设单位应当提交环境影响报告书；环境保护部门在审批时，应当征求同级野生动物行政主管部门的意见。”

42. **【答案】ABE**

43. **【答案】ABCDE**

44. **【答案】BCD**

45. **【答案】ABCDE**

【解析】：依据《中华人民共和国河道管理条例》的规定，修建桥梁、码头和其他设施，必须按照国家规定的防洪标准所确定的河宽进行，不得缩窄行洪通道。桥梁和栈桥的梁底必须高于设计洪水位，并按照防洪和航运的要求，留有一定的超高。跨越河道的管道、线路的净空高度必须符合防洪和航运的要求。城镇建设和发展不得占用河道滩地。沿河城镇在编制和审查城镇规划时，应当事先征求河道主管机关的意见。只有BCD三项符合题意。

46. **【答案】ABC**

47. **【答案】AC**

【解析】：《中华人民共和国自然保护区管理条例》规定：“自然保护区可以分为核心区、缓冲区和实验区。核心区禁止任何单位和个人进入，因科学研究的需要，必须进入核心区从事科学研究观测、调查活动的，应当事先向自然保护区管理机构提交申请和活动计划，并经省级以上人民政府有关自然保护区行政主管部门批准；其中，进入国家级自然保护区核心区的，必须经国务院有关自然保护区行政主管部门批准。除此之外，不允许进入从事科学研究活动。核心区外围可以划定一定面积的缓冲区，只准进入从事科学研究观测活动。缓冲区外围划为实验区，可以进入从事科学试验、教学实习、参观考察、旅游以及驯化、繁殖珍稀、濒危野生动植物等活动。”

48. **【答案】ABCD**

【解析】：《中华人民共和国风景名胜区条例》规定：“在风景名胜区内禁止进行下列活动：①开山、采石、开矿、开荒、修坟立碑等破坏景观、植被和地形地貌的活动；②修建储存爆炸性、易燃性、放射性、毒害性、腐蚀性物品的设施；③在景物或者设施上刻划、涂污；④乱扔垃圾。禁止违反风景名胜区规划，在风景名胜区内设立各类开发区和在核心景区内建设宾馆、招待所、培训中心、疗养院以及与风景名胜资源保护无关的其他建筑物；已经建设的，应当按照风景名胜区规划，逐步迁出。故采石、开矿、在设施上刻划、乱扔垃圾均为禁止性活动，而修建疗养院则为限制性活动。”故应选 ABCD。

49. **【答案】ABCD**

【解析】：根据《基本农田保护条例》第十条的规定，下列耕地应当划入基本农田保护区，严格管理：①经国务院有关主管部门或者县级以上地方人民政府批准确定的粮、棉、油生产基地内的耕地；②有良好的水利与水土保护设施的耕地，正在实施改造计划以及可以改造的中、低产田；③蔬菜生产基地；④农业科研、教学试验田。根据土地利用总体规划，铁路、公路等交通沿线，城市和村庄、集镇建设用地区周边的耕地，应当优先划入基本农田保护区；需要退耕还林、还牧、还湖的耕地，不应当划入基本农田保护区。故应选 ABCD。

50. 【答案】ABCDE

51. 【答案】ABCDE

【解析】:《危险化学品安全管理条例》规定:“危险化学品生产装置和储存设施与下列场所、区域的距离必须符合国家标准或者国家有关规定：①居民区、商业中心、公园等人口密集区域；②学校、医院、影剧院、体育场（馆）等公共设施；③供水水源、水厂及水源保护区；④车站、码头（按照国家规定，经批准，专门从事危险化学品装卸作业的除外）、机场以及公路、铁路、水路交通干线、地铁风亭及出入口；⑤基本农田保护区、畜牧区、渔业水域和种子、种畜、水产苗种生产基地；⑥河流、湖泊、风景名胜区和自然保护区；⑦军事禁区、军事管理区；⑧法律、行政法规规定予以保护的其他区域。”故应全选。

52. 【答案】ABDE

【解析】: 海岸工程建设项目包括：港口、码头，造船厂、修船厂，滨海火电站、核电站，岸边油库，滨海矿山、化工、造纸和钢铁企业，固体废弃物处理处置工程，城市废水排海工程和其他向海域排放污染物的建设工程项目，入海河口处的水利、航道工程，潮汐发电工程，围海工程，渔业工程，跨海桥梁及隧道工程，海堤工程，海岸保护工程以及其他一切改变海岸、海涂自然性状的开发工程建设项目。故应选 ABDE。

53. 【答案】CDE

【解析】: 建设各类海岸工程项目应采取的环境保护措施：建设港口、码头，应当设置与其吞吐能力和货物种类相适应的防污设施。建设岸边造船厂、修船厂，应当设置与其性质、规模相适应的残油、废油接收处理设施。建设滨海核电站和其他核设施，必须严格遵守国家有关核环境保护和放射防护的规定及标准。修筑海堤，在人海河口处兴建水利、航道、潮汐发电或者综合整治工程，必须采用措施，不得损害生态环境及水产资源。不得兴建可能导致重点保护的野生动植物生存环境污染和破坏的海岸工程建设项目。AB 两项的描述不确切，不能入选。

54. 【答案】ABCD

【解析】: 根据法律规定，向中华人民共和国海域及海岸转嫁污染的外资企业是明确禁止兴建的；在海洋特别保护区建设造船厂、在海水渔场外围修建修船厂均属在需要特殊保护的区域内建设污染环境、破坏景观的海岸工程建设项目的行为应当禁止；在红树林生长的地区修建港口属建设毁坏红树林生态系统的海岸工程建设项目，亦应禁止；故本题应选 ABCD。

55. 【答案】ABCDE

【解析】:《中华人民共和国自然保护区条例》规定，缓冲区外围划为实验区，可以进入从事科学试验、教学实习、参观考察、旅游以及驯化、繁殖珍稀、濒危野生动植物等活动，东北虎属国家以及保护动物，当然属于珍稀、濒危野生动物之列，故应全选。

56. 【答案】ABCD

【解析】: 掌握加强对农业环境保护的有关规定（《中华人民共和国环境保护法》第二十条）。

57. 【答案】ABCDE

【解析】: 掌握产生环境污染和公害的单位必须采取有效措施防治污染和公害的有关规

定（《中华人民共和国环境保护法》第二十四条）。

58. **【答案】AC**

【解析】：掌握新建和技术改造企业防治环境污染和其他公害的有关规定（《中华人民共和国环境保护法》第二十五条）。

59. **【答案】BC**

【解析】：熟悉禁止引进不符合我国环境保护规定要求的技术和设备的有关规定（《中华人民共和国环境保护法》第三十条）。

60. **【答案】BD**

【解析】：熟悉违反有关法律规定应承担的法律责任（《中华人民共和国环境保护法》第五章）。

61. **【答案】ABD**

【解析】：《中华人民共和国土地复垦条例》第十条规定如下。

下列损毁土地由土地复垦义务人负责复垦。

（1）露天采矿、烧制砖瓦、挖沙取土等地表挖掘所损毁的土地。

（2）地下采矿等造成地表塌陷的土地。

（3）堆放采矿剥离物、废石、矿渣、粉煤灰等固体废弃物压占的土地。

（4）能源、交通、水利等基础设施建设和其他生产建设活动临时占用所损毁的土地。

第五章　环境政策与产业政策

一、考试大纲

（一）国务院关于落实科学发展观加强环境保护的决定

（1）了解用科学发展观统领环境保护工作的基本原则。

（2）熟悉经济社会发展必须与环境保护相协调的有关要求。

（3）掌握需切实解决的突出环境问题。

（4）了解加强环境监管制度的有关要求。

（二）国务院关于加强环境保护重点工作的意见

（1）熟悉全面提高环境保护监督管理水平的主要要求。

（2）熟悉切实加强重金属污染防治、严格化学品污染管理、深化重点领域污染综合防治的有关要求。

（3）了解改革创新环境保护体制机的有关要求。

（三）国家环境保护“十二五”规划

（1）熟悉国家环境保护“十二五”规划的主要目标。

（2）熟悉推进主要污染物减排的有关要求。

（3）了解切实解决突出环境问题的有关要求。

（4）了解加强重点领域环境风险防控的有关要求。

（四）“十二五”节能减排综合性工作方案

（1）熟悉国家节能减排的主要目标。

（2）了解实施节能减排的有关要求。

（3）熟悉加强工业节能减排的有关要求。

（4）熟悉加快节能减排技术产业化示范和推广应用的规定。

（5）掌握严格节能评估审查和环境影响评价制度的要求。

（五）全国生态环境保护纲要

（1）熟悉重要生态功能区的类型和生态功能保护区的级别。

（2）熟悉对生态功能保护区采取的保护措施。

（3）了解各类资源开发利用的生态环境保护要求。

（六）国家重点生态功能保护区规划纲要

（1）熟悉重点生态功能保护区规划的指导思想、原则及目标。

（2）了解重点生态功能保护区规划的主要任务。

（七）全国生态脆弱区保护规划纲要

（1）熟悉生态脆弱区保护规划的指导思想、原则及目标。

（2）了解生态脆弱区保护规划的总体任务和具体任务。

（八）全国主体功能区规划

（1）掌握主体功能区的划分。

（2）熟悉全国主体功能区规划开发原则中关于保护自然的有关规定。

（3）了解推进全国主体功能区的主要目标。

（4）熟悉国家层面主体功能区中优化开发、重点开发、限制开发区域的功能定位和发展方向。

（5）熟悉国家层面主体功能区中禁止开发区域的功能定位和管制原则。

（九）关于推进大气污染物联防联控工作改善区域空气质量的指导意见

（1）了解本指导意见的指导思想、基本原则和工作目标。

（2）掌握大气污染物联防联控的防控重点。

（3）了解加大重点污染物防治力度的有关要求。

（十）产业结构调整的相关规定

（1）熟悉产业结构调整的方向和重点。

（2）了解《促进产业结构调整暂行规定》施行后废止的相关产业目录。

（3）了解推进产能过剩行业结构调整的总体要求和原则。

（4）熟悉推进产能过剩行业结构调整的重点措施。

（5）掌握《产业结构调整指导名录》的分类。

（十一）关于抑制部分行业产能过剩和重复建设引导产业健康发展的若干意见

（1）熟悉当前产能过剩、重复建设问题较为突出的产业和行业。

（2）了解抑制产能过剩和重复建设的政策导向及环境监管措施。

（十二）环境保护部关于贯彻落实抑制部分行业产能过剩和重复建设引导产业健康发展的通知

（1）熟悉提高环境保护准入门槛，严格建设项目环境影响评价管理的有关要求。

（2）熟悉加强环境监管，严格落实环境保护“三同时”制度的有关要求。

（十三）外商投资产业指导目录

掌握外商投资产业指导目录的分类。

（十四）废弃危险化学品污染环境防治办法

（1）熟悉废弃危险化学品的含义。

（2）了解本办法的适用范围。

（十五）国家危险废物名录

（1）了解列入本名录的危险物类别。

（2）熟悉列入本名录危险物范围的原则规定。

二、重要考点

（一）国务院关于落实科学发展观加强环境保护的决定

国务院于 2005 年 12 月 3 日颁发了《国务院关于落实科学发展观加强环境保护的决定》（国发[2005]39 号）。

1．用科学发展观统领环境保护工作的基本原则（了解）

（1）协调发展，互惠共赢。正确处理环境保护与经济发展和社会进步的关系，在发展中落实保护，在保护中促进发展，坚持节约发展、安全发展、清洁发展，实现可持续的科学发展。

（2）强化法治，综合治理。坚持依法行政，不断完善环境法律法规，严格环境执法；坚持环境保护与发展综合决策，科学规划，突出预防为主的方针，从源头防治污染和生态破坏，综合运用法律、经济、技术和必要的行政手段解决环境问题。

（3）不欠新账，多还旧账。严格控制污染物排放总量；所有新建、扩建和改建项目必须符合环保要求，做到增产不增污，努力实现增产减污；积极解决历史遗留的环境问题。

（4）依靠科技，创新机制。大力发展环境科学技术，以技术创新促进环境问题的解决；建立政府、企业、社会多元化投入机制和部分污染治理设施市场化运营机制，完善环保制度，健全统一、协调、高效的环境监管体制。

（5）分类指导，突出重点。因地制宜，分区规划，统筹城乡发展，分阶段解决制约经济发展和群众反映强烈的环境问题，改善重点流域、区域、海域、城市的环境质量。

2．经济社会发展必须与环境保护相协调的有关要求（熟悉）

（1）促进地区经济与环境协调发展。

各地区要根据资源禀赋、环境容量、生态状况、人口数量以及国家发展规划和产业政策，明确不同区域的功能定位和发展方向，将区域经济规划和环境保护目标有机结合起来。在环境容量有限、自然资源供给不足而经济相对发达的地区实行优化开发；在环境仍有一定容量、资源较为丰富、发展潜力较大的地区实行重点开发；在生态环境脆弱的地区和重要生态功能保护区实行限制开发；在自然保护区和具有特殊保护价值的地区实行禁止开发。必须依照国家规定对各类开发建设规划进行环境影响评价。对环境有重大影响的决策，应当进行环境影响论证。

（2）大力发展循环经济。

各地区、各部门要把发展循环经济作为编制各项发展规划的重要指导原则，制订和实施循环经济推进计划，加快制定促进发展循环经济的政策、相关标准和评价体系，加强技术开发和创新体系建设。要按照“减量化、再利用、资源化”的原则，根据生态环境的要求，进行产品和工业区的设计与改造，促进循环经济的发展。在生产环节，要严格排放强度准入；在消费环节，要大力倡导环境友好的消费方式。大力推行建筑节能，发展绿色建筑。推进污水再生利用和垃圾处理与资源化回收，建设节水型城市。

（3）积极发展环保产业。

要加快环保产业的国产化、标准化、现代化产业体系建设。重点发展具有自主知识产权的重要环保技术装备和基础装备，在立足自主研发的基础上，通过引进消化吸收，努力掌握环保核心技术和关键技术。大力提高环保装备制造企业的自主创新能力，推进重大环保技术装备的自主制造。加快发展环保服务业，推进环境咨询市场化，充分发挥行业协会等中介组织的作用。

3．需切实解决的突出环境问题（掌握）

（1）以饮水安全和重点流域治理为重点，加强水污染防治。

要科学划定和调整饮用水水源保护区，切实加强饮用水水源保护，建设好城市备用水源，解决好农村饮水安全问题。坚决取缔水源保护区内的直接排污口，严防养殖业污染水源，禁止有毒有害物质进入饮用水水源保护区，强化水污染事故的预防和应急处理，确保群众饮水安全。

（2）以强化污染防治为重点，加强城市环境保护。

要加强城市基础设施建设，到2010年，全国设市城市污水处理率不低于70%，生活垃圾无害化处理率不低于60%；着力解决颗粒物、噪声和餐饮业污染，鼓励发展节能环保型汽车。对污染企业搬迁后的原址进行土壤风险评估和修复。

（3）以降低二氧化硫排放总量为重点，推进大气污染防治。

加快原煤洗选步伐，降低商品煤含硫量。在大中城市及其近郊，严格控制新（扩）建除热电联产外的燃煤电厂，禁止新（扩）建钢铁、冶炼等高耗能企业。

（4）以防治土壤污染为重点，加强农村环境保护。

结合社会主义新农村建设，实施农村小康环保行动计划。开展全国土壤污染状况调查和超标耕地综合治理，污染严重且难以修复的耕地应依法调整；合理使用农药、化肥，防治农用薄膜对耕地的污染；积极发展节水农业与生态农业，加大规模化养殖业污染治理力度。推进农村改水、改厕工作，搞好作物秸秆等资源化利用，积极发展农村沼气，妥善处理生活垃圾和污水，解决农村环境“脏、乱、差”问题，创建环境优美乡镇、文明生态村。发展县域经济要选择适合本地区资源优势和环境容量的特色产业，防止污染向农村转移。

（5）以促进人与自然和谐为重点，强化生态保护。

坚持生态保护与治理并重，重点控制不合理的资源开发活动。优先保护天然植被，坚持因地制宜，重视自然恢复；继续实施天然林保护、天然草原植被恢复、退耕还林、退牧还草、退田还湖、防沙治沙、水土保持和防治石漠化等生态治理工程；严格控制土地退化和草原沙化。经济社会发展要与水资源条件相适应，统筹生活、生产和生态用水，建设节水型社会；发展适应抗灾要求的避灾经济；水资源开发利用活动，要充分考虑生态用水。加强生态功能保护区和自然保护区的建设与管理。加强矿产资源和旅游开发的环境监管。做好红树林、滨海湿地、珊瑚礁、海岛等海洋、海岸带典型生态系统的保护工作。

（6）以核设施和放射源监管为重点，确保核与辐射环境安全。

全面加强核安全与辐射环境管理，国家对核设施的环境保护实行统一监管。核电发展的规划和建设要充分考虑核安全、环境安全和废物处理处置等问题；加强在建和在役核设施的安全监管，加快核设施退役和放射性废物处理处置步伐；加强电磁辐射和伴生放射性矿产资源开发的环境监督管理；健全放射源安全监管体系。

（7）以实施国家环保工程为重点，推动解决当前突出的环境问题。

国家环保重点工程是解决环境问题的重要举措，从“十一五”开始，要将国家重点环保工程纳入国民经济和社会发展规划及有关专项规划，认真组织落实。国家重点环保工程包括：危险废物处置工程、城市污水处理工程、垃圾无害化处理工程、燃煤电厂脱硫工程、重要生态功能保护区和自然保护区建设工程、农村小康环保行动工程、核与辐射环境安全工程、环境管理能力建设工程。

4．加强环境监管制度的有关要求（了解）

（1）要实施污染物总量控制制度，将总量控制指标逐级分解到地方各级人民政府并落实到排污单位。

（2）推行排污许可证制度，禁止无证或超总量排污。

（3）严格执行环境影响评价和“三同时”制度，对超过污染物总量控制指标、生态破坏严重或者尚未完成生态恢复任务的地区，暂停审批新增污染物排放总量和对生态有较大影响的建设项目；建设项目未履行环境影响评价审批程序即擅自开工建设或者擅自投产的，责令其停建或者停产，补办环境影响评价手续，并追究有关人员的责任。对生态治理工程实行充分论证和后评估。

（4）要结合经济结构调整，完善强制淘汰制度，根据国家产业政策，及时制定和调整强制淘汰污染严重的企业和落后的生产能力、工艺、设备与产品目录。

（5）强化限期治理制度，对不能稳定达标或超总量的排污单位实行限期治理，治理期间应予限产、限排，并不得建设增加污染物排放总量的项目；逾期未完成治理任务的，责令其停产整治。

（6）完善环境监察制度，强化现场执法检查。

（7）严格执行突发环境事件应急预案，地方各级人民政府要按照有关规定全面负责突发环境事件应急处置工作，环境保护部及国务院相关部门根据情况给予协调支援。

（8）建立跨省界河流断面水质考核制度，省级人民政府应当确保出境水质达到考核目标。

（9）国家加强跨省界环境执法及污染纠纷的协调，上游省份排污对下游省份造成污染事故的，上游省级人民政府应当承担赔付补偿责任，并依法追究相关单位和人员的责任。赔付补偿的具体办法由环境保护部会同有关部门拟定。

（二）国务院关于加强环境保护重点工作的意见

为深入贯彻落实科学发展观，加快推进经济发展方式转变，提高生态文明建设水平，国务院于 2011 年 10 月 17 日印发了《国务院关于加强环境保护重点工作的意见》，该《意见》包括全面提高环境保护监督管理水平、着力解决影响科学发展和损害群众健康的突出环境问题、改革创新环境保护体制机制三部分。

1．全面提高环境保护监督管理水平的主要要求（熟悉）

（1）严格执行环境影响评价制度。

凡依法应当进行环境影响评价的重点流域、区域开发和行业发展规划以及建设项目，必须严格履行环境影响评价程序，并把主要污染物排放总量控制指标作为新改扩建项目环境影响评价审批的前置条件。对环境影响评价文件未经批准即擅自开工建设、建设过程中擅自作出重大变更、未经环境保护验收即擅自投产等违法行为，要依法追究管理部门、相关企业和人员的责任。

（2）继续加强主要污染物总量减排。

完善减排统计、监测和考核体系，鼓励各地区实施特征污染物排放总量控制；提高重点行业环境准入和排放标准；促进农业和农村污染减排，着力抓好规模化畜禽养殖污染防治。

（3）强化环境执法监管。

抓紧推动制定和修订相关法律法规，为环境保护提供更加完备、有效的法制保障；健全执法程序，规范执法行为，建立执法责任制；加强环境保护日常监管和执法检查；继续开展整治违法排污企业保障群众健康环保专项行动，对环境法律法规执行和环境问题整改情况进行后督察；建立建设项目全过程环境监管制度以及农村和生态环境监察制度；建立健全环境保护举报制度，广泛实行信息公开，加强环境保护的社会监督。

（4）有效防范环境风险和妥善处置突发环境事件。

完善以预防为主的环境风险管理制度，实行环境应急分级、动态和全过程管理，依法科学妥善处置突发环境事件；建设更加高效的环境风险管理和应急救援体系，提高环境应急监测处置能力；健全责任追究制度，严格落实企业环境安全主体责任，强化地方政府环境安全监管责任。

2．切实加强重金属污染防治、严格化学品污染管理、深化重点领域污染综合防治的有关要求（熟悉）

（1）切实加强重金属污染防治。

对重点防控的重金属污染地区、行业和企业进行集中治理。合理调整涉重金属企业布局，严格落实卫生防护距离，坚决禁止在重点防控区域新改扩建增加重金属污染物排放总量的项目。加强重金属相关企业的环境监管，确保达标排放。对造成污染的重金属污染企业，加大处罚力度，采取限期整治措施，仍然达不到要求的，依法关停取缔。规范废弃电器电子产品的回收处理活动，建设废旧物品回收体系和集中加工处理园区。积极妥善处理重金属污染历史遗留问题。

（2）严格化学品环境管理。

对化学品项目布局进行梳理评估，推动石油、化工等项目科学规划和合理布局。对化学品生产经营企业进行环境隐患排查，对海洋、江河湖泊沿岸化工企业进行综合整治，强化安全保障措施。把环境风险评估作为危险化学品项目评估的重要内容，提高化学品生产的环境准入条件和建设标准，科学确定并落实化学品建设项目环境安全防护距离。

（3）确保核与辐射安全。

以运行核设施为监管重点，强化对新建、扩建核设施的安全审查和评估，推进老旧核设施退役和放射性废物治理。完善核与辐射安全审评方法，健全辐射环境监测监督体系，推动国家核与辐射安全监管技术研发基地建设，构建监管技术支撑平台。

（4）深化重点领域污染综合防治。

严格饮用水水源保护区划分与管理，定期开展水质全分析，实施水源地环境整治、恢复和建设工程，提高水质达标率。开展地下水污染状况调查、风险评估、修复示范。继续推进重点流域水污染防治，完善考核机制。加强工业固体废物污染防治，强化危险废物和医疗废物管理。被污染场地再次进行开发利用的，应进行环境评估和无害化治理。推行重点企业强制性清洁生产审核。推进污染企业环境绩效评估，严格上市企业环保核查。深入开展城市环境综合整治和环境保护模范城市创建活动。

（5）大力发展环保产业。

加大政策扶持力度，扩大环保产业市场需求。鼓励多渠道建立环保产业发展基金，拓宽环保产业发展融资渠道。实施环保先进适用技术研发应用、重大环保技术装备及产品产业化示范工程。加强高等院校环境学科和专业建设。

（6）加快推进农村环境保护。

实行农村环境综合整治目标责任制。深化“以奖促治”和“以奖代补”政策，扩大连片整治范围，集中整治存在突出环境问题的村庄和集镇，重点治理农村土壤和饮用水水源地污染。

（7）加大生态保护力度。

国家编制环境功能区划，在重要生态功能区、陆地和海洋生态环境敏感区、脆弱区等区域划定生态红线，对各类主体功能区分别制定相应的环境标准和环境政策。推进生态文明建设试点，进一步开展生态示范创建活动。

3．改革创新环境保护体制机的有关要求（了解）

（1）继续推进环境保护历史性转变。

（2）实施有利于环境保护的经济政策。

把环境保护列入各级财政年度预算并逐步增加投入。适时增加同级环保能力建设经费安排。加大对重点流域水污染防治的投入力度，完善重点流域水污染防治专项资金管理办法。

（3）不断增强环境保护能力。

全面推进监测、监察、宣教、信息等环境保护能力标准化建设。完善地级以上城市空气质量、重点流域、地下水、农产品产地国家重点监控点位和自动监测网络，扩大监测范围，建设国家环境监测网。

（4）健全环境管理体制和工作机制。

构建环境保护工作综合决策机制。完善环境监测和督查体制机制，加强国家环境监察职能。继续实行环境保护部门领导干部双重管理体制。

（5）强化对环境保护工作的领导和考核。

地方各级人民政府要切实把环境保护放在全局工作的突出位置，列入重要议事日程，明确目标任务，完善政策措施，组织实施国家重点环保工程。对未完成目标任务考核的地方实施区域限批，暂停审批该地区除民生工程、节能减排、生态环境保护和基础设施建设以外的项目，并追究有关领导责任。

（三）国家环境保护“十二五”规划

保护环境是我国的基本国策。为推进“十二五”期间环境保护事业的科学发展，加快资源节约型、环境友好型社会建设，2011 年 12 月 15 日，国务院印发了《国家环境保护“十二五”规划》。

1．国家环境保护“十二五”规划的主要目标（熟悉）

到 2015 年，主要污染物排放总量显著减少；城乡饮用水水源地环境安全得到有效保障，水质大幅提高；重金属污染得到有效控制，持久性有机污染物、危险化学品、危险废物等污染防治成效明显；城镇环境基础设施建设和运行水平得到提升；生态环境恶化趋势得到扭转；核与辐射安全监管能力明显增强，核与辐射安全水平进一步提高；环境监管体系得到健全。

2．推进主要污染物减排的有关要求（熟悉）

（1）加大结构调整力度。

加快淘汰落后产能。严格执行《产业结构调整指导目录》、《部分工业行业淘汰落后生产工艺装备和产品指导目录》。重点行业新建、扩建项目环境影响审批要将主要污染物排放总量指标作为前置条件。

着力减少新增污染物排放量。合理控制能源消费总量，促进非化石能源发展，到 2015 年，非化石能源占一次能源消费比重达到 11.4%。提高煤炭洗选加工水平。

大力推行清洁生产和发展循环经济。深化循环经济示范试点，加快资源再生利用产业化，推进生产、流通、消费各环节循环经济发展，构建覆盖全社会的资源循环利用体系。

（2）着力削减化学需氧量和氨氮排放量。

加大重点地区、行业水污染物减排力度。禁止在重点流域江河源头新建有色、造纸、印染、化工、制革等项目。提升城镇污水处理水平。加大污水管网建设力度，推进雨、污分流改造，加快县城和重点建制镇污水处理厂建设。推动规模化畜禽养殖污染防治。

（3）加大二氧化硫和氮氧化物减排力度。

持续推进电力行业污染减排。新建燃煤机组要同步建设脱硫脱硝设施，未安装脱硫设施的现役燃煤机组要加快淘汰或建设脱硫设施，烟气脱硫设施要按照规定取消烟气旁路。加快其他行业脱硫脱硝步伐。推进钢铁行业二氧化硫排放总量控制，全面实施烧结机烟气脱硫，新建烧结机应配套建设脱硫脱硝设施。开展机动车船氮氧化物控制。实施机动车环境保护标志管理。积极发展城市公共交通，探索调控特大型和大型城市机动车保有总量。

3．切实解决突出环境问题的有关要求（了解）

（1）改善水环境质量。

严格保护饮用水水源地。健全饮用水水源环境信息公开制度，加强风险防范和应急预警。

深化重点流域水污染防治。明确各重点流域的优先控制单元，实行分区控制。

抓好其他流域水污染防治。加大长江中下游、珠江流域污染防治力度，实现水质稳定并有所好转。

综合防控海洋环境污染和生态破坏。坚持陆海统筹、河海兼顾，推进渤海等重点海域综合治理。落实重点海域排污总量控制制度。到 2015 年，近岸海域水质总体保持稳定，长江、黄河、珠江等河口和渤海等重点海湾的水质有所改善。

推进地下水污染防控。开展地下水污染状况调查和评估，划定地下水污染治理区、防控区和一般保护区。

（2）实施多种大气污染物综合控制。

深化颗粒物污染控制。加强挥发性有机污染物和有毒废气控制。推进城市大气污染防治。在大气污染联防联控重点区域，建立区域空气环境质量评价体系，开展多种污染物协同控制，实施区域大气污染物特别排放限值，对火电、钢铁、有色、石化、建材、化工等行业进行重点防控。加强城乡声环境质量管理。加大交通、施工、工业、社会生活等领域噪声污染防治力度。强化噪声监管能力建设。

（3）加强土壤环境保护。

加强土壤环境保护制度建设。强化土壤环境监管。推进重点地区污染场地和土壤修复。对责任主体灭失等历史遗留场地土壤污染要加大治理修复的投入力度。

（4）强化生态保护和监管。

强化生态功能区保护和建设。严格控制重点生态功能区污染物排放总量和产业准入环境标准。提升自然保护区建设与监管水平。开展自然保护区基础调查与评估，统筹完善全国自然保护区发展规划。到2015年，陆地自然保护区面积占国土面积的比重稳定在15%。加强生物多样性保护。到2015年，90%的国家重点保护物种和典型生态系统得到保护。推进资源开发生态环境监管。

4．加强重点领域环境风险防控的有关要求（了解）

（1）推进环境风险全过程管理。

开展环境风险调查与评估。完善环境风险管理措施。完善以预防为主的环境风险管理制度，落实企业主体责任。建立环境事故处置和损害赔偿恢复机制。将有效防范和妥善应对重大突发环境事件作为地方人民政府的重要任务，纳入环境保护目标责任制。

（2）加强核与辐射安全管理。

提高核能与核技术利用安全水平。加强重大自然灾害对核设施影响的分析和预测预警。加强核与辐射安全监管。完善核与辐射安全审评方法。加强放射性污染防治。推进早期核设施退役和放射性污染治理。

（3）遏制重金属污染事件高发态势。

加强重点行业和区域重金属污染防治。到2015年，重点区域内重点重金属污染物排放量比2007年降低15%，非重点区域重点重金属污染物排放量不超过2007年水平。

实施重金属污染源综合防治。健全重金属污染健康危害监测与诊疗体系。

（4）推进固体废物安全处理处置。

加强危险废物污染防治。加强医疗废物全过程管理和无害化处置设施建设，因地制宜推进农村、乡镇和偏远地区医疗废物无害化管理，到2015年，基本实现地级以上城市医疗废物得到无害化处置。

加大工业固体废物污染防治力度。提高生活垃圾处理水平。加快城镇生活垃圾处理设施建设，到2015年，全国城市生活垃圾无害化处理率达到80%，所有县具有生活垃圾无害化处理能力。

（5）健全化学品环境风险防控体系。

严格化学品环境监管。加强化学品风险防控。以铁矿石烧结、电弧炉炼钢、再生有色金属生产、废弃物焚烧等行业为重点，加强二噁英污染防治，建立完善的二噁英污染防治体系和长效监管机制；到2015年，重点行业二噁英排放强度降低10%。

（四）“十二五”节能减排综合性工作方案

2011年8月，国务院印发了《“十二五”节能减排综合性工作方案》，明确了“十二五”期间节能减排的目标任务和要求。

1．国家节能减排的主要目标（熟悉）

到2015年，全国万元国内生产总值能耗下降到0.869吨标准煤（按2005年价格计算），比2010年的1.034吨标准煤下降16%，比2005年的1.276吨标准煤下降32%；“十二五”期间，实现节约能源6.7亿吨标准煤。2015年，全国化学需氧量和二氧化硫排放总量分别控制在2 347.6万吨、2 086.4万吨，比2010年的2 551.7万吨、2 267.8万吨分别下降8%；全国氨氮和氮氧化物排放总量分别控制在238.0万吨、2 046.2万吨，比2010年的264.4万吨、2 273.6万吨分别下降10%。

2．实施节能减排的有关要求（了解）

实施节能重点工程。实施污染物减排重点工程。实施循环经济重点工程。多渠道筹措节能减排资金。

3．加强工业节能减排的有关要求（熟悉）

重点推进电力、煤炭、钢铁、有色金属、石油石化、化工、建材、造纸、纺织、印染、食品加工等行业节能减排，明确目标任务，加强行业指导，推动技术进步，强化监督管理。发展热电联产，推广分布式能源。开展智能电网试点。推广煤炭清洁利用，提高原煤入洗比例，加快煤层气开发利用。实施工业和信息产业能效提升计划。推动信息数据中心、通信机房和基站节能改造。实行电力、钢铁、造纸、印染等行业主要污染物排放总量控制。新建燃煤机组全部安装脱硫脱硝设施，现役燃煤机组必须安装脱硫设施，不能稳定达标排放的要进行更新改造，烟气脱硫设施要按照规定取消烟气旁路。单机容量30万千瓦及以上燃煤机组全部加装脱硝设施。钢铁行业全面实施烧结机烟气脱硫，新建烧结机配套安装脱硫脱硝设施。石油石化、有色金属、建材等重点行业实施脱硫改造。新型干法水泥窑实施低氮燃烧技术改造，配套建设脱硝设施。加强重点区域、重点行业和重点企业重金属污染防治，以湘江流域为重点开展重金属污染治理与修复试点示范。

4．加快节能减排技术产业化示范和推广应用的规定（熟悉）

（1）加快节能减排共性和关键技术研发。

在国家、部门和地方相关科技计划和专项中，加大对节能减排科技研发的支持力度，完善技术创新体系。推动组建节能减排技术与装备产业联盟，继续通过国家工程（技术）研究中心加大节能减排科技研发力度。加强资源环境高技术领域创新团队和研发基地建设。

（2）加大节能减排技术产业化示范。

实施节能减排重大技术与装备产业化工程，加快产业化基地建设。

（3）加快节能减排技术推广应用。

编制节能减排技术政策大纲。加强与有关国际组织、政府在节能环保领域的交流与合作，积极引进、消化、吸收国外先进节能环保技术，加大推广力度。

5．严格节能评估审查和环境影响评价制度的要求（掌握）

把污染物排放总量指标作为环境影响评价审批的前置条件，对年度减排目标未完成、重点减排项目未按目标责任书落实的地区和企业，实行阶段性环评限批。对未通过节能评估与审查、环境影响评价审查的投资项目，有关部门不得审批、核准、批准开工建设，不得发放生产许可证、安全生产许可证、排污许可证，金融机构不得发放贷款，有关单位不得供水、

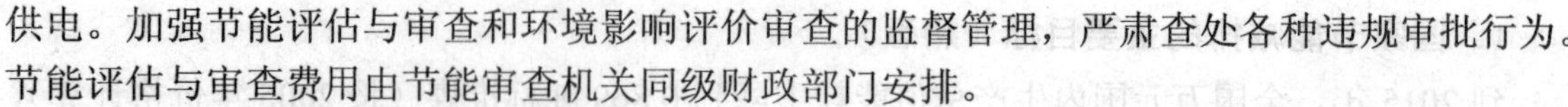

供电。加强节能评估与审查和环境影响评价审查的监督管理，严肃查处各种违规审批行为。节能评估与审查费用由节能审查机关同级财政部门安排。

（五）全国生态环境保护纲要

2000 年 12 月 26 日，国务院发布了《全国生态环境保护纲要》（以下简称《纲要》）。

制定《纲要》的根本出发点是全面落实“保护优先、预防为主、防治结合”的方针，以减少新的生态破坏，巩固生态建设成果，从根本上遏制我国生态环境不断恶化的趋势。

全国生态环境保护目标是通过生态环境保护，遏制生态环境破坏，减轻自然灾害的危害；促进自然资源的合理、科学利用，实现自然生态系统良性循环；维护国家生态环境安全，确保国民经济和社会的可持续发展。

近期目标是：到 2010 年，基本遏制生态环境破坏趋势。建设一批生态功能保护区；在切实抓好现有自然保护区建设与管理的同时，抓紧建设一批新的自然保护区，使各类良好自然生态系统及重要物种得到有效保护；建立、健全生态环境保护监管体系，使生态环境保护措施得到有效执行，重点资源开发区的各类开发活动严格按规划进行，生态环境破坏恢复率有较大幅度提高；加强生态示范区和生态农业县建设，全国部分县（市、区）基本实现秀美山川、自然生态系统良性循环。

远期目标是：到 2030 年，全面遏制生态环境恶化的趋势，使重要生态功能区、物种丰富区和重点资源开发区的生态环境得到有效保护，各大水系的一级支流源头区和国家重点保护湿地的生态环境得到改善；部分重要生态系统得到重建与恢复；全国 50%的县（市、区）实现秀美山川、自然生态系统良性循环，30%以上的城市达到生态城市和园林城市标准。到 2050 年，力争全国生态环境得到全面改善，实现城乡环境清洁和自然生态系统良性循环，全国大部分地区实现秀美山川的宏伟目标。

（1）重要生态功能区的类型和生态功能保护区的级别（熟悉）。

建立生态功能保护区。江河源头区、重要水源涵养区、水土保持的重点预防保护区和重点监督区、江河洪水调蓄区、防风固沙区和重要渔业水域等重要生态功能区，在保持流域、区域生态平衡，减轻自然灾害，确保国家和地区生态环境安全方面具有重要作用。对这些区域的现有植被和自然生态系统应严加保护，通过建立生态功能保护区，实施保护措施，防止生态环境的破坏和生态功能的退化。跨省域和重点流域、重点区域的重要生态功能区，建立国家级生态功能保护区；跨地（市）和县（市）的重要生态功能区，建立省级和地（市）级生态功能保护区。

（2）对生态功能保护区采取的保护措施（熟悉）。

1）建立生态功能保护区。江河源头区、重要水源涵养区、水土保持的重点预防保护区和重点监督区、江河洪水调蓄区、防风固沙区和重要渔业水域等重要生态功能区，在保持流域、区域生态平衡，减轻自然灾害，确保国家和地区生态环境安全方面具有重要作用。对这些区域的现有植被和自然生态系统应严加保护，通过建立生态功能保护区，实施保护措施，防止生态环境的破坏和生态功能的退化。跨省域和重点流域、重点区域的重要生态功能区，建立国家级生态功能保护区；跨地（市）和县（市）的重要生态功能区，建立省级和地（市）级生态功能保护区。

2）对生态功能保护区采取以下保护措施：停止一切导致生态功能继续退化的开发活动

和其他人为破坏活动；停止一切产生严重环境污染的工程项目建设；严格控制人口增长，区内人口已超出承载能力的应采取必要的移民措施；改变粗放生产经营方式，走生态经济型发展道路，对已经破坏的重要生态系统，要结合生态环境建设措施，认真组织重建与恢复，尽快遏制生态环境恶化趋势。

3）各类生态功能保护区的建立，由各级环保部门会同有关部门组成评审委员会评审，报同级政府批准。生态功能保护区的管理以地方政府为主，国家级生态功能保护区可由省级政府委派的机构管理，其中跨省域的由国家统一规划批建后，分省按属地管理；各级政府对生态功能保护区的建设应给予积极扶持；农业、林业、水利、环保、国土资源等有关部门要按照各自的职责加强对生态功能保护区管理、保护与建设的监督。

（3）各类资源开发利用的生态环境保护要求（了解）。

1）切实加强对水、土地、森林、草原、海洋、矿产等重要自然资源的环境管理，严格资源开发利用中的生态环境保护工作。各类自然资源的开发，必须遵守相关的法律法规，依法履行生态环境影响评价手续；资源开发重点建设项目，应编报水土保持方案，否则一律不得开工建设。

2）水资源开发利用的生态环境保护。水资源的开发利用要全流域统筹兼顾，生产、生活和生态用水综合平衡，坚持开源与节流并重，节流优先，治污为本，科学开源，综合利用。建立缺水地区高耗水项目管制制度，逐步调整用水紧缺地区的高耗水产业，停止新上高耗水项目，确保流域生态用水。通过科学的监测评价和功能区划，规范排污许可证制度和排污口管理制度。严禁向水体倾倒垃圾和建筑、工业废料，进一步加大水污染特别是重点江河湖泊水污染治理力度，加快城市污水处理设施、垃圾集中处理设施建设。

3）土地资源开发利用的生态环境保护。依据土地利用总体规划，实施土地用途管制制度，明确土地承包者的生态环境保护责任，加强生态用地保护，冻结征用具有重要生态功能的草地、林地、湿地。建设项目确需占用生态用地的，应严格依法报批和补偿，并实行“占一补一”的制度，确保恢复面积不少于占用面积。加强对交通、能源、水利等重大基础设施建设的生态环境保护监管，建设线路和施工场址要科学选比，尽量减少占用林地、草地和耕地，防止水土流失和土地沙化。加强非牧场草地开发利用的生态监管。大江大河上中游陡坡耕地要按照有关规划，有计划、分步骤地实行退耕还林还草，并加强对退耕地的管理，防止复耕。

4）森林、草原资源开发利用的生态环境保护。对具有重要生态功能的林区、草原，应划为禁垦区、禁伐区或禁牧区，严格管护；已经开发利用的，要退耕退牧，育林育草，使其休养生息。实施天然林保护工程，最大限度地保护和发挥好森林的生态效益；要切实保护好各类水源涵养林、水土保持林、防风固沙林、特种用途林等生态公益林；对毁林、毁草开垦的耕地和造成的废弃地，要按照“谁批准谁负责，谁破坏谁恢复”的原则，限期退耕还林还草。加强森林、草原防火和病虫鼠害防治工作，努力减少林草资源灾害性损失；加大火烧迹地、采伐迹地的封山育林育草力度，加速林区、草原生态环境的恢复和生态功能的提高。大力发展风能、太阳能、生物质能等可再生能源技术，减少樵采对林草植被的破坏。发展牧业要坚持以草定畜，防止超载过牧。

5）生物物种资源开发利用的生态环境保护。生物物种资源的开发应在保护物种多样性和确保生物安全的前提下进行。依法禁止一切形式的捕杀、采集濒危野生动植物的活动。严厉打击濒危野生动植物的非法贸易。严格限制捕杀、采集和销售益虫、益鸟、益兽。鼓励野生动植物的驯养、繁育。加强野生生物资源开发管理，逐步划定准采区，规范采挖方式，严禁乱采滥挖；严格禁止采集和销售发菜，取缔一切发菜贸易，坚决制止在干旱、半干旱草原滥挖具有重要固沙作用的各类野生药用植物。加强生物安全管理，建立转基因生物活体及其产品的进出口管理制度和风险评估制度；对引进外来物种必须进行风险评估，加强进口检疫工作，防止国外有害物种进入国内。

6）海洋和渔业资源开发利用的生态环境保护。海洋和渔业资源开发利用必须按功能区划进行，做到统一规划，合理开发利用。切实加强海岸带的管理，严格围垦造地建港、海岸工程和旅游设施建设的审批，严格保护红树林、珊瑚礁、沿海防护林。加强重点渔场、江河出海口、海湾及其他渔业水域等重要水生资源繁育区的保护，严格渔业资源开发的生态环境保护监管。加大海洋污染防治力度，逐步建立污染物排海总量控制制度，加强对海上油气勘探开发、海洋倾废、船舶排污和港口的环境管理，逐步建立海上重大污染事故应急体系。

7）矿产资源开发利用的生态环境保护。严禁在生态功能保护区、自然保护区、风景名胜区、森林公园内采矿。严禁在崩塌滑坡危险区、泥石流易发区和易导致自然景观破坏的区域采石、采砂、取土。矿产资源开发利用必须严格规划管理，开发应选取有利于生态环境保护的工期、区域和方式，把开发活动对生态环境的破坏减少到最低限度。矿产资源开发必须防止次生地质灾害的发生。在沿江、沿河、沿湖、沿库、沿海地区开采矿产资源，必须落实生态环境保护措施，尽量避免和减少对生态环境的破坏。已造成破坏的，开发者必须限期恢复。已停止采矿或关闭的矿山、坑口，必须及时做好土地复垦。

8）旅游资源开发利用的生态环境保护。旅游资源的开发必须明确环境保护的目标与要求，确保旅游设施建设与自然景观相协调。科学确定旅游区的游客容量，合理设计旅游线路，使旅游基础设施建设与生态环境的承载能力相适应。加强自然景观、景点的保护，限制对重要自然遗迹的旅游开发，从严控制重点风景名胜区的旅游开发，严格管制索道等旅游设施的建设规模与数量，对不符合规划要求建设的设施，要限期拆除。旅游区的污水、烟尘和生活垃圾处理，必须实现达标排放和科学处置。

（六）国家重点生态功能保护区规划纲要

根据党中央、国务院对建立生态功能保护区的要求，原国家环境保护总局组织编制了《国家重点生态功能保护区规划纲要》（以下简称《纲要》）。《纲要》根据我国生态功能重要性和生态敏感性评价结果，结合《中华人民共和国国民经济和社会发展第十一个五年规划纲要》和《国务院关于编制全国主体功能区规划的意见》提出的限制开发区域有关要求，确定了我国重点生态功能保护区建设的主要目标和任务，以此来指导我国生态功能保护区的建设。

（1）重点生态功能保护区规划的指导思想、原则及目标（熟悉）。

1）指导思想。以科学发展观为指导，以保障国家和区域生态安全为出发点，以维护并改善区域重要生态功能为目标，以调整产业结构为主段，统筹人与自然和谐发展，把生态保护和建设与地方社会经济发展、群众生活水平提高有机结合起来，统一规划，优先保护，限制开发，严格监管，促进我国重要生态功能区经济、社会和环境的协调发展。

2）基本原则。

① 统筹规划，分步实施。

生态功能保护区建设是一个长期的系统工程，应统筹规划，分步实施，在明确重点生态功能保护区建设布局的基础上，分期分批开展，逐步推进，积极探索生态功能保护区建设多样化模式，建立符合我国国情的生态功能保护区格局体系。

② 高度重视，精心组织。

各级环保部门要将重点生态功能保护区的规划编制、相关配套政策的制定和研究、管理技术规范研究作为生态环境保护的重要内容。并通过与相关部门的协调和衔接，力争将生态功能保护区的建设纳入当地经济社会发展规划。

③ 保护优先，限制开发。

生态功能保护区属于限制开发区，应坚持保护优先、限制开发、点状发展的原则，因地制宜地制定生态功能保护区的财政、产业、投资、人口和绩效考核等社会经济政策，强化生态环境保护执法监督，加强生态功能保护和恢复，引导资源环境可承载的特色产业发展，限制损害主导生态功能的产业扩张，走生态经济型的发展道路。

④ 避免重复，互为补充。

生态功能保护区属于限制开发区，自然保护区、世界文化自然遗产、风景名胜区、森林公园等各类特别保护区域属于禁止开发区，生态功能保护区建设要考虑两者之间的协调与补充。在空间范围上，生态功能保护区不包含自然保护区、世界文化自然遗产、风景名胜区、森林公园、地质公园等特别保护区域；在建设内容上，避免重复，互相补充；在管理机制上，各类特别保护区域的隶属关系和管理方式不变。

3）主要目标。

以《中华人民共和国国民经济和社会发展第十一个五年规划纲要》明确的国家限制开发区为重点，合理布局国家重点生态功能保护区，建设一批水源涵养、水土保持、防风固沙、洪水调蓄、生物多样性维护生态功能保护区，形成较完善的生态功能保护区建设体系，建立较完备的生态功能保护区相关政策、法规、标准和技术规范体系，使我国重要生态功能区的生态恶化趋势得到遏制，主要生态功能得到有效恢复和完善，限制开发区有关政策得到有效落实。

（2）重点生态功能保护区规划的主要任务（了解）。

重点生态功能保护区属于限制开发区，要在保护优先的前提下，合理选择发展方向，发展特色优势产业，加强生态环境保护和修复，加大生态环境监管力度，保护和恢复区域生态功能。

1）合理引导产业发展。

充分利用生态功能保护区的资源优势，合理选择发展方向，调整区域产业结构，发展有益于区域主导生态功能发挥的资源环境可承载的特色产业，限制不符合主导生态功能保护需要的产业发展，鼓励使用清洁能源。

① 限制损害区域生态功能的产业扩张。

根据生态功能保护区的资源禀赋、环境容量，合理确定区域产业发展方向，限制高污染、高能耗、高物耗产业的发展。要依法淘汰严重污染环境、严重破坏区域生态、严重浪费资源能源的产业，要依法关闭破坏资源、污染环境和损害生态系统功能的企业。

② 发展资源环境可承载的特色产业。

依据资源禀赋的差异，积极发展生态农业、生态林业、生态旅游业；在中药材资源丰富的地区，建设药材基地，推动生物资源的开发；在畜牧业为主的区域，建立稳定、优质、高产的人工饲草基地，推行舍饲圈养；在重要防风固沙区，合理发展沙产业；在蓄滞洪区，发展避洪经济；在海洋生态功能保护区，发展海洋生态养殖、生态旅游等海洋生态产业。

③ 推广清洁能源。

积极推广沼气、风能、小水电、太阳能、地热能及其他清洁能源，解决农村能源需求，减少对自然生态系统的破坏。

2）保护和恢复生态功能。

遵循先急后缓、突出重点，保护优先、积极治理，因地制宜、因害设防的原则，结合已实施或规划实施的生态治理工程，加大区域自然生态系统的保护和恢复力度，恢复和维护区域生态功能。

① 提高水源涵养能力。

在水源涵养生态功能保护区内，结合已有的生态保护和建设重大工程，加强森林、草地和湿地的管护和恢复，严格监管矿产、水资源开发，严肃查处毁林、毁草、破坏湿地等行为，合理开发水电，提高区域水源涵养生态功能。

② 恢复水土保持功能。

在水土保持生态功能保护区内，实施水土流失的预防监督和水土保持生态修复工程，加强小流域综合治理，营造水土保持林，禁止毁林开荒、烧山开荒和陡坡地开垦，合理开发自然资源，保护和恢复自然生态系统，增强区域水土保持能力。

③ 增强防风固沙功能。

在防风固沙生态功能保护区内，积极实施防沙治沙等生态治理工程，严禁过度放牧、樵采、开荒，合理利用水资源，保障生态用水，提高区域生态系统防沙固沙的能力。

④ 提高调洪蓄洪能力。

在洪水调蓄生态功能保护区内，严禁围垦湖泊、湿地，积极实施退田还湖还湿工程，禁止在蓄滞洪区建设与行洪泄洪无关的工程设施，巩固平垸行洪、退田还湿的成果，增强区内调洪蓄洪能力。

⑤ 增强生物多样性维护能力。

在生物多样性维护生态功能保护区内，采取严格的保护措施，构建生态走廊，防止人为破坏，促进自然生态系统的恢复。对于生境遭受严重破坏的地区，采用生物措施和工程措施相结合的方式，积极恢复自然生境，建立野生动植物救护中心和繁育基地。禁止滥捕、乱采、乱猎等行为，加强外来入侵物种管理。

⑥ 保护重要海洋生态功能。

在海洋生态功能保护区内，合理开发利用海洋资源，禁止过度捕捞，保护海洋珍稀濒危物种及其栖息地，防治海洋污染，开展海洋生态恢复，维护海洋生态系统的主要生态功能。

3）强化生态环境监管。

通过加强法律法规和监管能力建设，提高环境执法能力，避免边建设、边破坏；通过强化监测和科研，提高区内生态环境监测、预报、预警水平，及时准确掌握区内主导生态功能的动态变化情况，为生态功能保护区的建设和管理提供决策依据；通过强化宣传教育，增强区内广大群众对区域生态功能重要性的认识，自觉维护区域和流域生态安全。

① 强化监督管理能力。

健全完善相关法律法规，加大生态环境监察力度，抓紧制定生态功能保护区法规，建立生态功能保护区监管协调机制，制定不同类型生态功能保护区管理办法，发布禁止、限制发展的产业名录。加强生态功能保护区环境执法能力，组织相关部门开展联合执法检查。

② 提高监测预警能力。

开展生态功能保护区生态环境监测，制定生态环境质量评价与监测技术规范，建立生态功能保护区生态环境状况评价的定期通报制度。充分利用相关部门的生态环境监测资料，实现生态功能保护区生态环境监测信息共享，并建立重点生态功能保护区生态环境监测网络和管理信息系统，为生态功能保护区的管理和决策提供科学依据。

③ 增强宣传教育能力。

结合各地已有的生态环境保护宣教基地，在生态功能保护区内建立生态教育警示基地，提高公众参与生态功能保护区建设的积极性。加强生态环境保护法规、知识和技术培训，提高生态功能保护区管理人员和技术人员的专业知识和技术水平。

④ 加强科研支撑能力。

开展生态功能保护区建设与管理的理论和应用技术研究，揭示不同区域生态系统结构和生态服务功能作用机理及其演变规律。引导科研机构积极开展生态修复技术、生态监测技术等应用技术的研究。

（七）全国生态脆弱区保护规划纲要

中华人民共和国环境保护部 2008 年 9 月 27 日印发了《全国生态脆弱区保护规划纲要》。

1. 生态脆弱区保护规划的指导思想、原则及目标（熟悉）

（1）指导思想。

以邓小平理论和“三个代表”主要思想为指导，贯彻落实科学发展观，建设生态文明，以维护生态系统完整性，恢复和改善脆弱生态系统为目标，在坚持优先保护、限制开发、统筹规划、防治结合的前提下，通过适时监测、科学评估和预警服务，及时掌握脆弱区生态环境演变动态，因地制宜，合理选择发展方向，优化产业结构，力争在发展中解决生态环境问题。同时，强化法制监管，倡导生态文明，积极增进群众参与意识，全面恢复脆弱区生态系统。

（2）基本原则。

1）预防为主，保护优先。

建立健全脆弱区生态监测与预警体系，以科学监测、合理评估和预警服务为手段，强化“环境准入”机制，科学指导脆弱区生态保育与产业发展活动，促进脆弱区的生态恢复。

2）分区推进，分类指导。

按照区域生态特点，优化资源配置和生产力空间布局，以科技促保护，以保护促发展，维护生态脆弱区自然生态平衡。

3）强化监管，适度开发。

强化生态环境监管执法力度，坚持适度开发，积极引导资源环境可承载的特色产业发展，保护和恢复脆弱区生态系统，是维护区域生态系统完整性、实现生态环境质量明显改善和区域可持续发展的必由之路。

4）统筹规划，分步实施。

在明确区域分布、地理环境特点、重点生态问题和成因的基础上，制定相应的应对战略，分期分批开展，逐步推进，积极探索生态脆弱区保护的多样化模式，形成生态脆弱区保护格局。

（3）规划目标。

1）总体目标。

到 2020 年，在生态脆弱区建立起比较完善的生态保护与建设的政策保障体系、生态监测预警体系和资源开发监管执法体系；生态脆弱区 40%以上适宜治理的土地得到不同程度治理，水土流失得到基本控制，退化生态系统基本得到恢复，生态环境质量总体良好；区域可更新资源不断增值，生物多样性保护水平稳步提高；生态产业成为脆弱区的主导产业，生态保护与产业发展有序、协调，区域经济、社会、生态复合系统结构基本合理，系统服务功能呈现持续、稳定态势；生态文明融入社会各个层面，民众参与生态保护的意识明显增强，人与自然基本和谐。

2）阶段目标。

① 近期（2009—2015）目标。

明确生态脆弱区空间分布、重要生态问题及其成因和压力，初步建立起有利于生态脆弱区保护和建设的政策法规体系、监测预警体系和长效监管机制；研究构建生态脆弱区产业准入机制，全面限制有损生态系统健康发展的产业扩张，防止因人为过度干扰所产生新的生态退化。到 2015 年，生态脆弱区战略环境影响评价执行率达到 100%，新增治理面积达到 30%以上；生态产业示范已在生态脆弱区全面开展。

② 中远期（2016—2020）目标。

生态脆弱区生态退化趋势已得到基本遏止，人地矛盾得到有效缓减，生态系统基本处于健康、稳定的发展状态。到 2020 年，生态脆弱区 40%以上适宜治理的土地得到不同程度治理，退化生态系统已得到基本恢复，可更新资源不断增值，生态产业已基本成为区域经济发展的主导产业，并呈现持续、强劲的发展态势，区域生态环境已步入良性循环轨道。

2．生态脆弱区保护规划的总体任务和具体任务（了解）

1）总体任务。

以维护区域生态系统完整性、保证生态过程连续性和改善生态系统服务功能为中心，优化产业布局，调整产业结构，全面限制有损于脆弱区生态环境的产业扩张，发展与当地资源环境承载力相适应的特色产业和环境友好产业，从源头控制生态退化；加强生态保育，增强脆弱区生态系统的抗干扰能力；建立健全脆弱区生态环境监测、评估及预警体系；强化资源开发监管和执法力度，促进脆弱区资源环境协调发展。

2）具体任务。

① 调整产业结构，促进脆弱区生态与经济的协调发展。

根据生态脆弱区资源禀赋、自然环境特点及容量，调整产业结构，优化产业布局，重点发展与脆弱区资源环境相适宜的特色产业和环境友好产业。同时，按流域或区域编制生态脆弱区环境友好产业发展规划，严格限制有损于脆弱区生态环境的产业扩张，研究并探索有利于生态脆弱区经济发展与生态保育耦合模式，全面推行生态脆弱区产业发展规划战略环境影响评价制度。

② 加强生态保育，促进生态脆弱区修复进程。

在全面分析和研究不同类型生态脆弱区生态环境脆弱性成因、机制、机理及演变规律的基础上，确立适宜的生态保育对策。通过技术集成、技术创新以及新成果、新工艺的应用，提高生态修复效果，保障脆弱区自然生态系统和人工生态系统的健康发展。同时，高度重视环境极度脆弱、生态退化严重、具有重要保护价值的地区如重要江河源头区、重大工程水土保持区、国家生态屏障区和重度水土流失区的生态应急工程建设与技术创新；密切关注具有明显退化趋势的潜在生态脆弱区环境演变动态的监测与评估，因地制宜，科学规划，采取不同的保育措施，快速恢复脆弱区植被，增强脆弱区自身防护效果，全面遏制生态退化。

③ 加强生态监测与评估能力建设，构建脆弱区生态安全预警体系。

在全国生态脆弱典型区建立长期定位生态监测站，全面构建全国生态脆弱区生态安全预警网络体系；同时，研究制定适宜不同生态脆弱区生态环境质量评估指标体系，科学监测和合理评估脆弱生态系统结构、功能和生态过程动态演变规律，建立脆弱区生态背景数据库资源共享平台，并利用网络视频和模型预测技术，实现脆弱区生态系统健康网络诊断与安全预警服务，为国家环境决策与管理提供技术支撑。

④ 强化资源开发监管执法力度，防止无序开发和过度开发。

加强资源开发监管与执法力度，全面开展脆弱区生态环境监察工作，严格禁止超采、过牧、乱垦、滥挖以及非法采矿、无序修路等资源破坏行为发生；以生态脆弱区资源禀赋和生态环境承载力基线为基础，通过科学规划，确立适宜的资源开发模式与强度、可持续利用途径、资源开发监管办法以及资源开发过程中生态保护措施；研究制定生态脆弱区资源开发监管条例，编制适宜不同生态脆弱区资源开发生态恢复与重建技术标准及技术规范，积极推进脆弱区生态保育、系统恢复与重建进程。

（八）全国主体功能区规划

2010 年 12 月 21 日，国务院印发了《全国主体功能区规划》，这是我国国土空间开发的战略性、基础性和约束性规划。

1. 主体功能区的划分（掌握）

《全国主体功能区规划》将我国国土空间分为以下主体功能区：按开发方式，分为优化开发区域、重点开发区域、限制开发区域和禁止开发区域；按开发内容，分为城市化地区、农产品主产区和重点生态功能区；按层级，分为国家和省级两个层面。

城市化地区、农产品主产区和重点生态功能区，是以提供主体产品的类型为基准划分的。城市化地区是以提供工业品和服务产品为主体功能的地区，也提供农产品和生态产品；农产品主产区是以提供农产品为主体功能的地区，也提供生态产品、服务产品和部分工业品；重点生态功能区是以提供生态产品为主体功能的地区，也提供一定的农产品、服务产品和工业品。

优化开发区域是经济比较发达、人口比较密集、开发强度较高、资源环境问题更加突出，从而应该优化进行工业化城镇化开发的城市化地区。

重点开发区域是有一定经济基础、资源环境承载能力较强、发展潜力较大、集聚人口和经济的条件较好，从而应该重点进行工业化城镇化开发的城市化地区。优化开发和重点开发区域都属于城市化地区，开发内容总体上相同，开发强度和开发方式不同。

限制开发区域分为两类：一类是农产品主产区，即耕地较多、农业发展条件较好，尽管也适宜工业化城镇化开发，但从保障国家农产品安全以及中华民族永续发展的需要出发，必须把增强农业综合生产能力作为发展的首要任务，从而应该限制进行大规模高强度工业化城镇化开发的地区；一类是重点生态功能区，即生态系统脆弱或生态功能重要，资源环境承载能力较低，不具备大规模高强度工业化城镇化开发的条件，必须把增强生态产品生产能力作为首要任务，从而应该限制进行大规模高强度工业化城镇化开发的地区。

禁止开发区域是依法设立的各级各类自然文化资源保护区域，以及其他禁止进行工业化城镇化开发、需要特殊保护的重点生态功能区。国家层面禁止开发区域，包括国家级自然保护区、世界文化自然遗产、国家级风景名胜区、国家森林公园和国家地质公园。省级层面的禁止开发区域，包括省级及以下各级各类自然文化资源保护区域、重要水源地以及其他省级人民政府根据需要确定的禁止开发区域。

各类主体功能区，在全国经济社会发展中具有同等重要的地位，只是主体功能不同，开发方式不同，保护内容不同，发展首要任务不同，国家支持重点不同。对城市化地区主要支持其集聚人口和经济，对农产品主产区主要支持其增强农业综合生产能力，对重点生态功能区主要支持其保护和修复生态环境。

2．全国主体功能区规划开发原则中关于保护自然的有关规定（熟悉）

要按照建设环境友好型社会的要求，根据国土空间的不同特点，以保护自然生态为前提、以水土资源承载能力和环境容量为基础进行有度有序开发，走人与自然和谐的发展道路。

（1）把保护水面、湿地、林地和草地放到与保护耕地同等重要位置。

（2）工业化城镇化开发必须建立在对所在区域资源环境承载能力综合评价的基础上，严格控制在水资源承载能力和环境容量允许的范围内。

（3）在水资源严重短缺、生态脆弱、生态系统重要、环境容量小、地震和地质灾害等自然灾害危险性大的地区，要严格控制工业化城镇化开发，适度控制其他开发活动，缓解开发活动对自然生态的压力。

（4）严禁各类破坏生态环境的开发活动。能源和矿产资源开发，要尽可能不损害生态环境并应最大限度地修复原有生态环境。

（5）加强对河流原始生态的保护。

（6）交通、输电等基础设施建设要尽量避免对重要自然景观和生态系统的分割，从严控制穿越禁止开发区域。

（7）农业开发要充分考虑对自然生态系统的影响，积极发挥农业的生态、景观和间隔功能。严禁有损自然生态系统的开荒以及侵占水面、湿地、林地、草地等农业开发活动。

（8）在确保省域内耕地和基本农田面积不减少的前提下，继续在适宜的地区实行退耕还林、退牧还草、退田还湖。在农业用水严重超出区域水资源承载能力的地区实行退耕还水。

（9）生态遭到破坏的地区要尽快偿还生态欠账。生态修复行为要有利于构建生态廊道和生态网络。

（10）保护天然草地、沼泽地、苇地、滩涂、冻土、冰川及永久积雪等自然空间。

3．推进全国主体功能区的主要目标（了解）

根据党的十七大关于到 2020 年基本形成主体功能区布局的总体要求，推进形成主体功能区的主要目标如下。

（1）空间开发格局清晰。

“两横三纵”为主体的城市化战略格局基本形成，全国主要城市化地区集中全国大部分人口和经济总量海洋主体功能区战略格局基本形成，海洋资源开发、海洋经济发展和海洋环境保护取得明显成效。

（2）空间结构得到优化。

（3）空间利用效率提高。

单位面积城市空间创造的生产总值大幅度提高，城市建成区人口密度明显提高。

（4）区域发展协调性增强。

不同区域之间城镇居民人均可支配收入、农村居民人均纯收入和生活条件的差距缩小，扣除成本因素后的人均财政支出大体相当，基本公共服务均等化取得重大进展。

（5）可持续发展能力提升。

生态系统稳定性明显增强，生态退化面积减少，主要污染物排放总量减少，环境质量明显改善。生物多样性得到切实保护，森林覆盖率提高到23%，森林蓄积量达到150亿立方米以上。草原植被覆盖度明显提高。主要江河湖库水功能区水质达标率提高到80%左右。自然灾害防御水平提升。应对气候变化能力明显增强。

4．国家层面主体功能区中优化开发、重点开发、限制开发区域的功能定位和发展方向（熟悉）

（1）功能定位。

提升国家竞争力的重要区域，带动全国经济社会发展的龙头，全国重要的创新区域，我国在更高层次上参与国际分工及有全球影响力的经济区，全国重要的人口和经济密集区。

（2）发展方向和开发原则。

1）优化空间结构、优化城镇布局、优化人口分布。

合理控制特大城市主城区的人口规模，增强周边地区和其他城市吸纳外来人口的能力，引导人口均衡、集聚分布。

2）优化产业结构。

推动产业结构向高端、高效、高附加值转变，增强高新技术产业、现代服务业、先进制造业对经济增长的带动作用。

3）优化发展方式。

率先实现经济发展方式的根本性转变。加强区域环境监管，建立健全区域污染联防联治机制。

4）优化基础设施布局。

优化交通、能源、水利、通信、环保、防灾等基础设施的布局和建设，提高基础设施的区域一体化和同城化程度。

5）优化生态系统格局。

把恢复生态、保护环境作为必须实现的约束性目标。严格控制开发强度，加大生态环境保护投入，加强环境治理和生态修复，净化水系、提高水质，切实严格保护耕地以及水面、湿地、林地、草地和文化自然遗产，保护好城市之间的绿色开敞空间，改善人居环境。

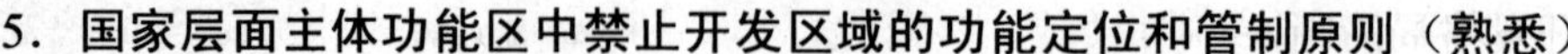

5．国家层面主体功能区中禁止开发区域的功能定位和管制原则（熟悉）

（1）功能定位。

国家禁止开发区域的功能定位是：我国保护自然文化资源的重要区域，珍稀动植物基因资源保护地。

根据法律法规和有关方面的规定，国家禁止开发区域共 1 443 处，总面积约 120 万平方公里，约占全国陆地国土面积的 12.5%。今后新设立的国家级自然保护区、世界文化自然遗产、国家级风景名胜区、国家森林公园、国家地质公园，自动进入国家禁止开发区域名录。

（2）管制原则。

国家禁止开发区域要依据法律法规规定和相关规划实施强制性保护，严格控制人为因素对自然生态和文化自然遗产原真性、完整性的干扰，严禁不符合主体功能定位的各类开发活动，引导人口逐步有序转移，实现污染物“零排放”，提高环境质量。

1）国家级自然保护区。

要依据《中华人民共和国自然保护区条例》、《全国主体功能区规划》确定的原则和自然保护区规划进行管理。

① 按核心区、缓冲区和实验区分类管理。核心区，严禁任何生产建设活动；缓冲区，除必要的科学实验活动外，严禁其他任何生产建设活动；实验区，除必要的科学实验以及符合自然保护区规划的旅游、种植业和畜牧业等活动外，严禁其他生产建设活动。

② 按核心区、缓冲区、实验区的顺序，逐步转移自然保护区的人口。绝大多数自然保护区核心区应逐步实现无人居住，缓冲区和实验区也应较大幅度减少人口。

③ 根据自然保护区的实际情况，实行异地转移和就地转移两种转移方式，一部分人口转移到自然保护区以外，一部分人口就地转为自然保护区管护人员。

④ 在不影响自然保护区主体功能的前提下，对范围较大、目前核心区人口较多的，可以保持适量的人口规模和适度的农牧业活动，同时通过生活补助等途径，确保人民生活水平稳步提高。

⑤ 交通、通信、电网等基础设施要慎重建设，能避则避，必须穿越的，要符合自然保护区规划，并进行保护区影响专题评价。新建公路、铁路和其他基础设施不得穿越自然保护区核心区，尽量避免穿越缓冲区。

2）世界文化自然遗产。

要依据《保护世界文化和自然遗产公约》、《实施世界遗产公约操作指南》、《全国主体功能区规划》确定的原则和文化自然遗产规划进行管理。

加强对遗产原真性的保护，保持遗产在艺术、历史、社会和科学方面的特殊价值。加强对遗产完整性的保护，保持遗产未被人扰动过的原始状态。

3）国家级风景名胜区。

要依据《风景名胜区条例》、《全国主体功能区规划》确定的原则和风景名胜区规划进行管理。

① 严格保护风景名胜区内一切景物和自然环境，不得破坏或随意改变。

② 严格控制人工景观建设。

③ 禁止在风景名胜区从事与风景名胜资源无关的生产建设活动。

④ 建设旅游设施及其他基础设施等必须符合风景名胜区规划，逐步拆除违反规划建设的设施。

⑤ 根据资源状况和环境容量对旅游规模进行有效控制，不得对景物、水体、植被及其他野生动植物资源等造成损害。

4）国家森林公园。

要依据《中华人民共和国森林法》、《中华人民共和国森林法实施条例》、《中华人民共和国野生植物保护条例》、《森林公园管理办法》、《全国主体功能区规划》确定的原则和森林公园规划进行管理。

① 除必要的保护设施和附属设施外，禁止从事与资源保护无关的任何生产建设活动。

② 在森林公园内以及可能对森林公园造成影响的周边地区，禁止进行采石、取土、开矿、放牧以及非抚育和更新性采伐等活动。

③ 建设旅游设施及其他基础设施等必须符合森林公园规划，逐步拆除违反规划建设的设施。

④ 根据资源状况和环境容量对旅游规模进行有效控制，不得对森林及其他野生动植物资源等造成损害。

⑤ 不得随意占用、征用和转让林地。

5）国家地质公园。

要依据《世界地质公园网络工作指南》、《全国主体功能区规划》确定的原则和地质公园规划进行管理。

① 除必要的保护设施和附属设施外，禁止其他生产建设活动。

② 在地质公园及可能对地质公园造成影响的周边地区，禁止进行采石、取土、开矿、放牧、砍伐以及其他对保护对象有损害的活动。

③ 未经管理机构批准，不得在地质公园范围内采集标本和化石。

（九）关于推进大气污染物联防联控工作改善区域空气质量的指导意见

国务院办公厅于 2010 年 5 月 11 日转发了环境保护部等部门《关于推进大气污染物联防联控工作改善区域空气质量的指导意见》，就推进区域大气污染联防联控、改善区域空气质量工作提出了要求。

1. 本指导意见的指导思想、基本原则和工作目标（了解）

（1）指导思想。

以科学发展观为指导，以改善空气质量为目的，以增强区域环境保护合力为主线，以全面削减大气污染物排放为手段，建立统一规划、统一监测、统一监管、统一评估、统一协调的区域大气污染联防联控工作机制，扎实做好大气污染防治工作。

（2）基本原则。

坚持环境保护与经济发展相结合，促进区域环境与经济协调发展;坚持属地管理与区域联动相结合，提升区域大气污染防治整体水平；坚持先行先试与整体推进相结合，率先在重点区域取得突破。

（3）工作目标。

到 2015 年，建立大气污染联防联控机制，形成区域大气环境管理的法规、标准和政策体系，主要大气污染物排放总量显著下降，重点企业全面达标排放，重点区域内所有城市空气质量达到或好于国家二级标准，酸雨、灰霾和光化学烟雾污染明显减少，区域空气质量大幅改善。确保2010年上海世博会和广州亚运会空气质量良好。

2．大气污染物联防联控的防控重点（掌握）

大气污染联防联控的重点污染物是二氧化硫、氮氧化物、颗粒物、挥发性有机物等，重点行业是火电、钢铁、有色、石化、水泥、化工等，重点企业是对区域空气质量影响较大的企业，需解决的重点问题是酸雨、灰霾和光化学烟雾污染等。

3．加大重点污染物防治力度的有关要求（了解）

（1）强化二氧化硫总量控制制度。

提高火电机组脱硫效率，完善火电厂脱硫设施特许经营制度。加大钢铁、石化、有色等行业二氧化硫减排工作力度，推进工业锅炉脱硫工作。完善二氧化硫排污收费制度。制定区域二氧化硫总量减排目标。

（2）加强氮氧化物污染减排。

建立氮氧化物排放总量控制制度。新建、扩建、改建火电厂应根据排放标准和建设项目环境影响报告书批复要求建设烟气脱硝设施，重点区域内的火电厂应在“十二五”期间全部安装脱硝设施，其他区域的火电厂应预留烟气脱硝设施空间。推广工业锅炉低氮燃烧技术，重点开展钢铁、石化、化工等行业氮氧化物污染防治。

（3）加大颗粒物污染防治力度。

使用工业锅炉的企业以及水泥厂、火电厂应采用袋式等高效除尘技术。强化施工工地环境管理，禁止使用袋装水泥和现场搅拌混凝土、砂浆，在施工场地应采取围挡、遮盖等防尘措施。加强道路清扫保洁工作，提高城市道路清洁度。实施“黄土不露天”工程，减少城区裸露地面。

（4）开展挥发性有机物污染防治。

从事喷漆、石化、制鞋、印刷、电子、服装干洗等排放挥发性有机污染物的生产作业，应当按照有关技术规范进行污染治理。推进加油站油气污染治理，按期完成重点区域内现有油库、加油站和油罐车的油气回收改造工作，并确保达标运行；新增油库、加油站和油罐车应在安装油气回收系统后才能投入使用。严格控制城市餐饮服务业油烟排放。

（十）产业结构调整的相关规定

2005年11月9日，国务院发布实施了《促进产业结构调整暂行规定》。

（1）产业结构调整的方向和重点（熟悉）。

1）巩固和加强农业基础地位，加快传统农业向现代农业转变。

加快农业科技进步，加强农业设施建设，调整农业生产结构，转变农业增长方式，提高农业综合生产能力。稳定发展粮食生产，加快实施优质粮食产业工程，建设大型商品粮生产基地，确保粮食安全。优化农业生产布局，推进农业产业化经营，加快农业标准化，促进农产品加工转化增值，发展高产、优质、高效、生态、安全农业。大力发展畜牧业，提高规模化、集约化、标准化水平，保护天然草场，建设饲料草场基地。积极发展水产业，保护和合理利用渔业资源，推广绿色渔业养殖方式，发展高效生态养殖业。因地制宜发展原料林、用材林基地，提高木材综合利用率。加强农田水利建设，改造中低产田，搞好土地整理。提高农业机械化水平，健全农业技术推广、农产品市场、农产品质量安全和动植物病虫害防控体系。积极推行节水灌溉，科学使用肥料、农药，促进农业可持续发展。

2）加强能源、交通、水利和信息等基础设施建设，增强对经济社会发展的保障能力。

坚持节约优先、立足国内、煤为基础、多元发展，优化能源结构，构筑稳定、经济、清洁的能源供应体系。以大型高效机组为重点优化发展煤电，在生态保护基础上有序开发水电，积极发展核电，加强电网建设，优化电网结构，扩大西电东送规模。建设大型煤炭基地，调整改造中小煤矿，坚决淘汰不具备安全生产条件和浪费破坏资源的小煤矿，加快实施煤矸石、煤层气、矿井水等资源的综合利用，鼓励煤电联营。实行油气并举，加大石油、天然气资源勘探和开发利用力度，扩大境外合作开发，加快油气领域基础设施建设。积极扶持和发展新能源和可再生能源产业，鼓励石油替代资源和清洁能源的开发利用，积极推进洁净煤技术产业化，加快发展风能、太阳能、生物质能等。

以扩大网络为重点，形成便捷、通畅、高效、安全的综合交通运输体系。坚持统筹规划、合理布局，实现铁路、公路、水运、民航、管道等运输方式优势互补，相互衔接，发挥组合效率和整体优势。加快发展铁路、城市轨道交通，重点建设客运专线、运煤通道、区域通道和西部地区铁路。完善国道主干线、西部地区公路干线，建设国家高速公路网，大力推进农村公路建设。优先发展城市公共交通。加强集装箱、能源物资、矿石深水码头建设，发展内河航运。扩充大型机场，完善中型机场，增加小型机场，构建布局合理、规模适当、功能完备、协调发展的机场体系。加强管道运输建设。

加强水利建设，优化水资源配置。统筹上下游、地表地下水资源调配、控制地下水开采，积极开展海水淡化。加强防洪抗旱工程建设，以堤防加固和控制性水利枢纽等防洪体系为重点，强化防洪减灾薄弱环节建设，继续加强大江大河干流堤防、行蓄洪区、病险水库除险加固和城市防洪骨干工程建设，建设南水北调工程。加大人畜饮水工程和灌区配套工程建设改造力度。

加强宽带通信网、数字电视网和下一代互联网等信息基础设施建设，推进“三网融合”，健全信息安全保障体系。

3）以振兴装备制造业为重点发展先进制造业，发挥其对经济发展的重要支撑作用。

装备制造业要依托重点建设工程，通过自主创新、引进技术、合作开发、联合制造等方式，提高重大技术装备国产化水平，特别是在高效清洁发电和输变电、大型石油化工、先进适用运输装备、高档数控机床、自动化控制、集成电路设备、先进动力装备、节能降耗装备等领域实现突破，提高研发设计、核心元器件配套、加工制造和系统集成的整体水平。

坚持以信息化带动工业化，鼓励运用高技术和先进适用技术改造提升制造业，提高自主知识产权、自主品牌和高端产品比重。根据能源、资源条件和环境容量，着力调整原材料工业的产品结构、企业组织结构和产业布局，提高产品质量和技术含量。支持发展冷轧薄板、冷轧硅钢片、高浓度磷肥、高效低毒低残留农药、乙烯、精细化工、高性能差别化纤维。促进炼油、乙烯、钢铁、水泥、造纸向基地化和大型化发展。加强铁、铜、铝等重要资源的地质勘查，增加资源地质储量，实行合理开采和综合利用。

4）加快发展高技术产业，进一步增强高技术产业对经济增长的带动作用。

增强自主创新能力，努力掌握核心技术和关键技术，大力开发对经济社会发展具有重大带动作用的高新技术，支持开发重大产业技术，制定重要技术标准，构建自主创新的技术基础，加快高技术产业从加工装配为主向自主研发制造延伸。按照产业聚集、规模化发展和扩大国际合作的要求，大力发展信息、生物、新材料、新能源、航空航天等产业，培育更多新的经济增长点。优先发展信息产业，大力发展集成电路、软件等核心产业，重点培育数字化音视频、新一代移动通信、高性能计算机及网络设备等信息产业群，加强信息资源开发和共享，推进信息技术的普及和应用。充分发挥我国特有的资源优势和技术优势，重点发展生物农业、生物医药、生物能源和生物化工等生物产业。加快发展民用航空、航天产业，推进民用飞机、航空发动机及机载系统的开发和产业化，进一步发展民用航天技术和卫星技术。积极发展新材料产业，支持开发具有技术特色以及可发挥我国比较优势的光电子材料、高性能结构和新型特种功能材料等产品。

5）提高服务业比重，优化服务业结构，促进服务业全面快速发展。坚持市场化、产业化、社会化的方向，加强分类指导和有效监管，进一步创新、完善服务业发展的体制和机制，建立公开、平等、规范的行业准入制度。发展竞争力较强的大型服务企业集团，大城市要把发展服务业放在优先地位，有条件的要逐步形成服务经济为主的产业结构。增加服务品种，提高服务水平，增强就业能力，提升产业素质。大力发展金融、保险、物流、信息和法律服务、会计、知识产权、技术、设计、咨询服务等现代服务业，积极发展文化、旅游、社区服务等需求潜力大的产业，加快教育培训、养老服务、医疗保健等领域的改革和发展。规范和提升商贸、餐饮、住宿等传统服务业，推进连锁经营、特许经营、代理制、多式联运、电子商务等组织形式和服务方式。

6）大力发展循环经济，建设资源节约和环境友好型社会，实现经济增长与人口资源环境相协调。

坚持开发与节约并重、节约优先的方针，按照减量化、再利用、资源化原则，大力推进节能节水节地节材，加强资源综合利用，全面推行清洁生产，完善再生资源回收利用体系，形成低投入、低消耗、低排放和高效率的节约型增长方式。积极开发推广资源节约、替代和循环利用技术和产品，重点推进钢铁、有色、电力、石化、建筑、煤炭、建材、造纸等行业节能降耗技术改造，发展节能省地型建筑，对消耗高、污染重、危及安全生产、技术落后的工艺和产品实施强制淘汰制度，依法关闭破坏环境和不具备安全生产条件的企业。调整高耗能、高污染产业规模，降低高耗能、高污染产业比重。鼓励生产和使用节约性能好的各类消费品，形成节约资源的消费模式。大力发展环保产业，以控制不合理的资源开发为重点，强化对水资源、土地、森林、草原、海洋等的生态保护。

7）优化产业组织结构，调整区域产业布局。

提高企业规模经济水平和产业集中度，加快大型企业发展，形成一批拥有自主知识产权、主业突出、核心竞争力强的大公司和企业集团。充分发挥中小企业的作用，推动中小企业与大企业形成分工协作关系，提高生产专业化水平，促进中小企业技术进步和产业升级。充分发挥比较优势，积极推动生产要素合理流动和配置，引导产业集群化发展。西部地区要加强基础设施建设和生态环境保护，健全公共服务，结合本地资源优势发展特色产业，增强自我发展能力。东北地区要加快产业结构调整和国有企业改革改组改造，发展现代农业，着力振兴装备制造业，促进资源枯竭型城市转型。中部地区要抓好粮食主产区建设，发展有比较优势的能源和制造业，加强基础设施建设，加快建立现代市场体系。东部地区要努力提高自主创新能力，加快实现结构优化升级和增长方式转变，提高外向型经济水平，增强国际竞争力和可持续发展能力。从区域发展的总体战略布局出发，根据资源环境承载能力和发展潜力，实行优化开发、重点开发、限制开发和禁止开发等有区别的区域产业布局。

⑧ 实施互利共赢的开放战略，提高对外开放水平，促进国内产业结构升级。

加快转变对外贸易增长方式，扩大具有自主知识产权、自主品牌的商品出口，控制高能耗高污染产品的出口，鼓励进口先进技术设备和国内短缺资源。支持有条件的企业“走出去”，在国际市场竞争中发展壮大，带动国内产业发展。提高加工贸易的产业层次，增强国内配套能力。大力发展服务贸易，继续开放服务市场，有序承接国际现代服务业转移。提高利用外资的质量和水平，着重引进先进技术、管理经验和高素质人才，注重引进技术的消化吸收和创新提高。吸引外资能力较强的地区和开发区，要着重提高生产制造层次，并积极向研究开发、现代物流等领域拓展。

（2）《促进产业结构调整暂行规定》施行后废止的相关产业目录（了解）。

1）《促进产业结构调整暂行规定》自发布之日起施行。原国家计委、国家经贸委发布的《当前国家重点鼓励发展的产业、产品和技术目录（2000 年修订）》、原国家经贸委发布的《淘汰落后生产能力、工艺和产品的目录（第一批、第二批、第三批）》和《工商投资领域制止重复建设目录（第一批）》同时废止。

2）对依据《当前国家重点鼓励发展的产业、产品和技术目录（2000 年修订）》执行的有关优惠政策，调整为依据《产业结构调整指导目录》鼓励类目录执行。外商投资企业的设立及税收政策等执行国家有关外商投资的法律、行政法规规定。

（3）推进产能过剩行业结构调整的总体要求和原则（了解）。

2006 年 3 月 12 日，国务院发布了《国务院关于加快推进产能过剩行业结构调整的通知》。

1）总体要求。

坚持以科学发展观为指导，依靠市场，因势利导，控制增能，优化结构，区别对待，扶优汰劣，力争今年迈出实质性步伐，经过几年努力取得明显成效。

2）原则。

① 充分发挥市场配置资源的基础性作用。

坚持以市场为导向，利用市场约束和资源约束增强的“倒逼”机制，促进总量平衡和结构优化。调整和理顺资源产品价格关系，更好地发挥价格杠杆的调节作用，推动企业自主创新、主动调整结构。

② 综合运用经济、法律手段和必要的行政手段。

加强产业政策引导、信贷政策支持、财税政策调节，推动行业结构调整。提高并严格执行环保、安全、技术、土地和资源综合利用等市场准入标准，引导市场投资方向。完善并严格执行相关法律法规，规范企业和政府行为。

③ 坚持区别对待，促进扶优汰劣。

根据不同行业、不同地区、不同企业的具体情况，分类指导、有保有压。坚持扶优与汰劣结合，升级改造与淘汰落后结合，兼并重组与关闭破产结合。合理利用和消化一些已经形成的生产能力，进一步优化企业结构和布局。

④ 健全持续推进结构调整的制度保障。

把解决当前问题和长远问题结合起来，加快推进改革，消除制约结构调整的体制性、机

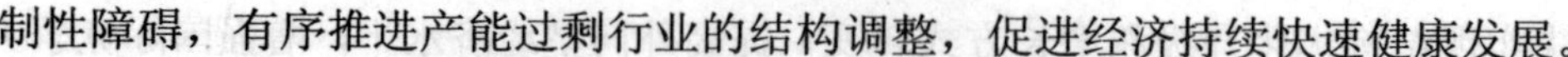

制性障碍，有序推进产能过剩行业的结构调整，促进经济持续快速健康发展。

（4）推进产能过剩行业结构调整的重点措施（熟悉）。

推进产能过剩行业结构调整，关键是要发挥市场配置资源的基础性作用，充分利用市场的力量推动竞争，促进优胜劣汰。各级政府在结构调整中的作用，一方面是通过深化改革，规范市场秩序，为发挥市场机制作用创造条件，另一方面是综合运用经济、法律和必要的行政手段，加强引导，积极推动。2006 年，要通过重组、改造、淘汰等方法，推动产能过剩行业加快结构调整步伐。

1）切实防止固定资产投资反弹。

这是顺利推进产能过剩行业结构调整的重要前提。一旦投资重新膨胀，落后产能将死灰复燃，总量过剩和结构不合理矛盾不但不能解决，而且会越来越突出。要继续贯彻中央关于宏观调控的政策，严把土地、信贷两个闸门，严格控制固定资产投资规模，为推进产能过剩行业结构调整创造必要的前提条件和良好的环境。

2）严格控制新上项目。

根据有关法律法规，制定更加严格的环境、安全、能耗、水耗、资源综合利用和质量、技术、规模等标准，提高准入门槛。对在建和拟建项目区别情况，继续进行清理整顿；对不符合国家有关规划、产业政策、供地政策、环境保护、安全生产等市场准入条件的项目，依法停止建设；对拒不执行的，要采取经济、法律和必要的行政手段，并追究有关人员责任。原则上不批准建设新的钢厂，对个别结合搬迁、淘汰落后生产能力的钢厂项目，要从严审批。提高煤炭开采的井型标准，明确必须达到的回采率和安全生产条件。所有新建汽车整车生产企业和现有企业跨产品类别的生产投资项目，除满足产业政策要求外，还要满足自主品牌、自主开发产品的条件；现有企业异地建厂，还必须满足产销量达到批准产能 80%以上的要求。提高利用外资质量，禁止技术和安全水平低、能耗物耗高、污染严重的外资项目进入。

3）淘汰落后生产能力。

依法关闭一批破坏资源、污染环境和不具备安全生产条件的小企业，分期分批淘汰一批落后生产能力，对淘汰的生产设备进行废毁处理。逐步淘汰立窑等落后的水泥生产能力；关闭淘汰敞开式和生产能力低于 1 万吨的小电石炉；尽快淘汰 5 000 千伏安以下铁合金矿热炉（特种铁合金除外）、100 立方米以下铁合金高炉；淘汰 300 立方米以下炼铁高炉和 20 吨以下炼钢转炉、电炉；彻底淘汰土焦和改良焦设施；逐步关停小油机和 5 万千瓦及以下凝汽式燃煤小机组；淘汰达不到产业政策规定规模和安全标准的小煤矿。

4）推进技术改造。

支持符合产业政策和技术水平高、对产业升级有重大作用的大型企业技术改造项目。围绕提升技术水平、改善品种、保护环境、保障安全、降低消耗、综合利用等，对传统产业实施改造提高。推进火电机组以大代小、上煤压油等工程。支持汽车生产企业加强研发体系建设，在消化引进技术的基础上，开发具有自主知识产权的技术。支持纺织关键技术、成套设备的研发和产业集群公共创新平台、服装自主品牌的建设。支持大型钢铁集团的重大技改和新产品项目，加快开发取向冷轧硅钢片技术，提升汽车板生产水平，推进大型冷、热连轧机组国产化。支持高产高效煤炭矿井建设和煤矿安全技术改造。

5）促进兼并重组。

按照市场原则，鼓励有实力的大型企业集团，以资产、资源、品牌和市场为纽带实施跨地区、跨行业的兼并重组，促进产业的集中化、大型化、基地化。推动优势大型钢铁企业与区域内其他钢铁企业的联合重组，形成若干年产 3 000 万吨以上的钢铁企业集团。鼓励大型水泥企业集团对中小水泥厂实施兼并、重组、联合，增强在区域市场上的影响力。突破现有焦化企业的生产经营格局，实施与钢铁企业、化工企业的兼并联合，向生产与使用一体化、经营规模化、产品多样化、资源利用综合化方向发展。支持大型煤炭企业收购、兼并、重组和改造一批小煤矿，实现资源整合，提高回采率和安全生产水平。

6）加强信贷、土地、建设、环保、安全等政策与产业政策的协调配合。

认真贯彻落实《国务院关于发布实施〈促进产业结构调整暂行规定〉的决定》（国发〔2005〕40 号），抓紧细化各项政策措施。对已经出台的钢铁、电解铝、煤炭、汽车等行业发展规划和产业政策，要强化落实，加强检查，在实践中不断完善。对尚未出台的行业发展规划和产业政策，要抓紧制定和完善，尽快出台。金融机构和国土资源、环保、安全监管等部门要严格依据国家宏观调控和产业政策的要求，优化信贷和土地供应结构，支持符合国家产业政策、市场准入条件的项目和企业的土地、信贷供应，同时要防止信贷投放大起大落，积极支持市场前景好、有效益、有助于形成规模经济的兼并重组；对不符合国家产业政策、供地政策、市场准入条件、国家明令淘汰的项目和企业，不得提供贷款和土地，城市规划、建设、环保和安全监管部门不得办理相关手续。坚决制止用压低土地价格、降低环保和安全标准等办法招商引资、盲目上项目。完善限制高耗能、高污染、资源性产品出口的政策措施。

7）深化行政管理和投资体制、价格形成和市场退出机制等方面的改革。

按照建设社会主义市场经济体制的要求，继续推进行政管理体制和投资体制改革，切实实行政企分开，完善和严格执行企业投资的核准和备案制度，真正做到投资由企业自主决策、自担风险，银行独立审贷；积极稳妥地推进资源性产品价格改革，健全反映市场供求状况、资源稀缺程度的价格形成机制，建立和完善生态补偿责任机制；建立健全落后企业退出机制，在人员安置、土地使用、资产处置以及保障职工权益等方面，制定出台有利于促进企业兼并重组和退出市场，有利于维护职工合法权益的改革政策；加快建立健全维护市场公平竞争的法律法规体系，打破地区封锁和地方保护。

8）健全行业信息发布制度。

有关部门要完善统计、监测制度，做好对产能过剩行业运行动态的跟踪分析。要尽快建立判断产能过剩衡量指标和数据采集系统，并有计划、分步骤建立定期向社会披露相关信息的制度，引导市场投资预期。加强对行业发展的信息引导，发挥行业协会的作用，搞好市场调研，适时发布产品供求、现有产能、在建规模、发展趋势、原材料供应、价格变化等方面的信息。同时，还要密切关注其他行业生产、投资和市场供求形势的发展变化，及时发现和解决带有苗头性、倾向性的问题，防止其他行业出现产能严重过剩。

（5）《产业结构调整指导名录》的分类（掌握）。

《产业结构调整指导目录》由鼓励、限制和淘汰三类目录组成。不属于鼓励类、限制类和淘汰类，且符合国家有关法律、法规和政策规定的，为允许类。允许类不列入《产业结构调整指导目录》。

1）鼓励类主要是对经济社会发展有重要促进作用，有利于节约资源、保护环境、产业结构优化升级，需要采取政策措施予以鼓励和支持的关键技术、装备及产品。

2）限制类主要是工艺技术落后，不符合行业准入条件和有关规定，不利于产业结构优化升级，需要督促改造和禁止新建的生产能力、工艺技术、装备及产品。

3）淘汰类主要是不符合有关法律法规规定，严重浪费资源、污染环境、不具备安全生产条件，需要淘汰的落后工艺技术、装备及产品。按照以下原则确定淘汰类产业指导目录：

4）对鼓励类投资项目，按照国家有关投资管理规定进行审批、核准或备案；各金融机构应按照信贷原则提供信贷支持；在投资总额内进口的自用设备，除财政部发布的《国内投资项目不予免税的进口商品目录（2000 年修订）》所列商品外，继续免征关税和进口环节增值税，在国家出台不予免税的投资项目目录等新规定后，按新规定执行。

5）对属于限制类的新建项目，禁止投资。投资管理部门不予审批、核准或备案，各金融机构不得发放贷款，土地管理、城市规划和建设、环境保护、质检、消防、海关、工商等部门不得办理有关手续。凡违反规定进行投融资建设的，要追究有关单位和人员的责任。

6）对淘汰类项目，禁止投资。对国家明令淘汰的生产工艺技术、装备和产品，一律不得进口、转移、生产、销售、使用和采用。

（十一）关于抑制部分行业产能过剩和重复建设引导产业健康发展的若干意见

2009 年 9 月 26 日，国务院批转发展改革委等部门《关于抑制部分行业产能过剩和重复建设引导产业健康发展若干意见的通知》。

1．当前产能过剩、重复建设问题较为突出的产业和行业（掌握）

为应对国际金融危机的冲击和影响，党中央、国务院审时度势，及时制订和实施了扩大内需、促进经济增长的一揽子计划。按照“保增长、扩内需、调结构”的总体要求，出台了钢铁等十个重点产业调整和振兴规划，在推动结构调整方面提出了控制总量、淘汰落后、兼并重组、技术改造、自主创新等一系列对策措施，各地也相继出台了一些扶持产业发展的政策措施。目前政策效应已初步显现，工业增速稳中趋升，企业生产经营困难情况有所缓解，产业发展总体向好。

但从当前产业发展状况看，结构调整虽取得一定进展，但总体进展不快，各地区、各行业也不平衡。不少领域产能过剩、重复建设问题仍很突出，有的甚至还在加剧。特别需要关注的是，不仅钢铁、水泥等产能过剩的传统产业仍在盲目扩张，风电设备、多晶硅等新兴产业也出现了重复建设倾向，一些地区违法、违规审批，未批先建、边批边建现象又有所抬头。

此外，电解铝、造船、大豆压榨等行业产能过剩矛盾也十分突出，一些地区和企业还在规划新上项目。目前，全球范围内电解铝供过于求，我国电解铝产能为 1 800 万吨，占全球 42.9%，产能利用率仅为 73.2%；我国造船能力为 6 600 万载重吨，占全球的 36%，而 2008 年国内消费量仅为 1 000 万载重吨左右，70%以上产量靠出口；大型锻件存在着产能过剩的隐忧；化肥行业氮肥和磷肥自给有余，钾肥严重短缺，产业结构亟待进一步优化。

2．抑制产能过剩和重复建设的政策导向及环境监管措施（了解）

（1）主要原则。

1）控制增量和优化存量相结合。

2）分类指导和有保有压相结合。

3）培育新兴产业和提升传统产业相结合。

4）市场引导和宏观调控相结合。

（2）产业政策导向。

1）钢铁。

分利用当前市场倒逼机制，在减少或不增加产能的前提下，通过淘汰落后、联合重组和城市钢厂搬迁，加快结构调整和技术进步，推动钢铁工业实现由大到强的转变。不再核准和支持单纯新建、扩建产能的钢铁项目。

2）水泥。

严格控制新增水泥产能，执行等量淘汰落后产能的原则，对 2009 年 9 月 30 日前尚未开工水泥项目一律暂停建设并进行一次认真清理，对不符合上述原则的项目严禁开工建设。

3）平板玻璃。

严格控制新增平板玻璃产能，遵循调整结构、淘汰落后、市场导向、合理布局的原则，发展高档用途及深加工玻璃。对现有在建项目和未开工项目进行认真清理，对所有拟建的玻璃项目，各地方一律不得备案。鼓励企业联合重组，在符合规划的前提下，支持大企业集团发展电子平板显示玻璃、光伏太阳能玻璃、低辐射镀膜等技术含量高的玻璃以及优质浮法玻璃项目。

4）煤化工。

要严格执行煤化工产业政策，遏制传统煤化工盲目发展，今后三年停止审批单纯扩大产能的焦炭、电石项目。禁止建设不符合《焦化行业准入条件（2008 年修订）》和《电石行业准入条件（2007 年修订）》的焦化、电石项目。

5）多晶硅。

研究扩大光伏市场国内消费的政策，支持用国内多晶硅原料生产的太阳能电池以满足国内需求为主，兼顾国际市场。

6）风电设备。

抓住大力发展风电等可再生能源的历史机遇，把我国的风电装备制造业培育成具有自主创新能力和国际竞争力的新兴产业。严格控制风电装备产能盲目扩张，鼓励优势企业做大做强，优化产业结构，维护市场秩序。

（3）抑制产能过剩和重复建设的环境监管措施。

推进开展区域产业规划的环境影响评价。区域内的钢铁、水泥、平板玻璃、传统煤化工、多晶硅等高耗能、高污染项目环境影响评价文件必须在产业规划环评通过后才能受理和审批。未通过环境评价审批的项目一律不准开工建设。环保部门要切实负起监管责任，定期发布环保不达标的生产企业名单。对使用有毒、有害原料进行生产或者在生产中排放有毒、有害物质的企业限期完成清洁生产审核，对达不到排放标准或超过排污总量指标的生产企业实行限期治理，未完成限期治理任务的，依法予以关闭。对主要污染物排放超总量控制指标的地区，要暂停增加主要污染物排放项目的环评审批。

（十二）环境保护部关于贯彻落实抑制部分行业产能过剩和重复建设引导产业健康发展的通知

2009 年 10 月 31 日，环境保护部印发了《关于贯彻落实抑制部分行业产能过剩和重复建设引导产业健康发展的通知》。

1. 提高环境保护准入门槛，严格建设项目环境影响评价管理的有关要求（熟悉）

（1）提高环保准入门槛。

制定和完善环境保护标准体系，严格执行污染物排放标准、清洁生产标准和其他环境保护标准，严格控制物耗能耗高的项目准入。严格产能过剩、重复建设行业企业的上市环保核查，建立并完善上市企业环保后督察制度，提高总量控制要求。进一步细化产能过剩、重复建设行业的环保政策和环境影响评价审批要求。

（2）加强区域产业规划环境影响评价。

认真贯彻执行《规划环境影响评价条例》（国务院第559号令），做好本区域的产业规划环境影响评价工作，以区域资源承载力、环境容量为基础，以节能减排、淘汰落后产能为目标，从源头上优化产能过剩、重复建设行业建设项目的规模、布局以及结构。未开展区域产业规划环境影响评价、规划环境影响评价未通过审查的、规划发生重大调整或者修编而未经重新或者补充环境影响评价影响评价和审查的，一律不予受理和审批区域内上述行业建设项目环境影响评价文件。

（3）严格建设项目环评审批。

严格遵守环境影响评价审批中“四个不批，三个严格”的要求。原则上不得受理和审批扩大产能的钢铁、水泥、平板玻璃、多晶硅、煤化工等产能过剩、重复建设项目的环境影响评价文件。在国家投资项目核准目录出台之前，确有必要建设的淘汰落后产能、节能减排的项目环境影响评价文件，需报我部审批。未完成主要污染物排放总量减排任务的地区，一律不予受理和审批新增排放总量的上述行业建设项目环境影响评价文件。

2. 加强环境监管，严格落实环境保护“三同时”制度的有关要求（熟悉）

（1）清查突出环境问题并责令整改。

2009年年底前，开展“十一五”期间审批的钢铁、水泥、平板玻璃、多晶硅、煤化工、石油化工、有色冶金等行业建设项目环境影响评价的清查，重点调查环境影响评价、施工期环境监理、环保“三同时”验收、日常环境监管等方面情况，对突出环境问题责令整改，于2010年1月15日前将整改情况报送我部。

（2）强化项目建设过程环境监管。

加强建设项目施工期日常监管和现场执法，督促建设单位落实环评批复的各项环保措施，开展工程环境监理，确保建设项目环境保护“三同时”制度落到实处。

（3）加强建设项目竣工环保验收工作。

加强对申请试生产项目环保设施和措施落实情况的现场检查。对环境保护“三同时”制度落实不到位的项目，责令限期整改。

（十三）外商投资产业指导目录

外商投资产业指导目录的分类（掌握）

2007年10月31日，国家发展和改革委员会、商务部联合发布了《外商投资产业指导目录（2007年修订）》目录分为鼓励外商投资产业目录、限制外商投资产业目录和禁止外商投资产业目录。其中，禁止外商投资产业目录主要包括以下内容。

（1）农、林、牧、渔业。

1）我国稀有和特有的珍贵优良品种的研发、养殖以及相关繁殖材料的生产。

2）转基因生物研发和转基因农作物种子、种畜禽、水产苗种生产。

3）我国管辖海域及内陆水域水产品捕捞。

（2）采矿业。

1）钨、钼、锡、锑、萤石勘查、开采。

2）稀土勘查、开采、选矿。

3）放射性矿产的勘查、开采、选矿。

（3）制造业。

1）饮料制造业：我国传统工艺的绿茶及特种茶加工。

2）医药制造业：①列入《野生药材资源保护条例》和《中国珍稀、濒危保护植物名录》的中药材加工；②中药饮片的蒸、炒、炙、煅等炮制技术的应用及中成药保密处方产品的生产。

3）有色金属冶炼及压延加工业：放射性矿产的冶炼、加工。

4）专用设备制造业：武器弹药制造。

5）电气机械及器材制造业：开口式铅酸电池、含汞扣式氧化银电池、含汞扣式碱性锌锰电池、糊式锌锰电池、镉镍电池制造。

6）工业品及其他制造业：①象牙雕刻；②虎骨加工；③脱胎漆器生产；④珐琅制品生产；⑤宣纸、墨锭生产；⑥致癌、致畸、致突变产品和持久性有机污染物产品生产。

（4）电力、煤气及水的生产和供应业。

小电网外，单机容量30万千瓦及以下燃煤凝汽火电站、单机容量10万千瓦及以下燃煤凝汽抽汽两用热电联产电站的建设、经营。

（5）交通运输、仓储和邮政业

1）空中交通管制公司。

2）邮政公司、信件的国内快递业务。

（6）租赁和商务服务业。

（7）科学研究、技术服务和地质勘查业。

（8）水利、环境和公共设施管理业

1）自然保护区和国际重要湿地的建设、经营。

2）国家保护的原产于我国的野生动、植物资源开发。

（9）教育。

义务教育机构，军事、警察、政治和党校等特殊领域教育机构。

（10）文化、体育和娱乐业。

1）新闻机构。

2）图书、报纸、期刊的出版业务。

3）音像制品和电子出版物的出版、制作业务。

4）各级广播电台（站）、电视台（站）、广播电视频道（率）、广播电视传输覆盖网。

5）广播电视节目制作经营公司。

6）电影制作公司、发行公司、院线公司。

7）新闻网站、网络视听节目服务、互联网上网服务营业场所、互联网文化经营（音乐除外）。

8）高尔夫球场、别墅的建设、经营。

9）博彩业。

10）色情业。

11）其他行业。

（11）危害军事设施安全和使用效能的项目。

（12）国家和我国缔结或者参加的国际条约规定禁止的其他产业。

（十四）废弃危险化学品污染环境防治办法

《废弃危险化学品污染环境防治办法》于 2005 年 8 月 18 日由原国家环境保护总局 2005 年第十四次局务会议通过，自 2005 年 10 月 1 日起施行。

1．废弃危险化学品的含义（熟悉）

《废弃危险化学品污染环境防治办法》所称废弃危险化学品，是指未经使用而被所有人抛弃或者放弃的危险化学品，淘汰、伪劣、过期、失效的危险化学品，由公安、海关、质检、工商、农业、安全监管、环保等主管部门在行政管理活动中依法收缴的危险化学品以及接收的公众上交的危险化学品。

废弃危险化学品属于危险废物，列入《国家危险废物名录》。

2．本办法的适用范围（了解）

《废弃危险化学品污染环境防治办法》适用于中华人民共和国境内废弃危险化学品的产生、收集、运输、贮存、利用、处置活动污染环境的防治。

实验室产生的废弃试剂、药品污染环境的防治，也适用该办法。

盛装废弃危险化学品的容器和受废弃危险化学品污染的包装物，按照危险废物进行管理。

该办法未作规定的，适用有关法律、行政法规的规定。

3．危险化学品的生产、存储、使用单位转产、停产、停业或者解散的环境保护有关规定（熟悉）

危险化学品的生产、储存、使用单位转产、停产、停业或者解散的，应当按照《危险化学品安全管理条例》有关规定对危险化学品的生产或者储存设备、库存产品及生产原料进行妥善处置，并按照国家有关环境保护标准和规范，对厂区的土壤和地下水进行检测，编制环境风险评估报告，报县级以上环境保护部门备案。

对场地造成污染的，应当将环境恢复方案报经县级以上环境保护部门同意后，在环境保护部门规定的期限内对污染场地进行环境恢复。对污染场地完成环境恢复后，应当委托环境保护检测机构对恢复后的场地进行检测，并将检测报告报县级以上环境保护部门备案。

（十五）国家危险废物名录

《国家危险废物名录》于 2008 年 6 月 6 日由环境保护部、国家发展和改革委员会发布，自 2008 年 8 月 1 日起施行。

1．列入本名录的危险物类别（了解）

《国家危险废物名录》共列入了 49 类危险废物。

2．列入本名录危险物范围的原则规定（了解）

《国家危险废物名录》第二条至第六条规定如下。

第二条：具有下列情形之一的固体废物和液态废物，列入本名录：

（1）具有腐蚀性、毒性、易燃性、反应性或者感染性等一种或者几种危险特性的；

（2）不排除具有危险特性，可能对环境或者人体健康造成有害影响，需要按照危险废物进行管理的。

第三条：医疗废物属于危险废物。《医疗废物分类目录》根据《医疗废物管理条例》另行制定和公布。

第四条：未列入本名录和《医疗废物分类目录》的固体废物和液态废物，由国务院环境保护行政主管部门组织专家，根据国家危险废物鉴别标准和鉴别方法认定具有危险特性的，属于危险废物，适时增补进本名录。

第五条：危险废物和非危险废物混合物的性质判定，按照国家危险废物鉴别标准执行。

第六条：家庭日常生活中产生的废药品及其包装物、废杀虫剂和消毒剂及其包装物、废油漆和溶剂及其包装物、废矿物油及其包装物、废胶片及废相纸、废荧光灯管、废温度计、废血压计、废镍镉电池和氧化汞电池以及电子类危险废物等，可以不按照危险废物进行管理。

将前款所列废弃物从生活垃圾中分类收集后，其运输、贮存、利用或者处置，按照危险废物进行管理。

三、例题分析

（一）单项选择题

1．在环境容量有限、自然资源供给不足而经济相对发达的地区实行优化开发，坚持（　　），大力发展高新技术，优化产业结构，加快产业和产品的升级换代，同时率先完成排污总量削减任务，做到增产减污。

A．资源优先　　B．资源与环境优先

C．生态平衡优先　　D．环境优先

【答案】D

【解析】经济社会发展必须与环境保护相协调的有关要求：促进地区经济与环境协调发展。各地区要根据资源禀赋、环境容量、生态状况、人口数量以及国家发展规划和产业政策，明确不同区域的功能定位和发展方向，将区域经济规划和环境保护目标有机结合起来。在环境容量有限、自然资源供给不足而经济相对发达的地区实行优化开发，坚持环境优先，大力发展高新技术，优化产业结构，加快产业和产品的升级换代，同时率先完成排污总量削减任务，做到增产减污。在环境仍有一定容量、资源较为丰富、发展潜力较大的地区实行重点开发，加快基础设施建设，科学合理利用环境承载能力，推进工业化和城镇化，同时严格控制污染物排放总量，做到增产不增污。在生态环境脆弱的地区和重要生态功能保护区实行限制开发，在坚持保护优先的前提下，合理选择发展方向，发展特色优势产业，确保生态功能的恢复与保育，逐步恢复生态平衡。在自然保护区和具有特殊保护价值的地区实行禁止开发，依法实施保护，严禁不符合规定的任何开发活动。

2．《国务院关于落实科学发展观加强环境保护的决定》要求：要按照（　　）的原则，根据生态环境的要求，进行产品和工业区的设计与改造，促进循环经济的发展。

A．减量化、再利用、资源化　　B．增量化、再利用、资源化

C．减量化、循环化、资源化　　D．增量化、循环化、资源化

【答案】A

【解析】经济社会发展必须与环境保护相协调的有关要求：大力发展循环经济。各地区、各部门要把发展循环经济作为编制各项发展规划的重要指导原则，制订和实施循环经济推进计划，加快制定促进发展循环经济的政策、相关标准和评价体系，加强技术开发和创新体系建设。要按照“减量化、再利用、资源化”的原则，根据生态环境的要求，进行产品和工业区的设计与改造，促进循环经济的发展。

3．除了以热定电的热电厂外，我国禁止在大中城市城区及近郊区新建（　）火电厂。

A．燃油　　B．燃气　　C．燃煤　　D．燃沼气

【答案】C

【解析】禁止新建煤层含硫份大于 3%的矿井，建成的生产煤层含硫份大于 3%的矿井，逐步实行限产或关停。新建、改造含硫份>1.5%的煤矿，应当配套建设相应规模的煤炭洗选设施。现有煤矿应按照规划的要求分期分批补建煤炭洗选设施。城市燃用的煤炭和燃料重油的含硫量，必须符合当地城市人民政府的规定。限产或关停高硫煤矿，加快发展动力煤洗选加工，降低城市燃料含硫量；除以热定电的热电外，禁止在大中城市城区及近郊区新建燃煤火电厂。新建、改造燃煤含硫量大于 1%的电厂，必须建设脱硫设施。

4．钢铁投资建设项目的条件之一为：烧结机使用面积达到 180 m^2 及以上、焦炉炭化室高度达到 4.3 m 及以上、高炉容积达到（　　）及以上、转炉容积达到 100 t 及以上、电炉容积达到 60 t 及以上。

A．1 000　　B．1 500　　C．2 000　　D．2 500

【答案】A

【解析】钢铁投资建设项目的条件如下。

（1）烧结机使用面积达到 180 m^2 及以上、焦炉炭化室高度达到 4.3 m 及以上、高炉容积达到 1 000 m^3 及以上、转炉容积达到 100 t 及以上、电炉容积达到 60 t 及以上。

（2）高炉必须同步配套建设煤粉喷吹装置、炉前粉尘捕食装置，大型高炉要配套建设余压发电装置；焦炉必须同步配套建设干熄焦、装煤、捕焦除尘装置；转炉必须同步配套建设转炉煤气回收装置；电炉必须配套烟尘回收装置。

（3）新建钢铁联合企业，吨钢综合能耗低于 0.7 t 标煤，吨钢耗新水低于 6 t，符合清洁生产要求，污染物排放指标达到环保标准要求。

（4）矿石、焦炭、供水、交通运输等外部条件要具备并落实。

（5）钢铁建设项目要节约用地，严格土地管理。

5．《电石行业准入条件》中规定：新建电石生产装置单台炉容量不小于（　　）kVA。

A．5 000　　B．12 500　　C．25 000　　D．50 000

【答案】C

【解析】《电石行业准入条件》中规定：“新建电石生产装置单台炉容量≥25 000kVA；中西部具有独立运行的小水电及矿产资源优势的国家确定的重点贫困地区，单台炉容量≥12 500kVA。”

6．对供热式汽轮发电机组的蒸汽既发电又供热的常规热电联产系统，其总热效率年平均大于（　　）才能立项。

A．35%　　B．45%　　C．55%　　D．65%

【答案】B

【解析】供热式汽轮发电机组的蒸汽流既发电又供热的常规热电联产，总热效率年平均>45%：总热效率=（供热量+供电量×3 600kJ/（kW·h））/（燃料总消耗量×燃料单位低位热值）×100%。

7．《产业结构调整指导目录》由（　　）目录组成。

A．鼓励、限制和淘汰三类　　B．鼓励、限制、淘汰、允许四类

C．允许、限制和淘汰三类　　D．鼓励、允许和淘汰三类

【答案】A

【解析】《产业结构调整指导目录（2005 年本）》由鼓励、限制和淘汰三类目录组成。不属于鼓励类、限制类和淘汰类，且符合国家有关法律、法规和政策规定的，为允许类。允许类不列入《产业结构调整指导目录（2005 年本）》。

8．《关于加强饮食娱乐服务企业环境管理的通知》中指出，在（　　），不得兴办产生噪声污染的娱乐场点、机动车修配厂及其他超标准排放噪声的加工厂。

A．居民楼内　　B．高校附近　　C．小学附近　　D．市中心

【答案】A

【解析】《关于加强饮食娱乐服务企业环境管理的通知》主要有以下要求。

（1）饮食、娱乐、服务企业的选址，必须符合当地城市规划和环境功能要求，配置防治污染的设施，保护周围的生活环境。上述企业的建设和经营，必须遵守国家环境保护法律、法规、规章和标准，防止环境污染。

（2）饮食企业必须设置收集油烟、异味的装置，并通过专门的烟囱排放，禁止利用居民楼内的烟道排放。专用烟囱排放的高度和位置，应以不影响周围的居民生活环境为原则。

（3）燃煤锅炉必须使用型煤或其他清洁燃料，烧煤的炉灶必须配装消烟除尘器，禁止原煤散烧。排放的烟尘，应达到国家和地方规定的排放标准。

（4）在居民楼内，不得兴办产生噪声污染的娱乐场点、机动车修配厂及其他超标准排放噪声的加工厂。在城镇人口集中区内兴办娱乐场点和排放噪声的加工厂，必须采取相应的隔声措施，并限制夜间经营时间，达到规定的噪声标准。

9．电厂锅炉、大型工业锅炉和窑炉使用中、高硫份燃煤的，应采用（　　）技术；中小型工业锅炉和炉窑，应优先使用优质低硫煤、洗选煤等低污染燃料或其他清洁能源。

A．烟气固硫　　B．烟气脱硫　　C．烟气脱氮　　D．烟气固氮

【答案】B

【解析】《燃煤二氧化硫排放污染防治技术政策》的技术路线是：电厂锅炉、大型工业锅炉和窑炉使用中、高硫份燃煤的，应采用烟气脱硫技术；对于中小型工业锅炉和炉窑，应优先使用优质低硫煤、洗选煤或其他清洁能源；城市民用炉灶鼓励使用电、轻油、燃气和固硫型煤等清洁能源。

10．城镇民用炊事炉灶、茶浴炉以及产热量在（　　）采暖炉应禁止燃用原煤，提倡使用电、燃气等清洁能源或固硫型煤等低污染燃料，并应同时配套高效炉具。

A．0.6 MW 以下　B．0.7 MW 以下　C．0.8 MW 以下　D．0.9 MW 以下

【答案】B

【解析】本题考查能源合理利用这一知识点。

（1）鼓励可再生能源和清洁能源的开发利用，逐步改善以煤为主的能源结构。

（2）通过产业和产品结构调整，逐步淘汰落后工艺和产品，关闭或改造布局不合理、煤烟污染严重的小企业；鼓励工业企业进行节能技术改造，推行清洁生产，提高能源利用效率。

（3）逐步提高城市用电、气、轻油等清洁能源比例，清洁能源应优先供应民用燃烧设施和小型工业燃烧设施。

（4）城市地区应统筹规划，统一解决热源，发展集中供热和以热定电的热电联产，替代热网区内的分散小锅炉；热网区外和未进行集中供热的城市地区，新建燃煤锅炉的产热量应在 4 t/h 以上。

（5）城市地区民用炊事炉灶、茶浴炉以及 0.7 MW 以下采暖炉应禁止燃用原煤，提倡使用燃气、轻油、电和固硫型煤等清洁能源，并应同时配套高效炉具。

11．燃用含硫量 2%煤的机组、或大容量机组（200 MW）的电厂锅炉建设烟气脱硫设施时，宜优先考虑采用（　　）工艺，脱硫率应保证在 90%以上，投运率应保证在电厂正常发电时间的 95%以上。

A．湿式石灰石—石膏法　　B．氢氧化钠

C．湿式石灰石—氢氧化钠　　D．湿式碳酸氢钙—石膏法

【答案】A

【解析】本题考查烟气脱硫这一知识点。

电厂锅炉使用中、高硫煤的必须配套安装烟气脱硫设施进行脱硫。

（1）新、扩、改建燃煤电厂，若燃煤含硫量>0.7%（标煤）的，应在建炉同时建设烟气脱硫设施。烟气脱硫设施应在主机投运同时投入使用。

（2）已建的火电厂，若 SO_2 排放未达排放标准或未达到当地排放总量许可要求、剩余寿命高于10年的，应补建烟气脱硫设施。

（3）已建的火电厂，若 SO_2 排放未达排放标准或未达到当地排放总量许可要求、剩余寿命低于 10 年的，可采取低硫煤替代或其他具有同样 SO_2 减排效果的措施，实现达标排放，并满足 SO_2 总量控制要求。

电厂锅炉烟气脱硫的技术路线是：

（1）燃用中高硫煤（含硫≥2%）机组或大容量机组（i>200 MW）的电厂锅炉建设烟气脱硫设施时，宜优先考虑采用湿式石灰石—石膏法工艺，脱硫率应保证在 90%以上，投运率应保证在电厂正常发电时间的 98%以上。

（2）燃用中、低硫煤（含硫<2%）的中小电厂锅炉（<200 MW），或是剩余寿命低于 10 年的老机组建设烟气脱硫设施时，宜优先采用半干法、干法或其他费用较低的成熟技术，所选技术应在国内已进行过 100 MW 或以上规模的应用或示范，脱硫率应保证在 75%以上，投运率应保证在电厂正常发电时间的 95%以上。

12．设市城市和重点流域及水资源保护区的建制镇，必须建设（　　），可分期分批实施。

A．一级污水处理设施　　B．一级强化污水处理设施

C．二级污水处理设施　　D．二级强化污水处理设施

【答案】C

【解析】本题考查城市污水处理技术原则这一知识点。

设市城市和重点流域及水资源保护区的建制镇，必须建设二级污水处理设施，可分期分批实施。受纳水体为封闭或半封闭水体时，为防治富营养化，城市污水应进行二级强化处理，增强除磷脱氮的效果。非重点流域和非水源保护区的建制镇，根据当地经济条件和水污染控制要求，可先行一级强化处理，分期实现二级处理。

13．对于新城区，城市污水的收集系统应优先考虑采用完全（　　）。

A．分流制　　B．截流式的合流制

C．合流制　　D．分质分流制

【答案】A

【解析】本题考查城市污水收集系统的有关要求这一知识点。

（1）在城市排水专业规划中应明确排水体制和退水出路。

（2）对于新城区，应优先考虑采用完全分流制；对于改造难度很大的旧城区合流制排水系统，可维持合流制排水系统，合理确定截留倍数。在降雨量很少的城市，可根据实际情况采用合流制。

14．污水二级强化处理工艺是指除有效去除碳源污染物外，且具备较强的（　）功能的处理工艺。

A．除硫脱氮　　B．除硫脱磷　　C．除砷脱氮　　D．除磷脱氮

【答案】D

【解析】二级强化处理工艺是指除有效去除碳源污染物外，且具备较强的除磷脱氮功能的处理工艺。在对氮、磷污染物有控制要求的地区，日处理能力在10万m^3以上的污水处理设施，一般选用A/O法、A/A/O法等技术，也可审慎选用其他的同效技术。

15．城市生活垃圾卫生填埋稳定后，经监测，论证和有关部门审定后，可以对土地进行适宜的开发利用，但不宜用作（　　）。

A．工业用地　　B．建筑用地　　C．农业用地　　D．林业用地

【答案】B

【解析】本题考查卫生填埋处理这一知识点。

（1）卫生填埋是垃圾处理必不可少的最终处理手段，也是现阶段我国垃圾处理的主要方式。

（2）卫生填埋场的规划、设计、建设、运行和管理应严格按照《城市生活垃圾卫生填埋技术标准》、《生活垃圾填埋污染控制标准》和《生活垃圾填埋场环境监测技术标准》等要求执行。

（3）科学合理地选择卫生填埋场场址，以利于减少卫生填埋对环境的影响。

（4）场址的自然条件符合标准要求的，可采用天然防渗方式；不具备天然防渗条件的，应采用人工防渗技术措施。

（5）场内应实行雨水与污水分流，减少运行过程中的渗沥水（渗滤液）产生量。

（6）设置渗沥水收集系统，鼓励将经过适当处理的垃圾渗沥水排入城市污水处理系统。不具备上述条件的，应单独建设处理设施，达到排放标准后方可排入水体。渗沥水也可以进行回流处理，以减少处理量，降低处理负荷，加快卫生填埋场稳定化。

（7）应设置填埋气体导排系统，采取工程措施，防止填埋气体侧向迁移引发的安全事故。尽可能对填埋气体进行回收和利用；对难以回收和无利用价值的，可将其导出处理后排放。

（8）填埋时应实行单元分层作业，做好压实和每日覆盖。

（9）填埋终止后，要进行封场处理和生态环境恢复，继续引导和处理渗沥水、填埋气体。在卫生填埋场稳定以前，应对地下水、地表水、大气进行定期监测。

（10）卫生填埋场稳定后，经监测、论证和有关部门审定后，可以对土地进行适宜的开发利用，但不宜用作建筑用地。

16．危险废物的收集运输单位、处理处置设施的设计、施工和运营单位应具有相应的（　　）。

A．注册资金　　B．技术等级　　C．技术资质　　D．运营车辆

【答案】C

【解析】《危险废物污染防治技术政策》规定："危险废物的收集运输单位，处理处置设施的设计、施工和运营单位应具有相应的技术资质。"

17．（　　）必须进行回收利用，不得用其他办法进行处置，其收集、运输环节必须纳入危险废物管理。

A．含镍电池　　B．含氢电池　　C．废铅酸电池　　D．含汞电池

【答案】C

【解析】（1）国家和地方各级政府应制定技术、经济政策淘汰含汞、镉的电池。生产企业应按照国家法律和产业政策，调整产品结构，按期淘汰含汞、镉电池。

（2）在含汞、镉的电池被淘汰之前，城市生活垃圾处理单位应建立分类收集、贮存、处理设施，对废电池进行有效的管理。

（3）提倡废电池的分类收集，避免含汞、镉废电池混入生活垃圾焚烧设施。

（4）废铅酸电池必须进行回收利用，不得用其他办法进行处置，其收集、运输环节必须纳入危险废物管理。鼓励发展年处理规模在 2 万 t 以上的废铅酸电池回收利用，淘汰小型的再生铅企业，鼓励采用湿法再生铅生产工艺。

18．对于存在污染的矿山废弃地，不宜复垦作为（　　）用地。

A．工业生产　　B．农牧业生产　　C．建筑　　D．林业

【答案】B

【解析】本题考查废弃地复垦的有关要求这一知识点。

（1）矿山开采企业应将废弃地复垦纳入矿山日常生产与管理，提倡采用采（选）矿—排土（尾）—造地—复垦一体化技术。

（2）矿山废弃地复垦应做可垦性试验，采取最合理的方式进行废弃地复垦。对于存在污染的矿山废弃地，不宜复垦作为农牧业生产用地；对于可开发为农牧业用地的矿山废弃地，应对其进行全面的监测与评估。

19．矿产资源的开发应推行循环经济的（　　）的技术原则。

A．消除污染　　B．污染物减量、资源再利用和循环利用

C．环境保护　　D．无害化发展

【答案】B

【解析】矿产资源的开发应推行循环经济的"污染物减量、资源再利用和循环利用"的技术原则，具体包括：①发展绿色开采技术，实现矿区生态环境无损或受损最小；②发展干法或节水的工艺技术，减少水的使用量；③发展无废或少废的工艺技术，最大限度地减少废

弃物的产生；④矿山废物按照先提取有价金属、组分或利用能源，再选择用于建材或其他用途，最后进行无害化处理处置的技术原则。

20. 日处理能力在 20 万 m^3 以上（不包括 20 万 m^3/日）的污水处理设施的二级处理工艺，一般采用（　　）。

A．生物接触氧化法　　B．厌氧法

C．常规活性污泥法　　D．SBR 法

【答案】C

【解析】二级处理工艺的有关技术要求：①日处理能力在 20 万 m^3 以上（不包括 20 万 m^3/日）的污水处理设施，一般采用常规活性污泥法。也可采用其他成熟技术；②日处理能力在 10 万～20 万 m^3 的污水处理设施，可选用常规活性污泥法、氧化沟法、SBR 法和 AB 法等成熟工艺；③日处理能力在 10 万 m^3 以下的污水处理设施，可选用氧化沟法、SBR 法、水解好氧法、AB 法和生物滤池法等技术，也可选用常规活性污泥法。

四、练习题

一、单项选择题

1.（　　）适用于任何产生危险废物的工艺过程。

A．危险废物减量化　　B．清洁生产

C．安全生产　　D．危险废物回收利用

2.《国务院关于落实科学发展观加强环境保护的决定》要求，各地区、各部门要把发展（　　）作为编制各项发展规划的重要指导原则。

A．循环经济　　B．市场经济

C．计划经济　　D．社会主义市场经济

3.《国务院关于落实科学发展观加强环境保护的决定》要求，在消费环节，要大力倡导（　　）的消费方式，实行环境标识、环境认证和政府绿色采购制度，完善再生资源回收利用体系。

A．环境友好　　B．保护环境　　C．增产节约　　D．资源循环利用

4.《国务院关于落实科学发展观加强环境保护的决定》中指出，以（　　）为重点，加强水污染防治。要科学划定和调整饮用水水源保护区，切实加强饮用水水源保护，建设好城市备用水源，解决好农村饮水安全问题。

A．保护水源地　　B．城市污水处理

C．饮水安全和重点流域治理　　D．强化污染防治

5.《国务院关于落实科学发展观加强环境保护的决定》提出，以（　　）为重点，推进大气污染防治。

A．降低二氧化硫排放总量　　B．降低氮氧化物排放总量

C．降低碳氧化物排放总量　　D．降低氟化物排放总量

6.《国务院关于落实科学发展观加强环境保护的决定》提出，以（　　）为重点，加强农村环境保护。

A．防治土壤污染　　B．防治大气污染　　C．防治水污染　　D．防治农药污染

7. 据《国家环境保护“九五”计划和 2010 年远景目标》，到 2010 年，二氧化硫排放总

量控制在（　　）排放水平以内。

A．1999 年　　B．2000 年　　C．2001 年　　D．2002 年

8．据《国家环境保护“九五”计划和 2010 年远景目标》，到 2010 年，城市环境空气二氧化硫浓度达到国家环境质量标准，酸雨控制区降水 pH 值小于 4.5 的面积（　　）。

A．比上一年明显减少　　B．与“八五”末持平

C．比 2000 年有明显减少　　D．二十年来达到最低

9．建设项目确需占用生态用地的，应严格依法报批和补偿，并实行（　　）的制度，确保恢复面积不少于占用面积。

A．禁止占用耕地　　B．占一补一　　C．谁破坏谁恢复　　D．谁审批谁负责

10．生物物种资源的开发应在（　　）的前提下进行。

A．规范采挖方式　　B．保护物种多样性和确保生物安全

C．逐步划定准采区　　D．加强生物安全管理

11．生产《资源综合利用目录（2003 年修订）》所列产品的企业必须符合国家的（　　），产品必须达到相关的标准。

A．经济发展要求　　B．技术经济政策　　C．产业政策　　D．技术政策

12．新建钢铁联合企业，吨钢综合能耗低于（　　）标煤，吨钢耗新水低于 6 t，符合清洁生产要求，污染物排放指标达到环保标准要求。

A．0.7 t　　B．0.8 t　　C．0.9 t　　D．1 t

13．《关于制止钢铁电解铝水泥行业盲目投资若干意见的通知》中，限定在 2004 年底前淘汰尚存的（　　）生产能力电解铝企业。

A．立波尔窑　　B．机空窑　　C．自焙槽　　D．中空窑

14．钢铁产业布局调整，原则上不再（　　）新的钢铁联合企业、独立炼铁厂、炼钢厂，不提倡建设独立轧钢厂。

A．单独建设　　B．改造　　C．扩建　　D．批准

15．新建钢铁联合企业，吨钢综合能耗低于 0.7 t 标煤，吨钢耗新水低于（　　），符合清洁生产要求，污染物排放指标达到环保标准要求。

A．6 t　　B．7 t　　C．9 t　　D．5 t

16．沿海深水港地区建设钢铁项目，高炉有效容积要大于（　　）m^3；转炉公称容量大于 200 t，钢生产规模 800 万 t 及以上。

A．2 000　　B．3 000　　C．4 000　　D．5 000

17．沿海深水港地区建设钢铁项目，高炉有效容积要大于 3 000m^3；转炉公称容量大于 200t，钢生产规模（　　）万 t 及以上。

A．800　　B．600　　C．1 000　　D．500

18．钢铁联合企业技术经济指标应达到：吨钢综合能耗高炉流程低于 0.7 t 标煤，电炉流程低于 0.4t 标煤，吨钢耗新水高炉流程低于 6 t，电炉流程低于 3 t，水循环利用率（　　）以上。

A．90%　　B．95%　　C．98%　　D．100%

19．在国务院、国家有关部门和省（自治区、直辖市）人民政府规定的风景名胜区、自然保护区和其他需要特别保护的区域内，城市规划区边界外（　　）以内，不得新建电石生产装置。

A. 1 km　　B. 2 km　　C. 3 km　　D. 4 km

20.《电石行业准入条件》中规定，新建电石生产装置单台炉容量（　）。

A. ≥12 500 kVA　B. ≥25 000 kVA　C. >150 000 kVA　D. ≥75 000 kVA

21.《电石行业准入条件》中规定：中西部具有独立运行的小水电及矿产资源优势的国家确定的重点贫困地区，单台炉容量（　）。

A. ≥12 500 kVA　B. ≥25 000 kVA　C. ≥50 000 kVA　D. ≥75 000 kVA

22. 对供热式汽轮发电机组的蒸汽既发电又供热的常规热电联产系统，单机容量在 50g 以下的热电机组，其热电比年平均应大于（　）才能立项。

A. 50%　　B. 100%　　C. 5%　　D. 80%

23.《促进产业结构调整暂行规定》中提出，大力发展循环经济，建设（　）社会，实现经济增长与人口资源环境相协调。

A. 和谐　　B. 资源节约和环境友好型

C. 技术创新型　　D. 生态平衡型

24.《产业结构调整指导目录》由（　）目录组成。

A. 鼓励、限制和淘汰三类　　B. 鼓励、限制、淘汰、允许四类

C. 允许、限制和淘汰三类　　D. 鼓励、允许和淘汰三类

25.《关于加强饮食娱乐服务企业环境管理的通知》中指出：宾馆、饭店和商业等经营场所不得在（　　）和主要街道旁直接朝向人行便道或在居民窗户附近设置空调散热装置。

A. 居民区　　B. 市中心　　C. 商业区步行街　　D. 工业区

26.《关于加强饮食娱乐服务企业环境管理的通知》中规定：宾馆、饭店和商业等经营场安装的空调器产生噪声和热污染的，经营单位应采取措施进行防治。对离居民点较近的空调装置，应采（　　）措施，达到当地环境噪声标准。

A. 屏蔽　　B. 降噪、隔声　　C. 拆除　　D. 安装消声器

27. 我国目前（　　）二氧化硫排放量占二氧化硫排放总量的 90%以上。

A. 燃煤　　B. 燃油

C. 火电厂　　D. 集中供热燃煤

28. 城市市区应发展集中供热和以热定电的热电联产，替代热网区内的分散小锅炉：热网区外和未进行集中供热的城市地区，不应新建产热量在（　　）的燃煤锅炉。

A. 1.8 MW 以下　B. 2.8 MW 以下　C. 3.8 MW 以下　D. 4.8 MW 以下

29. 2010 年，我国逐步淘汰不能满足环保要求的（　）以下的燃煤发电机组（综合利用电厂除外），提高火力发电的煤炭使用效率。

A. 50 MW　　B. 100 MW　　C. 150 MW　　D. 200 MW

30. 2003 年，我国基本关停（　　）的常规燃煤机组。

A. 50 MW 以下（含 50 MW）　　B. 150 MW 以下（含 150 MW）

C. 100 MW 以下（含 100 MW）　　D. 200 MW 以下（含 200 MW）

31. 火电机组，若 SO_2 排放未达排放标准或未达到排放总量许可要求、剩余寿命（按照设计寿命计算）（　　）年的，应补建烟气脱硫设施，实现达标排放，并满足 SO_2 排放总量控制要求。

A. 低于 10　　B. 高于 10　　C. 低于 15　　D. 高于 15

32．洗选煤厂的洗煤厂应采用（　　），煤泥水经二次浓缩，絮凝沉淀处理循环使用。

A．闭路循环　　B．中水处理　　C．污水处理　　D．煤粉沉淀

33．含硫量<2%煤的中小电厂锅炉（<200 MW），或是剩余寿命低于 10 年的老机组建设烟气脱硫设施时，在保证达标排放，并满足 SO_2 排放总量控制要求的前提下，宜优先采用半干法、干法或其他费用较低的成熟技术，脱硫率应保证在（　　）以上，投运率应保证在电厂正常发电时间的 95%以上。

A．70%　　B．75%　　C．80%　　D．85%

34．产量小于（　　）MW 的中小型燃煤工业锅炉提倡使用工业型煤、低硫煤和洗选煤。对配备湿法除尘的，可优先采用湿式除尘脱硫一体化工艺。

A．10　　B．12　　C．14　　D．16

35．城市污水处理设施建设，应按照远期规划确定最终规模，以（　　）为主要依据确定近期规模。

A．现状水量　　B．前期水量　　C．实际水量　　D．远期水量

36．城市生活垃圾焚烧适用于进炉垃圾平均低位热值高于（　　）kJ/kg、卫生填埋场地缺乏和经济发达的地区。

A．3 000　　B．4 000　　C．5 000　　D．6 000

37．城市生活垃圾采用焚烧法时，垃圾应在焚烧炉内充分燃烧，烟气在后燃室应在不低于 850℃的条件下停留不少于（　）秒。

A．1　　B．2　　C．3　　D．4

38．采用城市生活垃圾焚烧法的烟气处理宜采用（　　）除尘工艺。

A．双碱法　　B．半干法　　C．干法　　D．半干法加布袋

39．垃圾堆肥适用于可生物降解的有机物含量大于（　　）的垃圾。鼓励在垃圾分类悼念的基础上进行高温堆肥处理。

A．30%　　B．40%　　C．50%　　D．60%

40．城市污水处理设施建设，必须充分重视（　　），妥善采用各种有效防治措施。在污水处理设施的前期建设阶段的环境影响评价工作中，应进行充分论证。

A．总投资　　B．占地面积　　C．防治二次污染　　D．处理效果

41．未经处理的危险废物不得混入生活垃圾填埋场，（　　）为危险废物的最终处置手段。

A．安全填埋　　B．焚烧　　C．减量化　　D．回收利用

42．禁止新建煤层含硫量大于（　）的煤矿。

A．1%　　B．2%　　C．3%　　D．4%

43．矿山废弃地复垦应做（　　）试验，采取最合理的方式进行废弃地复垦。

A．实地　　B．可垦性

C．土壤有用元素利用　　D．物种优化

44．矿山生产过程中应采取种植植物和覆盖等复垦措施，对露天坑、废石场、尾矿库、矸石山等永久性坡面进行稳定化处理，防止（　　）。

A．地下水污染　　B．塌陷　　C．风蚀扬尘　　D．水土流失和滑坡

45．根据“十二五”节能减排综合性工作方案的总体目标，到 2015 年，全国万元国内生产总值能耗比 2010 年的 1.034 t 标准煤下降（　　）。

A．10%　　B．16%　　C．32%　　D．40%

二、多项选择

1．以下选项中，（　　）属于《国务院关于落实科学发展观加强环境保护的决定》对经济社会发展必须与环境保护相协调所作出的要求。

A．促进地区经济与环境协调发展
B．以强化污染防治为重点，加强城市环境保护
C．以促进人与自然和谐为重点，强化生态保护
D．大力发展循环经济
E．积极发展环保产业

2．下列选项中，（　　）是日处理能力在10万m^3以下的污水处理设施可以采用的处理方法。

A．水解好氧法　　B．A/O法　　C．氧化沟法
D．生物滤池法　　E．SBR法

3．以下需要建立生态功能保护区的有（　　）。

A．江河源头区
B．水土保持的重点预防保护区和重点监督区
C．江河洪水分流区
D．防风固沙区
E．重要渔业水域

4．《关于发展热电联产的规定》中规定，热电联产审批时，（　　）应同时审批、同步建设、同步验收投入使用。

A．热电厂　　B．热力网　　C．污水处理设施
D．除尘设备　　E．粉煤灰综合利用项目

5．《产业结构调整指导目录（2005年本）》中包括（　　）。

A．允许类　　B．限制类　　C．鼓励类
D．禁止类　　E．淘汰类

6．在城市生活垃圾卫生填埋中要求（　　）。

A．科学合理地选择卫生填埋场场址　　B．必须采取人工防渗技术措施
C．场内应实行雨水与污水分流　　D．应设置填埋气体导排系统
E．填埋时应实行单元分层作业，做好压实和每日覆盖

7．在城市生活垃圾焚烧处理中要求（　　）。

A．焚烧适用于进炉垃圾平均低热值高于5 000kJ/kg、卫生填埋场地缺乏和经济发达的地区
B．垃圾焚烧目前宜采用以炉排炉为基础的成熟技术，审慎采用其他炉型的焚烧炉。禁止使用不能达到控制标准的焚烧炉
C．应采用先进和可靠的技术及设备，严格控制垃圾焚烧的烟气排放。烟气处理宜采用半干法加布袋除尘工艺
D．应对垃圾贮坑内的渗沥水和生产过程的废水进行预处理和单独处理，达到排放

标准后排放

E．垃圾焚烧产生的炉渣可回收利用或直接填埋

8．以下属于禁止的矿产资源开发活动的有（　　）。

A．在依法划定的自然保护区（核心区、缓冲区）、风景名胜区、森林公园、饮用水水源保护区、重要湖泊周边、文物古迹所在地、地质遗迹保护区、基本农田保护区等区域内采矿

B．在铁路、国道、省道两侧的直观可视范围内进行露天开采

C．在地质灾害危险区开采矿产资源

D．禁止新建煤层含硫量＞2%的煤矿

E．禁止新建对生态环境产生不可恢复利用的、产生破坏性影响的矿产资源开发项目

9．按照《矿山生态环境保护与污染防治技术政策》的有关规定，废弃地复垦的相关要求包括（　　）。

A．矿山开采企业应将废弃地复垦纳入矿山日常生产与管理，提倡采用采（选）矿—排土（尾）—造地—复垦一体化技术

B．矿山废弃地复垦应做可垦性试验，采取最合理的方式进行废弃地复垦

C．矿山生产过程中应采取种植植物和覆盖等复垦措施，对露天坑、废石场、尾矿库、矸石山等永久性坡面进行稳定化处理，防止水土流失和滑坡。废石场、尾矿库、矸石山等固废堆场服务期满后，应及时封场和复垦，防止水土流失及风蚀扬尘等

D．鼓励推广采用覆岩离层注浆，利用尾矿、废石充填采空区等技术，减轻采空区上覆岩层塌陷

E．采用生物工程进行废弃地复垦时，宜对土壤重构、地形、景观进行优化设计，对物种选择、配置及种植方式进行优化

10．目前我国需切实解决的突出环境问题包括（　　）。

A．以降低温室气体排放总量为重点，推进大气污染防治

B．以强化污染防治为重点，加强城市环境保护

C．以饮水安全和重点流域治理为重点，加强水污染防治

D．以核设施和放射源监管为重点，确保核与辐射环境安全

E．以防治三废为重点，加强农村环境保护

11．城市污水处理工艺选择的主要技术经济指标有（　　）。

A．削减单位污染物投资　　B．处理总水量投资

C．总体环境效益　　D．占地面积

E．运行性能可靠性

12．有关污水处理工艺技术，下列说法正确的有（　　）。

A．二级处理工艺，日处理能力在20万m^3以上（不包括20万m^3/日）的污水处理设施，一般采用常规活性污泥法

B．在对氮、磷污染物有控制要求的地区，必要时也可选用物化方法强化除磷效果

C．在严格进行环境影响评价、满足国家有关标准要求和水体自净能力要求的条件下，可审慎采用城市污水排入大江或深海的处置方法

D．在有条件的地区，可利用荒地、闲地等可利用的条件，采用各种类型的土地

处理和稳定塘等自然净化技术

E．城市污水二级处理出水不能满足水环境要求时，不可采用土地处理系统和稳定塘等自然净化技术进一步处理

13．根据“加强环境监管制度的有关要求”，下列说法正确的有（ ）。

A．要实施污染物总量控制制度，将总量控制指标逐级分解到地方各级人民政府并落实到排污单位

B．推行排污许可证制度，禁止无证或超总量排污

C．严格执行环境影响评价和“三同时”制度，对超过污染物总量控制指标、生态破坏严重或者尚未完成生态恢复任务的地区，暂停审批所有对生态环境有影响的建设项目

D．要结合经济结构调整，完善强制淘汰制度，根据国家产业政策，及时制订和调整强制淘汰污染严重的企业和落后的生产能力、工艺、设备与产品目录

E．建立跨省界河流断面水质考核制度，省级人民政府应当确保出境水质达到考核目标

14．下列属于钢铁投资建设项目的最低条件的有（ ）。

A．烧结机使用面积达到 180 m^2 及以上、焦炉炭化室高度达到 4.3 m 及以上，高炉容积达到 1 000 m。及以上、转炉容积达到 100 t 及以上、电炉达到 60 t 及以上

B．高炉必须同步配套建设煤粉喷吹装置、炉前粉尘捕集装置，大型高炉要配套建设余压发电装置；焦炉必须同步配套建设干熄焦、装煤、推焦除尘装置

C．新建钢铁联合企业，吨钢综合能耗低于 0.7 t 标煤，吨钢耗新水低于 6 t，符合清洁生产要求，污染物排放指标达到环保标准要求

D．可以不考虑矿石、焦炭、供水、交通运输等外部条件

E．转炉必须同步配套建设转炉煤气回收装置，电炉必须配套烟尘回收装置

15．对可能造成生态环境破坏和不利影响的项目，必须做到生态环境保护和恢复措施与资源开发和建设项目（ ）。

A．同步设计　　B．同步立项

C．同步施工　　D．同步投产使用

E．同步检查验收

16．以下属于特殊危险废物的有（ ）。

A．医院临床废物　　B．含多氯联苯废物

C．生活垃圾焚烧飞灰　　D．废电池

E．废矿物油

17．矿产资源的开发应推行循环经济的“污染物减量、资源再利用和循环利用”的技术原则，下列选项中属于该技术原则的是（ ）。

A．发展绿色开采技术，实现矿区生态环境无损或受损最小

B．发展干法或节水的工艺技术，减少水的使用量

C．发展无废或少废的工艺技术，最大限度地减少废弃物的产生

D．矿山废物按照先提取有价金属、组分或利用能源，再选择用于建材或其他用途，最后进行无害化处理的处置的技术原则

E. 根据需要进行随意的开发

18.《关于加强饮食娱乐服务企业环境管理的通知》中对县以上城镇兴办饮食、娱乐、服务企业的环境保护要求有（　　）。

A. 饮食企业必须设置收集油烟、异味的装置，并通过专门的烟囱排放，禁止利用居民楼内的烟道排放。专用烟囱排放的高度和位置，应以不影响周围的居民生活环境为原则

B. 在城镇人口集中区内兴办娱乐场点和排放噪声的加工厂，必须采取相应的隔声措施，并限制夜间经营时间，达到规定的噪声标准

C. 不得在商业区步行街和主要街道旁直接朝向人行便道或在居民窗户附近设置空调散热装置

D. 禁止在居民区内兴办产生恶臭、异味的修理业、加工业等服务企业

E. 污水排入城市排污管网的饮食服务企业，应安装隔油池或采取其他处理措施，达到当地城市排污管网进水标准。其产生的残渣、废物，可以排入下水道。

19. 以下说法正确的有（　　）。

A.《企业投资项目核准暂行办法》规定项目申报单位在向项目核准机关报送申请报告时，需附送国土资源行政主管部门出具的项目用地预审意见

B. 项目申报单位在向项目核准机关报送申请报告时，需附送环境保护行政主管部门出具的环境影响评价文件的审批意见

C. 项目申报单位在向项目核准机关报送申请报告时，不需附送城市规划行政主管部门出具的城市规划意见

D. 环境影响评价工作中，要按《淘汰落后生产能力、工艺和产品的目录》的具体要求执行，不能让明令淘汰的落后生产能力、工艺和产品出现在新建项目之中，但可以应用于改扩建项目

E. 是否存在有关问题，在环境影响报告书中应按《淘汰落后生产能力、工艺和产品的目录》要求检查企业现有生产、工艺和产品，并有明确的反映，还要提出解决存在问题的措施意见

20. 我国城市生活垃圾处理原则是（　　）。

A. 无害化　　B. 减量化　　C. 资源化

D. 回收化　　E. 工业化

21. 危险废物的处置方式有（　　）。

A. 卫生填埋　　B. 安全填埋　　C. 回收利用

D. 焚烧　　E. 堆肥

22. 以下关于危险废物焚烧处置的说法正确的有（　　）。

A. 危险废物焚烧处置前可以不用进行前处理或特殊处理

B. 焚烧设施必须有前处理系统、报警系统和应急处理装置，根据情况安装尾气净化系统

C. 危险废物焚烧产生的残渣、烟气处理过程中产生的飞灰，无需进行安全填埋处置

D. 鼓励危险废物焚烧余热利用，对规模较大的危险废物焚烧设施，可实施热电联产

E. 医院临床废物、含多氯联苯废物等一些传染性的或毒性大或含持久性有机污染

成分的特殊危险废物宜在专门焚烧设施中焚烧

23. 环境保护行政主管部门对新、改、扩建水泥生产项目要严格执行（　　）。
A．环境影响评价制度　　B．排污收费制度
C．“三同时”制度　　D．排污申报登记制度
E．污染物排放总量控制制度

24.《燃煤二氧化硫排放污染防治技术政策》控制的主要污染源是（　　）。
A．燃煤电厂锅炉
B．工业锅炉
C．对局地环境污染有显著影响的燃煤设施
D．民用炉灶
E．窑炉

25．下列选项中，（　　）是国家环境保护“十二五”规划的主要目标。
A．重金属污染得到有效控制，持久性有机污染物、危险化学品、危险废物等污染防治成效明显
B．环境监管体系得到健全
C．全国设市城市污水处理率不低于 70%
D．单位工业增加值用水量降低 30%
E．城乡饮用水水源地环境安全得到有效保障，水质大幅提高

参考答案

（一）单项选择题

1.【答案】A

【解析】危险废物减量化适用于任何产生危险废物的工艺过程。各级政府应通过经济和其他政策措施促进企业清洁生产，防止和减少危险废物的产生。企业应积极采用低废、少废、无废工艺，禁止采用《淘汰落后生产能力、工艺和产品的目录》中明令淘汰的技术工艺和设备。

2.【答案】A

【解析】《国务院关于落实科学发展观加强环境保护的决定》中规定：“大力发展循环经济。各地区、各部门要把发展循环经济作为编制各项发展规划的重要指导原则，制订和实施循环经济推进计划，加快制定促进发展循环经济的政策、相关标准和评价体系，加强技术开发和创新体系建设”。

3.【答案】A

4.【答案】C

【解析】参照《国务院关于落实科学发展观加强环境保护的决定》中第四个方面“切实解决突出的环境问题”中的有关内容。

5.【答案】A

【解析】参照《国务院关于落实科学发展观加强环境保护的决定》中第四个方面“切实解决突出的环境问题”中的有关内容。

6.【答案】A

【解析】参照《国务院关于落实科学发展观加强环境保护的决定》中第四个方面“切实解决突出的环境问题”中的有关内容。

7.【答案】B

8.【答案】C

9.【答案】B

【解析】《全国生态环境保护纲要》关于“土地资源开发利用的生态环境保护”内容中指出：依据土地利用总体规划，实施土地用途管制制度，明确土地承包者的生态环境保护责任加强生态用地保护，冻结征用具有重要生态功能的草地、林地、湿地。建设项目确需占用生态用地的，应严格依法报批和补偿，并实行“占一补一”的制度，确保恢复面积不少于占用面积。

10.【答案】B

【解析】《全国生态环境保护纲要》在关于“生物物种资源开发利用的生态环境保护”内容中指出，生物物种资源的开发应在保护物种多样性和确保生物安全的前提下进行。依法禁止一切形式的捕杀、采集濒危野生动植物的活动。

11.【答案】C

12.【答案】A

13.【答案】C

14.【答案】A

【解析】2005 年 7 月 8 日国家发布的《钢铁产业发展政策》中关于“钢铁产业布局调整的原则”中指出：钢铁产业布局调整要综合考虑矿产资源、能源、水资源、交通运输、环境容量、市场分布和利用国外资源等条件。原则上不再单独建设新的钢铁联合企业、独立炼铁厂和炼钢厂，不提倡建设独立轧钢厂，必须住手有条件的现有企业，结合兼并、搬迁，在水资源、原料、运输、市场消费等具有比较优势的地区进行改造和扩建。

15.【答案】A

16.【答案】C

17.【答案】A

【解析】参考《钢铁工业装备水平和技术经济指标准入条件》中的相应规定。

18.【答案】B

【解析】参考《钢铁工业装备水平和技术经济指标准入条件》中的相应规定。

19.【答案】B

20.【答案】B

21.【答案】A

22.【答案】B

23.【答案】B

24.【答案】A

25.【答案】C

【解析】根据 1995 年 2 月由国家环境保护局、国家工商行政管理局联合发布的《关于加强饮食娱乐服务企业环境管理的通知》的相关规定，宾馆、饭店和商业等经营场所不得在商业区步行街和主要街道旁直接朝向人行便道或在居民窗户附近设置空调散热装置。

26.【答案】B

【解析】根据由国家环境保护局、国家工商行政管理局联合发布的《关于加强饮食娱乐服务企业环境管理的通知》的相关规定，宾馆、饭店和商业等经营场安装的空调器产生噪声和热污染的，经营单位应采取措施进行防治。对离居民点较近的空调装置，应采降噪、隔声措施，达到当地环境噪声标准。

27.【答案】A

28.【答案】B

29.【答案】B

【解析】根据《燃煤二氧化硫排放污染防治技术政策》的有关规定，到 2003 年，淘汰 50 MW 以下的小型发电机组；到 2010 年，淘汰 100 MW 以下的发电机组，逐步提高火力发电的煤炭使用效率。

30.【答案】A

31.【答案】B

【解析】参考《燃煤二氧化硫排放污染防治技术政策》中关于“烟气脱硫”的有关规定。

32.【答案】A

【解析】参考《燃煤二氧化硫排放污染防治技术政策》中关于“二次污染防治”的有关规定。

33.【答案】B

【解析】参考《燃煤二氧化硫排放污染防治技术政策》中关于“烟气脱硫”的有关规定。

34.【答案】C

【解析】参考《燃煤二氧化硫排放污染防治技术政策》中关于“烟气脱硫”的有关规定。

35.【答案】A

【解析】参考《城市污水处理及污染防治技术政策》中关于“城市污水处理技术原则”的有关规定。

36.【答案】C

【解析】参考《城市生活垃圾处理及污染防治技术政策》中关于“焚烧处理”的有关规定。

37.【答案】B

【解析】参考《城市生活垃圾处理及污染防治技术政策》中关于“焚烧处理”的有关规定。

38.【答案】D

【解析】参考《城市生活垃圾处理及污染防治技术政策》中关于“焚烧处理”的有关规定。

39.【答案】B

【解析】参考《城市生活垃圾处理及污染防治技术政策》中关于“堆肥处理”的有关规定。

40.【答案】C

【解析】参考《城市污水处理及污染防治技术政策》中关于“二次污染防治”的有关规定。

41.【答案】A

【解析】参考《危险废物污染防治技术政策》中关于“危险废物的处置方式和要求”的有关规定。

42.【答案】C

【解析】参考《矿山生态环境保护与污染防治技术政策》中关于“禁止、限制矿产资源开发”的有关规定。

43.【答案】B

【解析】参考《矿山生态环境保护与污染防治技术政策》中关于“废弃地复垦的有关要求”中的相关规定。

44.【答案】D

【解析】参考《矿山生态环境保护与污染防治技术政策》中关于“废弃地复垦的有关要求”中的相关规定。

45.【答案】B

【解析】“十二五”节能减排综合性工作方案的主要目标是：到 2015 年，全国万元国内生产总值能耗下降到 0.869 t 标准煤（按 2005 年价格计算），比 2010 年的 1.034 t 标准煤下降 16%，比 2005 年的 1.276 t 标准煤下降 32%；“十二五”期间，实现节约能源 6.7 亿 t 标准煤。

（二）多项选择题

1.【答案】ADE

【解析】促进地区经济与环境协调发展，大力发展循环经济，积极发展环保产业，属于经济社会发展必须与环境保护相协调的有关要求。而以强化污染防治为重点加强城市环境保护，以促进人与自然和谐为重点强化生态保护，则属于需切实解决的突出环境问题。故本题应当选 ADE。

2.【答案】ABCDE

【解析】参考《城市污水处理及污染防治技术政策》中关于“污水处理工艺技术”中“二级强化处理”的相关内容。

3.【答案】ABDE

【解析】《全国生态环境保护纲要》规定：“江河源头区、重要水源涵养区、水土保持的重点预防保护区和重点监督区、江河洪水调蓄区、防风固沙区和重要渔业水域等重要生态功能区，在保持流域、区域生态平衡，减轻自然灾害，确保国家和地区生态环境安全方面具有重要作用。对这些区域的现有植被和自然生态系统应严加保护，建立生态功能保护区。”

4.【答案】ABE

5.【答案】BCE

【解析】《产业结构调整指导目录》由鼓励、限制和淘汰三类目录组成。不属于鼓励类、限制类和淘汰类，且符合国家有关法律、法规和政策规定的，为允许类。允许类不列入《产业结构调整指导目录》。

6.【答案】ACDE

【解析】城市生活垃圾卫生填埋的有关要求中指出：“场址的自然条件符合标准要求的，可采用天然防渗方式；不具备天然防渗条件的，应采用人工防渗技术措施。”

7.【答案】ABCD

【解析】城市生活垃圾焚烧处理的有关要求中指出，“垃圾焚烧产生的炉渣经鉴别不属于危险废物的，可回收利用或直接填埋。属于危险废物的炉渣和飞灰必须作为危险废物处置。”

8.【答案】ABCE

【解析】根据《矿山生态环境保护与污染防治技术政策》中关于“禁止、限制矿产资源开发的有关规定”中的相关规定。

9.【答案】ABCDE

10.【答案】BCD

11.【答案】ACDE

【解析】城市污水处理工艺应根据处理规模、水质特性、受纳水体的环境功能及当地的实际情况和要求，经全面技术经济比较后优选确定。工艺选择的主要技术经济指标包括：处理单位水量投资、削减单位污染物投资、处理单位水量电耗和成本、削减单位污染物电耗和成本、占地面积、运行性能可靠性、管理维护难易程度、总体环境效益等。

12.【答案】ABCD

【解析】《城市污水处理及污染防治技术政策》中对污水处理的工艺技术规定如下：①一级强化处理工艺，应根据城市污水处理设施建设的规划要求和建设规模，选用物化强化处理法、AB 法前段工艺、水解好氧法前段工艺、高负荷活性污泥法等技术。②二级处理工艺，日理能力在 20 万立方米以上（不包括 20 万立方米/日）的污水处理设施，一般采用常规活性污泥法。也可采用其他成熟技术；日处理能力在 10 万～20 万立方米的污水处理设施，可选用常规活性污泥法、氧化沟法、SBR 法和 AB 法等成熟工艺；日处理能力在 10 万立方米以下的污水处理设施，可选用氧化沟法、SBR 法、水解好氧法、AB 法和生物滤池法等技术，也可选用常规活性污泥法。③二级强化处理工艺，在对氮、磷污染物有控制要求的地区，日处理能力在 10 万立方米以上的污水处理设施，一般选用 A/O 法、A/A/O 法等技术。也可审慎选用其他的同效技术。日处理能力在 10 万立方米以下的污水处理设施，除采用 A/O 法、A/A/O 法外，也可选用具有除磷脱氮效果的氧化沟法、SBR 法、水解好氧法和生物滤池法等。必要时也可选用物化方法强化除磷效果。④自然净化处理工艺，在严格进行环境影响评价、满足国家有关标准要求和水体自净能力要求的条件下，可审慎采用城市污水排入大江或深海的入置方法。在有条件的地区，可利用荒地、闲地等可利用的条件，采用各种类型的土地处理和稳定塘等自然净化技术。⑤城市污水二级处理出水不能满足水环境要求时，在条件许可的情况下，可采用土地处理系统和稳定塘等自然净化技术进一步处理。

13.【答案】ABDE

【解析】严格执行环境影响评价和“三同时”制度，对超过污染物总量控制指标、生态破坏严重或者尚未完成生态恢复任务的地区，暂停审批新增污染物排放总量和对生态有较大影响的建设项目。

14.【答案】ABCE

15.【答案】ACE

16.【答案】ABCDE

17.【答案】ABCD

【解析】根据《矿山生态环境保护与污染防治技术政策》中关于“矿产资源开发应遵循的技术原则”中的相关规定。

18.【答案】ABCD

19.【答案】ABE

【解析】《企业投资项目核准暂行办法》规定项目申报单位在向项目核准机关报送申请报

告时，需根据国家法律法规的规定附送以下文件：①城市规划行政主管部门出具的城市规划意见；②国土资源行政主管部门出具的项目用地预审意见；③环境保护行政主管部门出具的环境影响评价文件的审批意见；④根据有关法律法规应提交的其他文件。

20.【答案】ABC

21.【答案】BD

22.【答案】DE

【解析】危险废物焚烧处置应满足以下要求：①危险废物焚烧处置前必须进行前处理或特殊处理，达到进炉的要求，危险废物在炉内燃烧均匀、完全；②焚烧炉温度应达到1100℃以上，烟气停留时间应在2.0秒以上，燃烧效率大于99.9%，焚毁去除率大于99.99%，焚烧残渣的热灼减率小于5%（医院临床废物和含多氯联苯废物除外）；③焚烧设施必须有前处理系统、尾气净化系统、报警系统和应急处理装置；④危险废物焚烧产生的残渣、烟气处理过程中产生的飞灰，必须按危险废物进行安全填埋处置。危险废物的焚烧宜采用以旋转窑炉为基础的焚烧技术，可根据危险废物种类和特征选用其他不同炉型，鼓励改造并采用生产水泥的旋转窑炉附烧或专烧危险废物。鼓励危险废物焚烧余热利用。对规模较大的危险废物焚烧设施，可实施热电联产。医院临床废物、含多氯联苯废物等一些传染性的，或毒性大，或含持久性有机污染成分的特殊危险废物宜在专门焚烧设施中焚烧。焚烧设施必须有前处理系统、报警系统、尾气净化系统；应急处理装置。

23.【答案】ACE

24.【答案】ABCE

【解析】《燃煤二氧化硫排放污染防治技术政策》控制的主要污染源是燃煤电厂锅炉、工业锅炉和窑炉以及对局地环境污染有显著影响的其他燃煤设施。

25.【答案】ABE

【解析】国家环境保护“十二五”规划的主要目标是：到2015年，主要污染物排放总量显著减少；城乡饮用水水源地环境安全得到有效保障，水质大幅提高；重金属污染得到有效控制，持久性有机污染物、危险化学品、危险废物等污染防治成效明显；城镇环境基础设施建设和运行水平得到提升；生态环境恶化趋势得到扭转；核与辐射安全监管能力明显增强，核与辐射安全水平进一步提高；环境监管体系得到健全。选项ABE正确，选项CD是“十一五”规划的主要目标。

模拟题一

一、单项选择题

1.《中华人民共和国环境保护法》规定："各级人民政府应当加强对农业环境的保护，防治土壤污染、土地沙化、盐渍化、贫瘠化、沼泽化、地面沉降化和防治植被破坏、水土流失、水源枯竭、种源灭绝以及其他生态失调现象的发生和发展，推广植物病虫害的综合防治，合理使用化肥、农药及（　　）。"

A．地下水源　　B．植物生长激素

C．污水灌溉　　D．动物生长激素

2.《中华人民共和国环境保护法》规定："在国务院、国务院有关部门和省、自治区和直辖市人民政府规定的风景名胜区、自然保护区和其他需要特别保护的区域内，不得建设污染环境的（　　）。"

A．第三产业生产设施　　B．工业生产设施

C．农业生产设施　　D．建筑生产设施

3.《中华人民共和国环境保护法》规定："（　　）是指在生产建设、日常生活和其他社会生活中产生的，在一定时间和空间范围内基本或者完全失去使用价值，无法回收和利用的排放物。"

A．固体废物　　B．污废水

C．废弃物　　D．废气

4．未经环境保护行政主管部门同意，擅自拆除或者闲置防治污染的设施，污染物排放超过规定的排放标准的，由环境保护行政主管部门（　　）。

A．责令重新开始使用，并处罚款　　B．责令安装新式设施，并处拘留

C．责令重新安装使用，并处罚款　　D．责令限期重新安装使用，并写检查

5.《中华人民共和国大气污染防治法》规定："主要大气污染物排放总量控制的具体办法由（　　）规定。"

A．国务院　　B．省级环境保护行政主管部门

C．国务院环境保护行政主管部门　　D．县级环境保护行政主管部门

6．国务院经济综合主管部门会同国务院有关部门公布规定被淘汰的设备，（　　）给他人使用。

A．可以限期转让　B．可以无偿　C．不得转让　D．可以租赁

7．完全由于不可抗拒的自然灾害，并经及时采取合理措施，仍然不能避免造成环境污染损害的，（　　）。

A．免予承担责任　　B．通报批评

C．给予少量罚款　　D．追究一定的责任

8. 根据规定，新建、改造含硫份大于（　　）的煤矿，应当配套建设相应规模的煤炭洗选设施。

A. 1%　　B. 2%　　C. 3%　　D. 4%

9. 炼制石油、生产合成氨、煤气和燃煤焦化、有色金属冶炼过程中排放含有硫化物气体的，应当配备（　　）或者采取其他脱硫措施。

A. 固硫装置　　B. 脱硫装置　　C. 吸收装置　　D. 除尘装置

10. 对未划定为禁止使用高污染燃料区域的大、中城市市区内的其他民用炉灶，限期改为（　　）或者使用其他清洁能源。

A. 低硫型煤　　B. 无硫煤　　C. 无烟煤　　D. 固硫型煤

11. 建设项目在投入生产或者使用之前，其环境噪声污染物防治设施必须经（　　）的环境保护行政主管部门验收。

A. 当地　　B. 县级以上

C. 市级　　D. 原审批环境影响报告书

12. 施工单位在城市市区噪声敏感建筑物中区域内因特殊需要必须昼夜连续作业的，必须有（　　）或者其有关主管部门的证明。抢险作业和因生产工艺上要求或者特殊需要必须连续作业的除外。

A. 工程所在地上一级人民政府　　B. 工程所在地上一级环境保护行政部门

C. 县级以上人民政府　　D. 县级以上环境保护行政部门

13. 在城市市区噪声第三建筑物集中区域内，因抢修、抢险作业和因生产工艺上要求或者其他特殊需要必须连续作业而必须在夜间施工，经县级以上人民政府或者其有关主管部门批准后，必须（　　）附近居民。

A. 口头通知　　B. 网上通知　　C. 公告　　D. 不用告知

14. 新建营业性文化娱乐场所的（　　）噪声必须符合国家规定的环境噪声排放标准，不符合国家规定的环境噪声排放标准的，文化行政主管部门不得核发营业执照。

A. 边界　　B. 白天产生的　　C. 夜间产生的　　D. 外部

15. 对确有必要关闭、闲置或者拆除生活垃圾处置设施、场所的，必须经所在地（　　）核准，并采取措施，防止污染环境。

A. 省级以上人民政府环境卫生行政主管部门和环境保护行政主管部门

B. 县级以上人民政府环境卫生行政主管部门和环境保护行政主管部门

C. 省级以上环境保护行政主管部门

D. 县级以上环境保护行政主管部门

16. 跨省域和对维护国家生态安全具有重要作用的重点流域、重点区域的重要生态功能区，建立（　　）。

A. 国家级生态功能保护区　　B. 国家级自然保护区

C. 省级生态功能保护区　　D. 省级自然保护区

17. 用能单位应当按照（　　）的原则，加强节能管理，制定并组织实施本单位节能技术措施，降低能耗。

A. 合理用能　　B. 节约能源　　C. 充分用能　　D. 淘汰耗能设施

18. 海岸工程建设项目的单位的环境影响报告书经海洋行政主管部门提出审核意见

后，报（　　）审查批准。

A. 上一级海洋行政主管部门　　B. 所在地人民政府
C. 环境保护行政主管部门　　D. 国务院

19. 核设施营运单位应当在申请领取核设施建造、运行许可证和办理退役审批手续前编制环境影响报告书，报（　　）审查批准；未经批准，有关部门不得颁发许可证和办理批准文件。

A. 国务院　　B. 国务院环境保护行政主管部门
C. 省级环境保护行政主管部门　　D. 省级人民政府

20. 开发利用伴生放射性矿的单位，应当在申请领取采矿许可证前编制环境影响报告书，报（　　）审查批准。

A. 省级以上人民政府
B. 省级以上人民政府环境保护行政主管部门
C. 国务院
D. 国务院环境保护行政主管部门

21. 产生放射性固体废物的单位，应当按照（　　）的规定，对其产生的放射性固体废物进行处理后，送交放射性固体废物处置单位处置，并承担处置费用。

A. 所在地人民政府　　B. 所在地环境保护行政主管部门
C. 国务院　　D. 国务院环境保护行政主管部门

22. 在干旱和半干旱地区开发、利用水资源，应当充分考虑（　　）需要。

A. 居民用水　B. 农业用水　C. 消防用水　D. 生态环境用水

23.《中华人民共和国节约能源法》规定：禁止（　　）的工业项目。

A. 新建技术落后、耗能过高、严重浪费能源
B. 扩建技术落后、耗能过高、严重浪费能源
C. 改建技术落后、耗能过高、严重浪费能源
D. 新建技术中等、耗能一般、严重浪费能源

24.《中华人民共和国防沙治沙法》所称土地沙化，是指主要因（　　）所导致的天然沙漠扩张和沙质土壤植被及覆盖物被破坏，形成流沙及沙土裸露的过程。

A. 人类不合理活动　　B. 过度放牧
C. 过度砍伐　　D. 干旱

25. 对水土流失严重、有沙化趋势、需要改善生态环境的已垦草原，应当有计划、有步骤地退耕还草；已造成沙化、盐碱化、石漠化的，应当（　　）。

A. 立即治理　B. 限期治理　C. 植树造林　D. 进行土地改造

26. 国家编制土地利用总体规划，规定土地用途，将土地分为三类，下列选项中，不属于这三种类型的是（　　）。

A. 农用地　B. 工业用地　C. 建设用地　D. 未利用地

27.《国务院关于落实科学发展观加强环境保护的决定》中指出，要加强城市基础设施建设，到2010年，全国设市城市污水处理率不低于（　　）。

A. 60%　B. 70%　C. 80%　D. 90%

28. 建设港口、码头，应当设置与其吞吐能力和货物种类相适应的（　　）。

A. 排污设施　B. 污水处理厂　C. 处理设施　D. 防污设施

29．建设（　　），在开采、选矿、运输、贮存、冶炼和尾矿处理等过程中，必须按照有关规定采取防止污染损害海洋环境的措施。

A．海底矿山　　B．浅海矿山　　C．大陆架矿山　　D．滨海矿山

30．《焦化行业准入条件》规定，新建和改扩建机焦炉炭化室高度必须达到4.3 m以上（含4.3 m），年生产能力（　　）万t及以上。

A．30　　B．40　　C．50　　D．60

31．修筑海堤，在入海河口处兴建水利、航道、潮汐发电或者综合整治工程，必须采取措施，不得损害（　　）。

A．海洋生态环境　　B．生态环境及水产资源

C．海洋资源　　D．海洋水质

32．《危险化学品安全管理条例》中所称的重大危险源，是指生产、运输、使用、储存危险化学品或者处置危险化学品，且危险化学品的数量等于或者超过（　　）。

A．临界量的单元　　B．国家的有关规定

C．当地的有关规定　　D．行业标准

33．在鱼、虾、蟹洄游通道建闸、筑坝，对（　　）有严重影响的，建设单位应当建造过鱼设施或者采取其他补救措施。

A．海洋资源　　B．鱼类生态环境

C．渔业资源　　D．养殖业

34．下列有关《中华人民共和国森林法》的说法，不正确的是（　　）。

A．禁止毁林开垦和毁林采石、采砂、采土以及其他毁林行为

B．禁止在幼林地和特种用途林内砍柴、放牧

C．进入森林和森林边缘地区的人员，可以根据需要移动为林业服务的标志

D．任何单位和个人不得挪用森林植被恢复费

35．在有条件的地区，可利用荒地、闲地等可利用的条件，采用各种类型的土地处理和稳定塘等（　　）。

A．自然净化技术　　B．污水处理设施

C．生物处理技术　　D．微生物厌氧处理设施

36．《城市污水处理及污染防治技术政策》中所称的城市污水，是指纳入和尚未纳入城市污水收集系统的（　　）。

A．生活污水　　B．工业废水

C．雨水　　D．生活污水和工业废水之混合污水

37．日处理能力在10万m^3以下的污水处理设施产生的污泥，可（　　）。

A．作为农用　　B．作为建筑材料

C．进行堆肥处理和综合利用　　D．干化处理

38．日处理能力在10万m^3以上的污水二级处理设施产生的污泥，宜采取（　　）进行处理，产生的沼气应综合利用。

A．好氧处理方法　　B．厌氧消化工艺

C．水解酸化处理工艺　　D．卫生填埋

39．高水平放射性固体废物实行（　　）处置。

A．深地质　　B．填埋　　C．近地表　　D．在海洋中

40．环境影响评价机构超越评价资质等级、评价范围提供环境影响评价技术服务的，国家环境保护总局（　　）。

A．降低其评价资质　　B．通报批评
C．取消其评价资质　　D．责令其写出书面检查

二、多项选择题

1．环境影响评价机构有（　　）中行为之一的，国家环境保护总局取消其评价资质。

A．以欺骗、贿赂等不正当手段取得评价资质的
B．涂改、倒卖、出租、出借资质证书的
C．超越评价资质等级、评价范围提供环境影响评价技术服务的
D．达不到评价资质条件
E．不按规定填报或虚报"建设项目环境影响评价机构年度业绩报告表"

2．（　　）不是环境影响评价工程师职业资格申请登记者应具备的条件（　　）。

A．取得《环境影响评价工程师职业资格证书》，具备与登记类别相应的环境影响评价及相关业务能力
B．所在单位考核合格
C．能够坚持在本专业岗位工作，身体健康，年龄在60周岁以下
D．职业行为良好，无犯罪记录
E．在两个或两个以上单位申请

3．《中华人民共和国环境保护法》规定："各级人民政府应当加强对农业环境的保护，防治（　　）、沼泽化、地面沉降化和防治植被破坏、水土流失、水源枯竭、种源灭绝以及其他生态失调现象的发生和发展，推广植物病虫害的综合防治，合理使用化肥、农药及植物生长激素。"

A．土地沙化　　B．盐渍化　　C．地下水污染　　D．贫瘠化
E．土壤污染

4．《中华人民共和国环境保护法》中所称的"三同时"制度包括（　　）。

A．同时设计　　B．同时施工　　C．同时安装　　D．同时验收
E．同时投产

5．违反《建筑项目环境保护管理条例》的规定，（　　）的，由审批该建设项目环境影响报告书、环境影响报告表或者环境影响登记表的环境保护行政主管部门责令停止生产或者使用，可以处10万元以下的罚款。

A．建设项目需要配套建设的环境保护设施未建成
B．建设项目投入试生产超过1个月，建设单位未申请环境保护设施竣工验收
C．建设项目试生产超过3年的
D．未经验收或者经验收不合格
E．主体工程正式投入生产或者使用

6．大气污染防治重点城市人民政府可以在本辖区内划定禁止销售、使用国务院环境保

护行政主管部门规定的高污染燃料的区域。该区域内的单位和个人应当在当地人民政府规定的期限内停止燃用高污染燃料，改用（　　）。

A．天然气　　B．石油　　C．液化石油气　　D．电

E．其他清洁能源

7．环境影响评价工程师存在下列情形之一的，应予以注销登记。（　）

A．不具备完全民事行为能力的

B．有效期满未获准再次登记的

C．脱离环境影响评价及相关业务工作岗位1年以上的

D．受刑事处罚的

E．有效期满未申请再次登记的

8．是环境影响评价工程师可主持进行的工作包括（　　）。

A．环境影响后评价 B．环境保护验收

C．环境影响评价　　D．环境保护设计的安装监理

E．环境保护审批

9．在人口集中地区和其他依法需要特殊保护的区域内，禁止焚烧（　　）垃圾以及其他产生有毒有害烟尘和恶臭气体的物质。

A．塑料　　B．皮革　　C．树叶　　D．油毡

E．沥青

10．在人口集中地区存放（　　）煤灰等物料，必须采取防燃、防尘措施，防止污染大气。

A．煤炭　　B．灰土　　C．煤渣　　D．砂石

E．煤矸石

11．在中华人民共和国领域内，（　　）的污染属于《中华人民共和国水污染防治法》的适用范围。

A．湖泊　　B．运河　　C．水库　　D．江河

E．沼泽

12．（　　）过程中排放含有硫化物气体的，应当配备脱装置或者采取其他脱硫措施。

A．生产合成氨　　B．炼制石油　　C．生产煤气　　D．燃煤焦化

E．有色金属冶炼

13．禁止在生活饮用水地下水源保护区内从事的活动包括（　　）。

A．利用污水灌溉

B．利用含有毒污染物的污泥作肥料

C．利用储水层孔隙、裂隙、溶洞及废弃矿坑储存石油、放射性物质、有毒化学品、农药等

D．使用剧毒农药

E．使用高残留农药

14．（　　）属于不可移动文物。

A．石刻　　B．壁画　　C．古建筑　　D．古文化遗址

E．与著名人物有关的具有史料价值的手稿

15．《中华人民共和国矿产资源法》中规定，非经国务院授权的有关主管部门同意，（　　）不得开采矿产资源。

A．重要河流、堤坝两侧一定距离以内

B．铁路、重要公路两侧一定距离以内

C．国家规定不得开采矿产资源的其他地区

D．国家划定的自然保护区

E．港口、机场和国防工程设施圈定地区以内

16．下列选项中（　　）属于防护林。

A．环境保护林　　B．国防林　　C．护岸林　　D．防风固沙林

E．水土保持林

17．根据《中华人民共和国土地管理法》的有关规定，征用下列选项中（　　）土地的，应由国务院批准。

A．基本农田

B．某县城占地 35 亩的公园

C．其他土地超过 70 公顷的

D．基本农田以外的耕地超过 35 公顷的

E．某海边占地 100 公顷的湿地

18．开采多层地下水时，对下列（　　）含水层应当分层开采，不得混合开采。

A．半咸水

B．已受到污染的含水层

C．卤水层

D．含有毒有害元素并超过生活饮用水卫生标准的水层

E．已受到污染的含水层

19．下列建设项目中应编制环境影响报告书的是（　　）。

A．原料、产品或生产过程中涉及的污染物种类多

B．可能对脆弱生态系统产生较大影响

C．可能造成生物多样性明显减少

D．基本不对环境敏感区造成影响的小型建设项目

E．容易引起跨行政区环境影响纠纷

20．《中华人民共和国矿产资源法》规定，关闭矿山，必须提出矿山闭坑报告及有关（　　）的资料，并按照国家规定报请审查批准。

A．植树种草　　B．环境保护　　C．土地复垦利用　　D．安全隐患

E．采掘工程

21．《中华人民共和国环境噪声污染防治法》中所指的“噪声敏感建筑物”是指（　　）等需要保持安静的建筑物。

A．科研单位　　B．医院　　C．学校　　D．机关

E．住宅

22．在城市生活垃圾卫生填埋中要求（　　）。

A．场内应实行雨水与污水分流　　B．应设置填埋气体导排系统

C．科学合理地选择卫生填埋场址　　　　D．必须采取人工防渗技术措施

E．填埋时应实行单元分层作业，做好压实和每日覆盖

23．防洪区是指洪水泛滥可能淹及的地区，属于防洪区的有（　　）。

A．洪泛区　　　B．溢洪区　　　C．蓄滞洪区　　　D．低洼地带

E．防洪保护区

24．环境影响评价文件中的（　　）应由具有相应环境影响评价资质的机构编制。

A．环境影响报告表　　　　　　B．环境影响评价书

C．环境影响评价表　　　　　　D．环境影响登记表

E．环境影响报告书

25．《中华人民共和国海洋环境保护法》适用于（　　）以及中华人民共和国管辖的其他海域。

A．内水　　　B．专属经济区　　　C．领海　　　D．大陆架

E．毗连区

26．《中华人民共和国海洋环境保护法》规定，（　　）禁止向海域排放。

A．剧毒废液　　　B．酸液　　　C．工业废水　　　D．生活污水

E．高水平放射性废水

27．在中华人民共和国境内，受国家保护的文物有（　　）。

A．具有历史、艺术、科学价值的古文化遗址

B．反映历史上各时代、各民族社会制度、社会生产、社会生活的代表性文物

C．历史上各时代珍贵的艺术品、工艺美术品

D．与重大历史事件有关的代表性建筑

E．历史上各时代重要的文献资料

28．根据《中华人民共和国城市规划法》中“城市新区开发和旧区改造”的有关规定，应当避开市区的有（　　）。

A．铁路货运干线　　　　　　B．过境公路

C．机场　　　　　　　　　　D．新建铁路编组站

E．重要军事设施

29．禁止在沿海陆域内新建不具备有效治理措施的（　　）等以及其他严重污染海洋环境的工业生产项目。

A．化工　　　B．印染　　　C．电镀　　　D．炼油

E．化学制浆造纸

30．国家实行基本草原保护制度，（　　）应当划为基本草原，实施严格管理。

A．割草地

B．草原科研、教学试验基地

C．重要放牧场

D．地级市人民政府规定应当划为基本草原的其他草原

E．作为国家重点保护野生动植物生存环境的草原

模拟题二

一、单项选择题

1.（　　）是具有法律性质的技术标准。

A. 环境保护单行法　　B. 环境标准

C. 环境保护行政法规　　D. 环境质量标准

2.《中华人民共和国环境保护法》规定："在国务院、国务院有关部门和省、自治区、直辖市人民政府规定的风景名胜区、自然保护区和其他需要特别保护的区域内，不得建设污染环境的工业生产设施。建设其他设施，其污染物排放（　　）。"

A. 不得超过规定的排放标准，限期治理

B. 不得超过规定的排放标准，关闭或迁移

C. 应严于规定的排放标准，限期治理

D. 应严于规定的排放标准，关闭或迁移

3. 违反《中华人民共和国环境保护法》规定的，责令停业、关闭，由作出限期治理决定的（　　）决定。

A. 人民政府　　B. 人民政府环境保护行政主管部门

C. 国务院　　D. 国务院环境保护行政主管部门

4. 违反《中华人民共和国环境保护法》规定的，造成重大环境污染事故，导致公私财产重大损失或者人身伤亡的严重后果的，对直接责任人员（　　）。

A. 给予党内纪律处分　　B. 依法进行拘留

C. 依法追究刑事责任　　D. 免除行政职务

5. 我国的环境影响评价首先是从（　　）领域开始的。

A. 环境质量评价　　B. 规划环境影响

C. 噪声环境影响　　D. 建设项目

6."环境影响评价制度"是由（　　）首创的。

A. 美国　　B. 日本　　C. 德国　　D. 中国

7. 以下的建设项目中，需要编制环境影响报告表的是（　　）。

A. 可能造成生态系统结构重大变化、重要生态功能改变、或生物多样性明显减少的建设项目

B. 容易引起跨行政区域环境影响纠纷的建设项目

C. 基本不对环境敏感区造成影响的小型建设项目

D. 基本不改变地形、地貌、水文、土壤、生物多样性等，不改变生态系统结构和功能的建设项目

8.《中华人民共和国环境影响评价法》中规定："接受委托为建设项目环境影响评价提供技术服务的机构，按照资质证书规定的（　　），从事环境影响评价服务，并对评价结论负责。"

A. 评价内容　　B. 等级和评价性质

C. 范围　　D. 类别

9. 建设单位编制环境影响报告书，应当按照有关法律规定征求建设项目（　　）。

A. 所在地有关单位和居民的意见

B. 所在地人民政府的意见

C. 所在地环境保护行政主管部门的意见

D. 所在地规划审批机关的意见

10.《中华人民共和国环境影响评价法》规定："（　　）为建设单位指定对其建设项目进行环境影响评价的机构。"

A. 当地人民政府可以　　B. 环境保护行政主管部门可以

C. 国务院可以　　D. 任何单位和个人不得

11. 从事建设项目环境影响评价工作的单位，必须取得（　　）颁发的资格证书。

A. 当地环境保护行政主管部门　　B. 省级环境保护行政主管部门

C. 国务院环境保护行政主管部门　　D. 国务院

12. 环境影响评价工程师职业资格登记管理机构是（　　）。

A. 当地环境保护行政主管部门　　B. 国务院环境保护行政主管部门

C. 当地人事局　　D. 环境保护总局或其委托机构

13. 建设项目竣工环境保护验收时，对主要因排放污染物对环境产生污染和危害的建设项目，建设单位应提交（　　）。

A. 环境保护验收监测报告（表）　　B. 环境保护防治报告（表）

C. 环境保护验收审计报告（表）　　D. 环境保护验收监理报告（表）

14. 下列选项中，（　　）负责全国防治陆源污染物和海岸工程建设项目对海洋污染损害的环境保护工作。

A. 国务院环境保护行政主管部门　　B. 国务院

C. 国家环境保护总局　　D. 国家海洋局

15. 专项规划的编制机关对可能造成不良环境影响并直接涉及公众环境权益的规划，应当在该规划草案（　　），举行论证会、听证会，或者采取其他形式，征求有关单位、专家和公众对环境影响报告书草案的意见。

A. 出台后　　B. 报送审批时　　C. 报送审批前　　D. 报送审批后

16.《中华人民共和国环境保护法》规定："因环境污染损害赔偿提起诉讼的时效时间为（　　）年。"

A. 1　　B. 2　　C. 3　　D. 4

17.（　　）对环境影响影响工程师职业资格的登记和从事环境影响评价业务情况进行检查、监督。

A. 人事部　　B. 国务院环境保护行政主管部门

C. 国家环境保护总局或其委托机构　　D. 地方人民政府审计局

18．向水体排放含热废水，应当采取措施，保证水体的水温符合水环境质量标准，防止（　　）。

A．环境污染　　B．热污染危害　　C．污染水体　　D．影响水生生物

19．《中华人民共和国海洋环境保护法》中的（　　）是指与海岸相连，或者通过管道、沟渠、设施，直接或者间接向海洋排放污染物及其相关活动的一带区域。

A．大陆架　　B．滨海　　C．浅海　　D．沿海陆域

20．开发利用或者关闭铀矿的单位，应当在申请领取采矿许可证或者办理退役审批手续前编制环境影响报告书，报（　　）审查批准。

A．国务院

B．国务院环境保护行政主管部门

C．省级以上人民政府环境保护行政主管部门

D．省人民政府

21．《中华人民共和国环境保护法》中规定："可能发生重大污染事故的企业事业单位，应当采取措施，加强（　　）。"

A．管理　　B．监理　　C．监督　　D．防范

22．《中华人民共和国防沙治沙法》规定："禁止在沙化土地封禁保护区范围内安置移民。沙化土地封禁保护区范围内尚未迁出的农牧民的生产生活，由沙化土地封禁保护区（　　）妥善安排。"

A．主管部门　　B．人民政府

C．人事局　　D．环境保护行政主管部门

23．禁止围垦河道。确需围垦的，应当经过科学论证，经省、自治区、直辖市人民政府水行政主管部门或者国务院水行政主管部门同意后，报（　　）批准。

A．省人民政府　B．县级人民政府　C．本级人民政府　D．国务院

24．矿山企业应当采取科学的开采方法和选矿工艺，减少尾矿、矸石、废石等矿业固体废物的（　　）。

A．产生量和贮存量　　B．处理量

C．堆放量　　D．存放量

25．未经（　　）同意，不得在沙化土地封禁保护区范围内进行修建铁路、公路等建设活动。

A．省人民政府　　B．国务院或者国务院指定的部门

C．国务院环境行政主管部门　　D．省级环境保护行政主管部门

26．国家实行占用耕地补偿制度。非农业建设经批准占用耕地的，按照（　　）的原则，由占用耕地的单位负责开垦与所占用耕地的数量和质量相当的耕地。

A．占一补一　　B．少占耕地

C．占多少补多少　　D．少占多垦，扩大耕地面积

27．《中华人民共和国土地管理法》规定："各省、直辖市划定的基本农田应当占本行政区域内耕地的（　　）以上。"

A．70%　　B．75%　　C．80%　　D．85%

28．《中华人民共和国河道管理条例》规定："沿河城镇在编制和审查城镇规划时，应

当事先征求（　　）的意见。”

A．镇人民政府　　B．县环境保护行政主管部门

C．县级人民政府　　D．河道主管机关

29．对供热式汽轮发电机组的蒸汽既发电又供热的常规热电联产系统，单机容量在50GMW以下的热电机组，其热电比年平均应大于（　　）才能立项。

A．50%　　B．100%　　C．80%　　D．30%

30．对于各容量等级燃气—蒸汽联合循环热电联产的热电比年平均应大于（　　）。

A．20%　　B．30%　　C．60%　　D．100%

31．《铁合金行业准入条件》规定：“铁合金行业的硅铁和硅系铁合金电炉烟气回收利用微硅粉纯度 SiO_2（　　）。”

A．>60%　　B．>80%　　C．>70%　　D．>92%

32．建设单位或者其委托的环境影响评价机构、环境保护行政主管部门，应当综合考虑地域、职业、专业知识背景、表达能力、受影响程度等因素，（　　）被征求意见的公民、法人或者其他组织。

A．认真地选择　　B．网上筛选

C．合理选择　　D．当没有条件时可以不选择

33．《中华人民共和国水污染防治法》规定：“（　　）是对水污染防治实施统一监督管理的机关。”

A．各级人民政府的环境保护部门　　B．各级人民政府

C．各级人民政府的水利管理部门　　D．各级人民政府的卫生行政部门

34．《中华人民共和国城市规划法》所称城市规划区，是指城市（　　）以及城市行政区域内因城市建设和发展需要实行规划控制的区域。

A．市区　　B．市区、近郊区

C．市区、远郊区　　D．中心城区

35．下列选项中，不属于应划分基本农田保护区进行严格管理的是（　　）。

A．经县级以上地方人民政府批准确定的粮、棉、油生产基地内的耕地

B．某农村产量不太高的沙质土地

C．蔬菜生产基地

D．农业科研、教研试验田

36．《中华人民共和国环境保护法》规定：“省、自治区、直辖市人民政府对国家污染物排放标准中已作规定的项目，可以制定（　　）于国家污染物排放标准的地方污染物排放标准。”

A．严　　B．略低　　C．等　　D．低于

37．建设工程选址时，因特殊情况不能避开的，无法实施原址保护的不可移动文物，必须迁移异地保护或者拆除的，应当报（　　）批准。

A．国务院文物行政部门　　B．国务院

C．省、自治区、直辖市人民政府　　D．省、自治区、直辖市文物行政部门

38．《中华人民共和国文物保护法》规定：“建设工程选址时，（　　）不得拆除。”

A．全国重点文物保护单位　　B．省级重点文物保护单位

C．市级重点文物保护单位　　D．县级重点文物保护单位

二、多项选择题

1. 下列关于我国环境保护法律法规体系中各层次之间的相互关系，说法正确的有（　　）。

A. 国务院环境保护行政法规的法律地位仅次于法律

B. 部门行政规章、地方环境法规和地方政府规章均不得违背法律和行政法规的规定

C. 地方法规和地方政府规章只在制定法规和规章的辖区内有效

D.《中华人民共和国宪法》是环境保护法律法规体系建立的依据和基础

E. 不管是环境保护的综合法、单行法还是相关法，其中对环境保护的要求，法律效力是一样的

2. 下列要素中属《中华人民共和国环境保护法》中所称的"环境"范畴的有（　　）。

A. 海洋　B. 土地　C. 风景名胜区　D. 乡村

E. 矿藏

3.《中华人民共和国环境保护法》规定：产生环境污染和其他公害的单位，必须采取有效措施，防治在生产建设或者其他活动中产生的废气、废水、废渣、粉尘、（　　）等对环境的污染和危害。

A. 振动　B. 声音　C. 恶臭气体　D. 放射性物质

E. 电磁波辐射

4. 违反《中华人民共和国环境保护法》规定，有下列哪些行为，环境保护行政主管总站或者其他依照法律规定行使环境监督管理权的部门可以根据不同情节，给予警告或者处以罚款。（　　）

A. 拒绝环境保护行政主管部门或者其他依照法律规定行使环境监督管理权的部门现场检查或者被检查时弄虚作假的

B. 将能产生污染的生产设备转移给其他单位使用的

C. 引进不符合我国环境保护规定要求的技术和设备的。

D. 不按国家规定缴纳超标准排污废的

E. 拒报或谎报国务院环境保护行政主管部门规定的有关污染物排放申报事项的

5. 下列选项中，（　　）是科学发展观统领环境保护工作的基本原则。

A. 分类指导，解决问题　B. 强化法治，分类治理

C. 依靠科技，创新机制　D. 不欠新账，不还旧账

E. 协调发展，互惠共赢

6. 除国家规定需要保密的情形外，对环境可能造成重大影响、应当编制环境影响报告书的建设项目建设单位应当在报批建设项目环境影响报告书前，举行（　　），征求有关单位、专家和公众的意见。

A. 旁听会　B. 听证会　C. 或者采取其他形式　D. 讨论会

E. 论证会

7. 下列选项中，（　　）是甲级环境影响评价机构应具备的资质条件。

A. 具备 20 名以上环境影响评价专职技术人员，其中至少有 15 名登记于该机构的环境影响评价工程师，其他人员应当取得环境影响评价岗位证书

B．配备工程分析、水环境、大气环境、声环境、生态、固体废物、环境工程、规划、环境经济、工程概算等方面的专业技术人员

C．近3年内主持编制过至少10项省级以上环境保护行政主管部门负责审批的环境影响报告书

D．具有健全的环境影响评价工作质量保证体系

E．配备与评价范围一致的专项仪器设备，具备文件和图档的数字化处理能力，有较完善的计算机网络系统和档案管理系统

8．在审批、抽查或无计可施中发现评价机构主持完成的环境影响报告书或环境影响报告表质量较差，有下列情形之一的，国家环境保护总局视情节轻重，分别给予警告、通报批评、限期整改3～12个月、缩减评价范围或者降低资质等级，其中责令限期整改的，评价机构在限期整改期间，不得承担环境影响评价工作。（　　）

A．建设项目上工程分析出现较大失误的

B．涂改、倒卖、出租、出借资质证书的

C．超越评价资质等级、评价范围提供环境影响评价技术服务的

D．环境影响识别和评价因子筛选存在较大疏漏的

E．环境标准适用错误的

9．申请环境影响评价工程师职业资格登记人员有下列情形的，将不予登记。（　　）

A．不具备完全民事行为能力的

B．在两个或两个以上单位申请登记的

C．提交材料不全或不符合要求的

D．在申请登记过程中有弄虚作假行为的

E．申请登记的单位名称与其所持有的环境影响评价岗位证书中的单位名称不一致的

10．城乡建设应当结合当地自然环境的特点，保护（　　），加强城市园林、绿地和风景名胜区的建设。

A．动物　　B．水域　　C．自然景观　　D．植被

E．大气

11．国务院经济综合主管部门会同国务院有关部门公布限期禁止采用的严重污染大气环境的工艺名称和限期禁止（　　）的严重污染大气环境的设备名录。

A．使用　　B．生产　　C．销售　　D．进口

E．改造

12．《中华人民共和国水污染防治法》规定："禁止在（　　）最高水位线以下的滩地和岸坡堆放、存贮固体废弃物和其他污染物。"

A．湖泊　　B．沼泽　　C．运河　　D．水库

E．江河

13．《中华人民共和国节约能源法》规定："禁止新建（　　）的工业项目。"

A．技术落后　　B．耗水量过高　　C．耗能过高　　D．严重浪费能源

E．占地面积过大

14．以下选项中，（　　）属于《中华人民共和国环境噪声污染防治法》中的"噪声敏感建筑物集中区域"。

A. 文教科研区　　　　　　　　　　B. 医疗区

C. 以居民住宅为主的区域　　　　　D. 以机关为主的区域

E. 以工业为主的区域

15. 城市新区开发应当具备（　　）等建设条件。

A. 能源　　B. 交通　　C. 地下矿藏　　D. 水资源

E. 防灾

16. 下列选项中，（　）属于《建设项目环境保护分类管理名录》中所称的环境敏感区。

A. 森林公园　　B. 荒漠　　C. 基本农田保护区　D. 文教区

E. 红树林

17. 存放可溶性剧毒废渣的场所，必须采取（　）措施。

A. 防水　　B. 防流失　　C. 防燃　　D. 防渗漏

E. 防尘

18.《建设项目环境保护管理条例》规定："（　　）等区域性开发，编制建设规划时，应当进行环境影响评价。具体办法由国务院环境保护行政主管部门会同国务院有关部门另行规定。"

A. 城市新区建设　B. 城市旧区改建　C. 开发区建设　D. 流域开发

E. 城市旧排水管网改造

19. 下列选项中，（　　）属于《中华人民共和国环境影响评价法》中所说"产生不符合经审批的环境影响评价文件的情形的"。

A. 建设、运行过程中，当地人民政府对项目所涉及区域的环境功能作出重大调整要求建设单位进行后评价的

B. 跨行政区域、存在争议或存在重大环境风险的

C. 在建设、运行过程中产品方案、主要工艺、主要原材料或污染处理设施和生态保护措施发生重大变化，致使污染物种类、污染物的排放强度或生态影响与环境影响评价预测情况相比变化不大的

D. 在建设、运行过程中，建设项目的选址、选线发生较大变化，可能对新的环境敏感目标产生影响

E. 在建设、运行过程中，建设项目的选址、选线发生较大变化，可能产生新的重要生态影响的

20.《中华人民共和国固体废物污染环境防治法》规定："禁止擅自（　）工业固体废物污染环境防治设施、场所。"

A. 改造　　　　B. 闲置　　C. 拆除　　D. 转让

E. 关闭

21.《中华人民共和国水法》规定，地方各级人民政府应当结合本地区水资源的实际情况，按照（　　）的原则，合理组织开发、综合利用水资源。

A. 节流优先　　　　　　　　　　B. 污水处理再利用

C. 开源与节流相结合　　　　　　D. 优先使用地表水

E. 地表水与地下水统一调度开发

22．大气环境质量状况公报应当包括（　　）。

A．城市大气环境污染特征　　B．城市大气环境污染源

C．主要污染物的种类　　D．污染危害程度

E．主要污染物的浓度

23．下列选项中，（　　）是《中华人民共和国海洋环境保护法》中所规定的禁止向海域排放的。

A．含有不易降解的有机物的废水　　B．高水平放射性废水

C．含重金属的废水　　D．油类

E．低水平放射性废水

24．下列选项中，（　　）是企业在进行技术改造过程中应当采取的清洁生产的措施。

A．对生产过程中产生的废物、废水和余热等进行综合利用

B．采用能够达到国家或者地方规定的污染物排放标准和污染物排放总量控制指标的污染防治技术

C．采用无毒、无害或者低毒、低害的原料，替代毒性大、危害严重的原料

D．采用资源利用率高、污染物产生量少的工艺和设备

E．对生产过程中产生的废物、废水和余热等进行循环使用

25．经济林是指以生产（　）等为主要目的的林木。

A．燃料　　B．饮料　　C．工业原料　　D．木材

E．食用油料

26．禁止在（　　）以及当地人民政府划定的区域露天焚烧秸秆、落叶等产生烟尘污染的物质。

A．农村　　B．人口集中地区　　C．交通干线附近

D．机场周围　　E．水库边

27．危险废物安全填埋适用于（　　）的危险废物。

A．不能焚烧　　B．不能回收利用其能量

C．不能回收利用其组分　　D．焚烧后不产生飞灰

E．特殊危险废物

28．下列关于生活垃圾焚烧飞灰的说法，正确的有（　　）。

A．生活垃圾焚烧产生的飞灰必要时可以与其他危险废物混合

B．生活垃圾焚烧飞灰须进行安全填埋处置

C．生活垃圾焚烧飞灰不得在产生地长期贮存

D．生活垃圾焚烧飞灰在产生地必须进行必要的固化和稳定化处理之后方可运输

E．生活垃圾焚烧飞灰所用的专用运输工具必须密闭

29．《产业结构调整指导目录》中的淘汰类是指（　　）的工艺技术、装备及产品。

A．不具备安全生产条件　　B．不利于节约资源

C．不利于产业结构优化升级　　D．污染环境

E．不符合有关法律法规规定

30．在人口集中地区存放煤炭、煤矸石、煤渣、煤灰、砂石、灰土等物料，必须采取（　　）措施，防止污染大气。

A．防爆　　　　B．防尘　　　　C．防燃　　　　D．防渗

E．防坍塌

31．《关于制止钢铁电解铝水泥行业盲目投资若干意见的通知》指出：“严格禁止新建和扩建（　　）水泥项目。”

A．机空窑　　　　B．立波尔窑　　　　C．干法窑　　　　D．湿法窑

E．干法中空窑

32．下列关于全国生态环境保护目标的说法中，正确有的（　　）。

A．近期目标，到 2012 年基本遏制生态环境破坏趋势。

B．近期目标，到 2012 年加强生态示范区和生态农业县建设，全国部分县（市、区）基本实现秀美山川、自然生态系统良性循环

C．远期目标，到 2030 年全面遏制生态环境恶化的趋势

D．远期目标，到 2050 年，力争全国生态环境得到全面改善，实现城乡环境清洁和自然生态系统良性循环，全国大部分地区实现秀美山川的宏伟目标

E．远期目标，到 2050 年，全国 30%以上的城市达到生态城市和园林城市标准

参考答案

模拟题一

一、单项选择题

1. B	2. B	3. C	4. C	5. A
6. C	7. A	8. A	9. B	10. D
11. B	12. C	13. C	14. A	15. B
16. A	17. A	18. C	19. B	20. B
21. D	22. D	23. A	24. A	25. B
26. B	27. B	28. D	29. D	30. D
31. B	32. A	33. C	34. C	35. A
36. D	37. C	38. B	39. A	40. C

二、单项选择题

1. ABCD	2. CE	3. ABDE	4. ABE	5. ADE
6. ACDE	7. ABD	8. ABC	9. ABDE	10. ABCDE
11. ABCD	12. ABCDE	13. ABCDE	14. ABCD	15. ABCDE
16. CDE	17. ACDE	18. ABCDE	19. ABCE	20. BCDE
21. ABCDE	22. ABCE	23. ACE	24. AE	25. ABCDE
26. ABE	27. ABCDE	28. ABCDE	29. ABCDE	30. ABCE

模拟题二

一、单项选择题

1. B	2. A	3. A	4. C	5. D
6. A	7. C	8. B	9. A	10. D
11. C	12. D	13. A	14. C	15. C
16. C	17. A	18. B	19. D	20. B
21. A	22. A	23. C	24. A	25. B
26. C	27. C	28. D	29. B	30. B
31. D	32. C	33. A	34. B	35. B
36. A	37. C	38. A		

二、多项选择题

1．ABCDE　2．ABCDE　3．ACDE　4．ACDE　5．CE
6．BCE　7．BDE　8．ADE　9．ABCDE　10．BCD
11．ABCD　12．ACDE　13．ACD　14．ABCD　15．ABDE
16．ACDE　17．ABD　18．ABCD　19．ABDE　20．BCE
21．ABCE　22．ACD　23．BD　24．ABCDE　25．BCE
26．BCD　27．BCD　28．BCDE　29．ADE　30．BC
31．ABDE　32．CD